140

Jean Weisgerber

Aspecten van de Vlaamse roman
1927-1960

Athenaeum—Polak & Van Gennep, Amsterdam 1976

Eerste druk 1964
Tweede, aangevulde druk 1968
Derde, aangevulde druk 1973
Vierde druk 1976

Oorspronkelijke titel: Formes et domaines du roman flamand 1927–1960
Uit het Frans vertaald door Clément Hengst
Copyright oorspronkelijke uitgave © 1961 La Renaissance du Livre, Brussel
Copyright Nederlandse uitgave © 1963 Polak & Van Gennep Uitgeversmaat-
schappij BV, Amsterdam
ISBN 90 253 8026 3

Inleiding

De geschiedenis van de Vlaamse roman is tot nu toe nog niet aan een grondig onderzoek onderworpen. Met uitzondering van twee brochures[1] en een dun boekje,[2] die in geen enkel opzicht met de monumentale *History of the English Novel* van E. A. Baker of zelfs maar met de uitmuntende samenvattende studies van de Angelsaksische critici te vergelijken zijn, bezitten we geen enkel werk op dit gebied. Zonder er aanspraak op te maken in deze leemte te voorzien, heb ik getracht in dit boek materiaal bijeen te brengen dat bij een onderzoek van die aard misschien eens van nut zal zijn. Daarbij heb ik een geschikte methode willen aangeven om een dergelijke onderneming tot een goed eind te brengen.

Deze studie behandelt het tijdvak 1927–1960 en bevat als voornaamste onderdeel dertien monografieën die niet aan de schrijvers maar aan de romans zijn gewijd die mijns inziens de belangstelling het meest waard zijn. Wat mijn keuze betreft wil ik er op wijzen dat deze zowel door mijn persoonlijke smaak als door historische criteria is bepaald. En hoewel ik in ieder geval afzonderlijk mijn onderzoek stelselmatig heb uitgebreid door het bestudeerde werk nu eens binnen het geheel van het oeuvre van de schrijver te plaatsen en dan weer in het ruimere kader van de vergelijkende literatuurwetenschap, is het duidelijk dat deze werkwijze slechts een onvolledig beeld van het letterkundige verleden kan opleveren. In dit tekort heb ik niettemin berust en wel omdat naar mijn mening dit onderzoek meer met bondige nauwkeurigheid dan met volledigheid is gebaat. Trouwens, het zou ook onmogelijk zijn geweest om binnen het bestek dat mij was toegestaan recht te doen wedervaren aan alle romans die in bovengenoemde periode zijn verschenen. Kortom: mijn boek toont slechts bepaalde aspecten van bepaalde schrijvers. Ter aanvulling van dit tekort heb ik weliswaar in twee inleidende hoofdstukken het ontstaan van de Vlaamse roman en zijn ontwikkeling van de romantiek tot heden in grote lijnen geschetst, maar toch heb ik ook hier doelbewust de opsomming van titels, data en namen van auteurs tot een minimum beperkt.

Om een methode te rechtvaardigen zijn alleen materiële motieven echter niet voldoende. Dat ik in dit boek niet de romanschrijver, maar de roman centraal heb gesteld laat zich in de eerste plaats verklaren uit beider aard en is tevens het gevolg van een standpunt dat ik hieronder in enkele woorden wil toelichten.

Laten wij er ons nogmaals rekenschap van geven dat in deze studie de literatuur van onze eigen tijd aan de orde is. Daar de meeste van de behandelde schrijvers nog in leven zijn, zou de biografische methode hebben geleid tot delicate problemen die ik in het belang van de discretie tot elke prijs heb willen vermijden. Alle politieke en filosofische beschouwingen in dit boek hebben dan ook slechts betrekking op de werken of, in het uiterste geval, op de literaire persoonlijkheid van de schrijvers.

Overigens zijn de regels van fatsoen op dit punt in overeenstemming met de normen van de moderne kritiek. Deze laatste is er toe geneigd het kunstwerk te beschouwen als een onafhankelijk organisme dat van nature tot een andere werkelijkheid dan die van het dagelijkse leven behoort. Al te vaak zijn in het verleden schrijver en persoon, literaire schepping en zedelijk gedrag met elkaar verward, en hoewel in onze tijd zulke betrekkingen niet worden ontkend, blijkt men toch meer en meer geneigd te zijn deze elementen te scheiden. En terecht, want de kunst leidt een autonoom bestaan in een klimaat en volgens wetten die haar eigen zijn, wat natuurlijk niet wegneemt dat zij zich aan een wetenschappelijk onderzoek laat onderwerpen.

Bovendien – en dat is nog een tendens die mij heeft geïnspireerd – is de hedendaagse kritiek niet meer uitsluitend gericht op de psychologische, sociale of filosofische boodschap van het kunstwerk, maar veeleer, en dat in overeenstemming met de geaardheid van het onderwerp, op de artistieke betekenis ervan. Een schilderij, een gedicht of een roman moet men eerst als zodanig begrijpen alvorens deze als een pamflet of een metafysische verhandeling te beschouwen. In het algemeen gesproken onderscheidt zich de kunst van dat wat geen kunst is door een formeel ideaal, wat zij door eigen middelen tracht te bereiken. Het zijn daarom deze middelen die in de eerste plaats onze aandacht opeisen, want alleen het onderzoek van het materiaal en van de structuur van het kunstwerk stelt ons in staat de gevoelens en gedachten van de kunstenaar en dat wat hij heeft willen meedelen te doorgronden.

Bijzondere aandacht heb ik gewijd aan de stilistiek en aan die wetenschap van de literaire vormen, die in het buitenland al sedert lange jaren wordt beoefend, en ik wil daarbij graag erkennen dat ik dienaangaande veel te danken heb aan die werken, die de studie van de roman hebben bevrijd van het impressionisme en van de eeuwige drieëenheid, welke bestaat uit een samenvatting van de inhoud, een analyse van de karakters en van de stilistische kwaliteiten. Een lijst van deze werken is in de bibliografie opgenomen. Overigens heb ik steeds getracht deze kritiek van vorm en structuur te verzoenen met de oude historische methode, die niet, zoals men soms wel beweert, geheel terzijde moet worden gesteld.

Ik wil de lezer er nog op wijzen dat de term 'roman' hier moet worden opgevat in de Engelse betekenis van 'narrative fiction' in proza, waarmee men zowel de novelle, de 'short story' als de gewone roman bedoelt. De lezer moet dit boek niet beschouwen als een soort bloemlezing. Plaatsgebrek heeft mij er toe gedwongen het aantal en de lengte van de geciteerde fragmenten te beperken.

Wat tenslotte het woord 'Vlaams' betreft: hieronder versta ik het Nederlands dat in België wordt gesproken, en zo heb ik de betekenis er van uitbreidend ook de naam 'Vlaanderen' gebruikt voor het gehele Belgische grondgebied dat ten noorden van de taalgrens ligt. Sommigen zullen mij misschien dit onderscheid met betrekking tot Nederland en de aldus vergrote verwarring van politieke en letterkundige grenzen kwalijk nemen, maar al is de taalgemeenschap tussen Vlaanderen en Nederland een onloochenbaar feit, het verschil in temperament, cultuur en levensgewoonten is dat al evenzeer, en we mogen wel zeggen dat in dit geval de verschillen belangrijker zijn dan de overeenkomst. De taal vormt niet, zoals men sedert de romantiek doorgaans aanneemt, een toereikende maatstaf om er een cultuur of een natie mee te bepalen. Er bestaan tussen de mensen onderling veel inniger banden, die uit historische tradities en gemeenschappelijke strevingen zijn voortgekomen en zich – voor wie het wil zien – in de zeden en de stijl van het dagelijks leven openbaren. Op dit punt toont België een ware eenheid en geen, zo vaak op onwetendheid en vooroordelen gebaseerde, taalstrijd is er ooit in geslaagd deze eenheid aan te tasten. Als dit boek, dat men als een gebaar van vriendschap en solidariteit mag beschouwen, tot het wederzijds begrip en respect van mijn landgenoten kan bijdragen, acht ik mijn taak naar behoren vervuld.

Brussel, oktober 1961

De oorsprong van de moderne roman in Vlaanderen en zijn ontwikkeling van 1837 tot 1927

Hoewel in Vlaanderen het ontstaan van het verhalende genre samenvalt met het begin van de literaire traditie, verschijnt er merkwaardigerwijze eerst in 1837 de eerste moderne roman. In het buitenland en met name in Frankrijk en in Engeland evolueert de roman veel vroeger tot de vormen waarin wij hem tegenwoordig kennen: *La Princesse de Clèves* is uit 1678, *Moll Flanders* uit 1722. Bij ons vervolgen de middeleeuwse heldenzangen eeuwenlang hun kwijnend bestaan tot de komst van Conscience (1812–1883), wiens *In 't Wonderjaer* een vernieuwing van belang, zij het van louter plaatselijk belang betekent. Uit het oogpunt van kwaliteit of, zo men wil, van creatieve verbeelding kenmerkt de geschiedenis van de Vlaamse roman zich door een leegte, een hiaat die zich uitstrekt van het einde van de Middeleeuwen tot het begin van de 19de eeuw. Het bestuderen van de oorzaken zou ons te ver van ons onderwerp doen afdwalen en volledigheidshalve zouden wij in dat geval, daar sommigen er aan twijfelen, eerst moeten aantonen dat de moderne roman werkelijk op dergelijke adelbrieven kan bogen en dat zeer uiteenlopende verhalen als het *Roelandslied*, het dierenepos *Van den Vos Reinaerde* en *La chartreuse de Parme* wel degelijk tot hetzelfde letterkundige genre behoren.

Laten wij daarom alleen vaststellen dat de roman zoals hij ons vertrouwd is in Vlaanderen op een aanzienlijk later tijdstip ontstaat dan in de aangrenzende landen. Dit feit heeft niets verbazingwekkends als men het in een nationaal verband plaatst: in grove trekken kan men de zojuist genoemde hiaat ook in de andere sectoren van de Vlaamse cultuur onderscheiden, al is hij

9

hier in het algemeen korter van duur. In de poëzie en in de schilderkunst, gebieden waarop wij tijdens de Middeleeuwen en vaak tot in de 17de eeuw hebben uitgemunt, komt de vernieuwing eerst met de romantiek en met de nationale beweging die er, evenals in Italië en in Polen, de opmerkelijkste uiting van is geweest. Toch is de vergelijking met overeenkomstige verschijnselen in andere kunsten niet voldoende om het bijzondere van het verschijnen van de roman te verklaren. Let wel: wij hebben te doen met een nieuwe verhaaltechniek of, althans, met een verhaalvorm die een tot dan toe onvermoede verfijning vertoont en waarvan de plotselinge opkomst afsteekt bij de langzame ontwikkeling van de romantische poëzie; daarbij is de roman het jongste voortbrengsel van dit tijdvak: hij komt na de ontluiking van de lyrische poëzie en van de geschiedschrijving.

Voor 1837 zijn de enige bekende prozaverhalen de z.g. volksboeken. Zij komen overeen met de werken die in Frankrijk de 'bibliothèque bleue' vormden en die men in het Engels 'chapbooks' noemde, daar zij door marskramers werden verkocht. De oorsprong ervan gaat terug tot de uitvinding van de boekdrukkunst op het einde van de 15de eeuw: het zijn voor het merendeel adaptaties, omwerkingen van heldendichten en hoofse romans, die aanvankelijk zeer fraai werden uitgegeven en kennelijk bestemd waren om door de voorname burgerij te worden gelezen. Onder invloed van de Renaissance wordt het genre geleidelijk aan gedemocratiseerd: de ontwikkelde lezers verdiepen zich in de lectuur van de Griekse en Latijnse schrijvers en laten deze oude legenden over aan het volk. Tegelijkertijd vermindert de kwaliteit van het papier, de druk, de gravures en de tekst. Dan verschijnen de echte volksboeken; in steeds nieuwe uitgaven, die vooral in Antwerpen en Gent het licht zien, zetten zij de middeleeuwse traditie tot in onze dagen voort, waarbij zij een brug vormen tussen de bellettrie en de folklore.

De onderwerpen van deze werken, die vaak als school- en als leesboeken werden gebruikt, zijn uiterst gevarieerd: men vindt er reisbeschrijvingen onder, kluchtige vertelsels, beschouwingen over toverkunst, kookkunst, geneeskunst en handel, stichtelijke lectuur en verhalen. Van de laatste categorie vermelden wij de levensbeschrijvingen van heiligen (Genoveva van Brabant) en rovers (Mandrin, Cartouche), ridderromans (*De vier Heemskinderen, De Trojaanse Oorlog*) en romans die de daden vermelden van helden als *Reinaert, Faust, Uilenspiegel* en *De Wandelende Jood*. De onverzorgde stijl herinnert aan de gesproken vertelling en evenals in het laatstgenoemde genre ligt het accent op de handeling, op de feiten en op de snelle opeenvolging van de episoden. Dat in deze avonturen het wonderbaarlijke een belangrijke rol speelt spreekt vanzelf.

Tot de komst van Conscience bood de roman in Vlaanderen de volgende aanblik: in het gunstigste geval kon hij, steeds in de vorm van verstrooiingslectuur, de onwetende massa de eerste beginselen van de wetenschap en enige morele voorschriften bijbrengen. De overigen lazen, voor zover zij voor de roman belangstelling hadden, voornamelijk Franse boeken. Onder het Consulaat en het Keizerrijk zijn de geliefde genres de poëzie, het toneel en het heldenepos, m.a.w. de grote klassieke triade. Het proza blijft beperkt tot de almanakken, de werken op polemisch of godsdienstig gebied en tot periodieken als *De Protocole Jakobs* (1798–1800) van J. J. Antheunis en *De Sysse-Panne, ofte den Estaminé der Ouderlingen* (1795–1798) van Karel Broeckaert. Als volgeling van Steele en Addison verkondigt Broeckaert zijn aan Voltaire ontleende ideeën in de vorm van dialogen, tot welk doel hij een reeks personages schept. Maar hij doet meer: in 1811 ziet hij af van het portret en schept hij figuren die handelend optreden en aan een intrige deelnemen. Zo ontstaat de eerste prozavertelling (*Jellen en Mietje*, 1815–1816). Deze taferelen van het Gentse leven zijn rijk aan realisme en volkshumor en getuigen van een opmerkelijk gevoel voor handeling en dialoog. Hun voorbeeld, dat geen navolging heeft gevonden, bewijst dat de periodieke pers bij ons, zo goed als zij dat in Engeland heeft gedaan, tot de ontwikkeling van de roman had kunnen bijdragen. Dat het toch bij deze ene poging is gebleven moeten wij waarschijnlijk wijten aan de strenge censuur die de Franse autoriteiten van 1800 af op de pers hebben uitgeoefend.

Hoe dit verder ook zij, hier waren bronnen die men niet heeft kunnen of weten te exploiteren.

De weinige prozaverhalen die na de revolutie van 1830 in de tijdschriften[1] verschijnen zijn vertalingen, en het is alsof onze schrijvers slechts in verzen kunnen vertellen. Het is inderdaad voldoende de tijdschriften uit deze tijd door te bladeren om te worden getroffen door een overvloed van ballades en epische fragmenten. Tenslotte zij nog vastgesteld dat vele van deze gedichten historische onderwerpen behandelen.

Deze twee verschijnselen verdienen een korte toelichting. Als de romantiek in België doordringt verliest zij de revolutionaire kracht die zij in Duitsland, Engeland en Frankrijk zo graag aan de dag legt. Ternauwernood heeft zij onze grenzen overschreden of zij verburgerlijkt, en met uitzondering van Gezelle heeft zij bij ons niets voortgebracht dat in welk opzicht ook de durf van Novalis, Kleist, Coleridge of Hugo evenaart. Nog tamelijk lang blijven de esthetische normen van de 18de eeuw de overhand houden. Nu is het bekend dat de klassieke leer over de verdeling en de rangorde van de kunstvormen aan de roman slechts een onbelangrijke plaats toekende en hem veel lager aansloeg dan het heldenepos, de tragedie en het blijspel, die aan een samenstel van onwrikbare regels waren onderworpen waaraan de roman zich in ruime mate kon onttrekken. Tenslotte hadden Aristoteles en diens commentatoren de komst van Sterne en Laclos niet voorzien. In 1839 verklaart Snellaert dat hij aan de poëzie de voorkeur geeft boven het 'platte' proza en een dertig jaar later beklaagt Sleeckx zich er nog over dat sommigen de roman niet ernstig willen opnemen.[2] Kortom, voor Conscience bedienen onze romantische vertellers zich zonder uitzondering en in navolging van Byron en Scott (eerste manier) van metrum en rijm. Naast het verzet dat door de klassieke vooroordelen werd geboden zijn er ongetwijfeld andere factoren geweest die het proza in discrediet hebben gebracht. De poëzie zag haar aanzien versterkt door de eeuwenoude tradities van de rederijkerskamers die in het begin van de 19de eeuw nog steeds actief waren. Voorts mag men veronderstellen dat het proza in de ogen van ook maar enigszins verfijnde kunstenaars scheen te worden gecompromitteerd door zijn langdurige associatie met de volksboeken, terwijl anderzijds de Franse roman, die door de intellectuelen bijzonder werd gewaardeerd, een voorbeeld van 'onzedelijkheid' gaf dat door onze critici eenstemmig werd veroordeeld. Tegenover Frankrijk nemen de schrijvers van deze periode een wonderlijk dubbelzinnige houding aan: de vijandelijkheid waartoe deze nationalisten – wij zijn in de tijd van de grote Germaanse broederschap, van de dweepzieke bewondering voor alles wat uit de noordelijke landen komt – worden gedwongen, verheelt ternauwernood de betoverende invloed van een literatuur waarop zij zich voortdurend inspireren en waarmee zij dank zij hun Franse opleiding ook volkomen vertrouwd zijn. Het is werkelijk verbijsterend om te zien hoe deze opvliegende 'taelminnaeren' maar voortgaan met te vereren wat zij in hun hart verfoeien. In het voorwoord van *In 't Wonderjaer* verontschuldigt Conscience zich voor het feit dat hij een roman heeft geschreven en wel als volgt: 'Het is een *Roman*! schrikt niet. Niet een Roman als de franschen, waerin Godsdienst en eer aen een' staek gebonden, en door de vrye ondeugd gebrandmerkt worden: waerin moord en egtbraek verschooning vinden. Neen zoo niet. Zuivere gevoelens alleen zyn in het *Wonderjaer* verheerlykt(...)'.[3]

Blijkbaar was de roman voor onze voorouders een duivelse aangelegenheid, al was het alleen maar omdat hij afkomstig was uit het wufte Zuiden, dat tegelijkertijd verguisd en bewonderd werd. Alles bijeen moest er, opdat het genre bij ons wortel kon schieten, aan verscheidene voorwaarden worden voldaan. In de eerste plaats was het nodig dat de nieuwe esthetische opvatting, namelijk het principe van de vrijheid van de kunst, zou zegevieren. Wat dit betreft zou men moeten wachten op de tweede romantische generatie, de generatie van 1840, die stoutmoediger was en dichter bij Gautier en Hugo stond dan een Ledeganck en een Van Duyse. Vervolgens zou men de durf moeten hebben zich te verzetten tegen de chauvinistische preutsheid van de 'taelminnearen' en zich niet te storen aan de minachting die van de volksboeken op het proza was overgegaan. Conscience nu was in staat aan deze voorwaarden te voldoen. Als middelmatig dichter brak hij evenzeer uit noodzaak als om redenen van smaak met een verouderde esthetiek; als kind van zijn volk sprak hij de taal van dat volk en had hij zich in zijn jonge jaren verdiept in de volksboeken; als zoon van een vader uit Franche-Comté was hij tenslotte verstandig genoeg de Franse roman niet in zijn geheel te veroordelen en in te zien dat deze er toe kon bijdragen de massa op te voeden.

Wat de belangstelling voor de historische onderwerpen betreft: deze is gemakkelijk te verklaren uit de cultus van het nationale verleden die door de romantiek in het leven was geroepen en verband hield met de navorsingen van filologen en geschiedkundigen als J. F. Willems, David, Bormans, Serrure, Snellaert e.a. Het doen herleven van het verleden door de dichters valt samen met de objectieve studie ervan die de geleerden nastreven. Intussen ontstaat in Schotland de historische roman. In 1814 (*Waverley*) verwisselt Scott de poëzie voor het proza, terwijl Southey en Byron trouw blijven aan de mode en voortgaan de heldendaden van Westgoten en Turken op rijm te zetten. Scott maakt weldra school op het vasteland en wel met name in Frankrijk en in het Franse deel van België, waar de golf van nationalisme, die door de revolutie van 1830 was ontketend, de studie van het verleden en het gebruik maken van historische gegevens aanwakkert. Zo publiceert Henri Moke al in 1827–1828 twee romans over de opstand tegen Spanje: *Les Gueux de Mer ou la Belgique sous le Duc d'Albe* en *Les Gueux des Bois ou les patriotes belges de 1566*. Het feit dat *In 't Wonderjaer* van Conscience zich in dezelfde periode afspeelt hoeft niet op een bepaalde invloed te wijzen, daar de 16de eeuw in dit woelige tijdvak een uiterst dankbaar onderwerp is.

De historische roman, die door Scott werd geschapen en in België vermaardheid kreeg door de werken van Moke en van Jules de Saint-Genois (*Hembyse*, 1835; *La Cour du duc Jean IV*, 1837), is een typische uiting van de romantiek. Overal gaat hij de plaats innemen van het heldenepos, het klassieke genre dat in Vlaanderen rond 1809–1811 nog in zwang is, en van de vertelling in 'gebonden stijl'. Waar moeten wij deze universele bewondering aan toeschrijven? Aan het talent van Scott? Daar is veel voor te zeggen; ten aanzien van Frankrijk, Frans-België en Nederland[4] kan men er zelfs zeker van zijn, al hebben wij wat Vlaanderen betreft niet zulke duidelijke bewijzen hiervoor. Ook de nieuwheid van het genre – een betrekkelijke nieuwheid weliswaar als men rekening houdt met de vroegere pogingen van Walpole en Wieland – en zijn onafhankelijkheid ten opzichte van de klassieke voorschriften hebben hierbij misschien een rol gespeeld. In ieder geval schroomden de schrijvers niet om, aangemoedigd door dit overweldigende succes, aan de grillen van het grote publiek tegemoet te komen, waarbij Scott, die tenslotte schreef om zijn schulden te betalen, het voorbeeld gaf. Heeft hij zich in ironische bewoordingen er niet op beroemd slecht genoeg te kunnen schrijven om aan de heersende smaak te beantwoorden? Men herinnere zich Dumas, die bestsellers aan de lopende band produceerde.

Dit verlangen om bij de massa gehoor te vinden wordt uiterst belangrijk wanneer de schrijver zich voorneemt de publieke opinie te beïnvloeden en hij in politiek opzicht een actieve en nuttige rol wil gaan spelen. Zulks gebeurt ook in ons land, waar de historische roman, evenals trouwens de gehele romantische literatuur, zich in dienst stelt van de Vlaamse beweging. Het proza, dat al eeuwen geleden door de volksboeken was gevulgariseerd, vormde natuurlijk een ideaal middel om bij de massa in de gunst te komen. Met het schrijven van *In 't Wonderjaer* en *De Leeuw van Vlaenderen* (1838) toonde Conscience zich niet alleen een navolger van Scott en diens school, maar wekte hij tevens de indruk dat hij een traditionele vorm van de volksliteratuur verder ontwikkelde. Dank zij het proza vonden de denkbeelden van de nationalistische intelligentsia ingang bij de boeren, de arbeiders en de kleine burgers: dank zij de 'vorm' konden dezen zich de inhoud eigen maken. Zo is dus het feit dat onze eerste romans tot het geschiedkundige genre behoren zowel te verklaren uit de populariteit van dit genre ten tijde van de romantiek als uit de strijdbare vaderlandsliefde van de 'taelminnaeren', wier verlangen het was het volk bewust te maken van zijn roemrijke verleden en het voor verder verval te behoeden. Zij leggen er overigens zelf de nadruk op: Conscience in de beroemde epiloog van *De Leeuw van Vlaenderen* en vooral J. F. J. Heremans, die in zijn studie *Over den Roman* (1845) verklaart dat 'de historische roman het beste middel moet schynen ter vestiging van het vlaemsche element'.[5] Hetzelfde deed zich voor in alle landen waar de romantiek gepaard ging met een streven naar politieke zelfbeschikking: in Italië, in Polen, in Hongarije. Naar aanleiding hiervan zij vastgesteld dat in Vlaanderen de roman ontstaat op het tijdstip dat de geleerden en de kunstenaars die zich tegen de verfransing verzetten, overgaan tot een georganiseerde actie en een campagne openen met het doel de massa voor te lichten en haar het besef van haar rechten en van haar macht in te prenten. *In 't Wonderjaer* verschijnt in 1837, drie jaar voor de petitie van 1840, vier jaar voor het 'Taelcongres' van Gent (1841) en zeven jaar voor de stichting van het eerste Vlaamse dagblad (1844): de verschijning van de roman kondigt de politieke, 'apostolische' fase aan van de Vlaamse beweging die tot dan toe voornamelijk beperkt was gebleven tot de filologie en de poëzie, tot terreinen derhalve die zich er ternauwernood toe lenen om het eenvoudige volk in beweging te brengen. Van het begin af dringen zich strijdlustige, opvoedende en sociale tendensen op die men bij Scott tevergeefs zou zoeken: 'Walter Scott', zegt Heremans, 'schildert het verleden om het verleden, Conscience schildert het verleden om het tegenwoordige en de toekomst'.[6]

Dit verklaart waarom Conscience deze literaire vorm liever heeft gebruikt dan een andere. Maar wat zijn nu de voorbeelden die hem hierbij hebben geïnspireerd? Hij had, zoals wij al zeiden, een Franse vader, en de gedichten[7] waarmee hij debuteert, schrijft hij in het Frans. Het verschijnsel herhaalt zich als hij van poëzie op proza overgaat. Ook ditmaal wordt het Nederlands nog voorafgegaan door het Frans, wat een heel natuurlijke omweg is voor een generatie die bij wijze van spreken over geen andere letterkundige traditie beschikt dan die van Frankrijk. Overtuigde patriotten als Van Kerckhoven, De Laet, Sleeckx en Jules de Saint-Genois zullen hetzelfde doen.[8] Inmiddels heeft Conscience rond 1836 de Franse romantici en waarschijnlijk ook al Scott[9] leren kennen: in deze periode heeft hij *Cinq-Mars*, de *Chronique du règne de Charles IX*, *Le dernier Chouan* en *Notre-Dame de Paris* kunnen lezen. Het onderzoek van de teksten schijnt aan te tonen dat Scott hem minder beïnvloedde dan sommige van diens Franse navolgers. Hoe dan ook, het zijn vooral de laatsten op wie Conscience zinspeelt in het voorwoord van *In 't Wonderjaer*, en het waren ongetwijfeld deze schrijvers die men in Vlaanderen het beste kende. Conscience weet dat in de geest van de lezer het woord 'roman' onwillekeurig de gedachte aan Frankrijk oproept en dat de armoede van de Vlaamse literatuur het zelfs de meest verwoede Fransenhater toestaat Frans te lezen. Juist om deze situatie, die hij voor het nationale zelfrespect pijnlijk vindt, te verbeteren schrijft hij een roman want, zegt hij, 'Indien veel zulke werken in ons land uitkwamen, zouden de Lezers zich niet genoodzaekt vinden, in fransche leeskamers een aengenaem boekte zoeken (...)'.[3] Het is een vaststaand feit dat de Vlaamse roman zijn oorsprong dankt aan het intellectuele prestige van Frankrijk.[10] Hiervan heeft Conscience in zijn streven naar nationale verheffing geprofiteerd. Hij heeft de Franse roman nagevolgd om hem te bestrijden. Hij deed dat in de eerste plaats uit vaderlandsliefde, daar het succes van de Franse roman de verspreiding van het Nederlands tegenhield, en voorts om de belasteraars van het Nederlands te bewijzen dat deze taal zich even goed als het Frans tot letterkundige oefeningen leende.[11] Dienaangaande preciseert hij dat de roman als vrucht van de verbeelding het de schrijver veroorlooft de mogelijkheden van de taal volledig uit te buiten [3] en daarom kan hij in dit genre beter dan in welk ander ook de voortreffelijkheid van het Nederlands aantonen. In de tweede plaats laat Conscience zich leiden door morele overwegingen en door zijn vrees voor het lichtzinnige karakter van de Franse roman en de verderfelijke invloed ervan op de zeden. Hoe het ook zij, Conscience heeft slechts dat van anderen overgenomen wat hem bij zijn vaderlandslievende en moraliserende bedoelingen van pas kwam.

Samenvattend kan men stellen dat het prozaverhaal te onzent verschijnt op het moment waarop de romantiek de klassieke schoonheidsleer verdringt en de Vlaamse beweging zich in een expansieve politiek stort; voorts dat de vorm ervan zeer waarschijnlijk te danken is aan de Franse navolgers van Walter Scott en dat dit invoerprodukt door de massa des te beter werd ontvangen naarmate het, althans uiterlijk, meer herinnerde aan de oude volksboeken.[12] Maar het zijn niet alleen de historische omstandigheden die tellen. Wij dienen tevens te wijzen op de beslissende rol die is vervuld door een enkeling: Hendrik Conscience, de vader van de Vlaamse roman.

De geschiedenis van de roman van Conscience tot Roelants, van *In 't Wonderjaer* (1837) tot *Komen en Gaan* (1927) kan in grote trekken worden onderverdeeld in drie periodes: de eerste strekt zich uit van de romantiek tot het naturalisme en het impressionisme (1837–1880), de tweede (1890–1920) wordt beheerst door het tijdschrift *Van Nu en Straks* en de derde begint met de revolutie van het expressionisme.

Van de kenmerkende eigenschappen van de eerste periode verdienen vooral de aandacht de cultus van de 'art engagé', de rivaliteit tussen de historische roman en de zedenroman, een groeiend streven naar waarheid, de belangrijkheid van het verhalende element en, in het algemeen gesproken, de middelmatigheid van de productie.

Niets is onze eerste romanschrijvers zo vreemd als het 'l'art pour l'art' van Gautier en Poe. Als Conscience in 1881 zijn loopbaan samenvat erkent hij dat hij de schoonheid vrijwillig heeft opgeofferd aan de noodzaak het publiek voor te lichten.[13] De letterkunde van deze tijd is dan ook eerder een middel tot beschaving dan een uiting ervan. Het verlangen om een onwetend en futloos volk weer te doen opleven door zijn taal weer tot bloei te brengen en het te herinneren aan zijn glorierijke verleden – een typisch romantisch streven – dat verlangen laat voor esthetische bekommernissen geen ruimte over. Het bepaalt de keuze van de onderwerpen (de verheerlijking van de Middeleeuwen en van de Geuzentijd), de hartstochtelijke toon en de oppervlakkige psychologie van de werken. Maar de taak die de schrijvers zichzelf hebben opgelegd beperkt zich niet tot dit ene nationale aspect: naast burgerdeugd moet ook moreel besef

worden aangekweekt en bovendien is het nodig geestelijke ontwikkeling te brengen en – vaak zelfs – op misstanden te wijzen.
De roman is tegelijkertijd leesboek, politiek handboek en zede-
preek; hij dient in de eerste plaats een inleiding tot het deugdzame leven te zijn. Conscience is niet de enige die de losbandig-
heid van de Fransen aan de kaak stelt: Sleeckx veroordeelt
Madame Bovary in termen die de 'avocat impérial' in het proces
van 1857 zouden hebben verrukt.[14] Geen scabreuze onderwerpen dus en geen 'pessimisme'. Het romantisch ideaal ontaardt
in een vertekening van de maatschappij die even grof is als later
die van de naturalisten, maar er de kracht van mist. Deze zoet-
sappige, met edele gevoelens doorspekte literatuur, waarin tenslotte het goede onvermijdelijk overwint, weerspiegelt het verlangen van schrijvers en lezers om aan de werkelijkheid te ontvluchten. De dorpsverhalen van Conscience, die te vergelijken
zijn met die van George Sand en van Berthold Auerbach,
scheppen een type dat de romantiek lang zal overleven: de
rechtschapen en kuise boer met de zuivere ziel en de sterke
spieren, een verre nakomeling van de herders uit de Renaissance en een variant op de nobele wilde. Er is in deze stichtelijke
tendens een flinke dosis paternalisme ten opzichte van het publiek, en vaak, zoals bij J. F. J. Heremans, klinkt door de idyllische toon een zuiver conservatieve geest. Ook het realisme
betuigt zijn trouw aan de didactische kunst: Sleeckx (1818–
1901), de theoreticus van deze richting, raadt de kunstenaar
aan weliswaar de natuur te volgen, maar niet de hele natuur.
Hij mag daarvan slechts die kanten belichten die met de goede
smaak en met de zedelijke opvattingen overeenstemmen.[15]
Aan Adolphe en Emma Bovary is de toegang tot het Vlaamse
Arcadië voorlopig ontzegd.

Deze utilistische uitgangspunten, die met de 19de eeuw allerminst verdwijnen,[16] stellen een delicaat probleem dat in de
geschiedenis van onze letterkunde telkens weer opduikt. Want
al is men het vaak eens over de opvoedende taak van de literatuur, over de wijze waarop zij deze moet vervullen lopen de
meningen uiteen. Moet de schrijver zich inderdaad op het
niveau van de massa plaatsen, of moet hij deze daarentegen tot

zijn eigen niveau verheffen? Onze eerste romanschrijvers losten dit probleem op door middel van een compromis: Conscience weet tot het volk te spreken zonder zich daarbij te vergooien. Wat niet wegneemt dat deze verhalen, waarvan bijna al het belang verdween zodra zij hun doel hadden bereikt, ons thans door hun naïveteit en onhandigheid teleurstellen. De onwetendheid van het publiek waarvoor zij waren bestemd, het ontbreken van een veelzijdige intellectuele vorming bij de schrijvers en de bescheidenheid van hun bedoelingen, dat alles verklaart waarom deze productie tegenwoordig alleen nog bij kinderen in de smaak valt en hier en daar bij een laudator temporis acti.

Nauwelijks is de historische roman geboren of de eigentijdse zedenroman verschijnt. Opnieuw is het Conscience die de toon aangeeft. Van 1841 af maakt de schildering van het verleden plaats voor die van het heden: vertellingen over de Kempische boeren (*De Loteling*, 1850; *Baes Gansendonck*, 1850) zien het licht naast verhalen met een sociale en didactische strekking, waarin Conscience de aandacht richt op de kwalen die het land teisteren: verpaupering, alcoholisme enz. En weldra ontstaan er in de tijdschriften levendige discussies tussen de voorstanders van het historische genre en die van de eigentijdse roman. De laatste wordt met name verdedigd door Van Kerckhoven [17] – die Balzac heeft gelezen [18] – en wint terrein. Reeds in 1847 houdt een Gents letterkundig genootschap ('De Tael is gantsch het Volk') een wedstrijd voor 'den besten Nederlandschen zedenroman uit den tegenwoordigen tijd'; de prijs viel ten deel aan Zetternam (*Mynheer Luchtervelde, Waerheden uit onzen Tyd*, 1848). In dezelfde tijd tracht Sleeckx in ons land een aan Dickens en Thackeray verwante kunst ingang te doen vinden. De toenemende belangstelling voor de zedenroman hangt uiteraard samen met de verspreiding van het realisme en in 1882 kan de criticus Max Rooses vaststellen dat de historische roman zijn tijd heeft gehad.[19] Terloops zij opgemerkt dat deze ontwikkeling ons wel een overvloed van dorpsvertellingen heeft opgeleverd, maar dat zij zich van het stadsleven afzijdig heeft gehouden. Het lijkt alsof dit thema doorgaans werd verwaarloosd wegens de verfransing van de steden en van de leidende klassen. De eenvoudige burger, de werkman en vooral de boer zullen nog lange tijd de onbetwiste meesters van de Vlaamse roman blijven.

De geleidelijke overgang van de romantiek naar het realisme tekent zich al af bij Conscience en van 1840 tot 1890 neemt het verlangen naar waarheid en objectiviteit steeds toe. Op het overspannen chauvinisme van *De Leeuw van Vlaenderen* volgen de Kempische idylles, maar de in zijn hart idealistische Conscience maakt de uitbeelding van de werkelijkheid ondergeschikt aan de verbeelding [3]; zo aarzelde hij evenmin de geschiedenis op te offeren aan de eisen van de kunst, ook al gaf hij zich moeite de geest ervan te eerbiedigen.[20] Dit is juist datgene wat een andere romanticus, P. F. van Kerckhoven (1818–1857), de historische roman verwijt; naar zijn mening mag de romanschrijver slechts uitbeelden wat hij ziet en zulks naar de natuur en waarheidsgetrouw.[21] Zo luidt althans de theorie, maar in feite blijft Van Kerckhoven een verstokt verbeeldingsmens met een sterke drang naar mysterie, avontuur en melodrama, een hartstochtelijk en radicaal hervormer die door het schouwspel van de sociale en politieke misstanden sterk wordt aangegrepen. In tegenstelling met het sentimentele optimisme van Conscience leidt de romantische fantasie hier tot de opstand. Een zelfde woede en een zelfde 'misvorming' treft men aan bij Zetternam (1826–1855), de voorman van onze 'populisten', marxist avant la lettre en de schrijver van *Bernhart, de Laet* (1847), een anti-kapitalistisch werk waaraan het begrip van de klassenstrijd en het ideaal van vrijheid en gelijkheid van '48 ten grondslag liggen.[22] Dit zijn uitzonderlijke gevallen en het beeld dat zij geven van het proletariaat en van het dagelijkse leven is zeker niet realistischer dan sommige passages uit *Les Mystères de Paris* of *Les Misérables*. Sleeckx was de eerste die een literaire kunst propageerde die bestond uit onpartijdigheid, nauwkeurigheid, soberheid en een aandachtig observeren van de stoffelijke wereld, maar het realisme dat hij aanprijst (*Over het Realismus in de Letterkunde*, 1862; *De Rechtzinnigheid in de Kunst*, 1869) is nog beschroomder dan de romantiek van Conscience: wij zijn hier ver verwijderd van Flauberts extremisme, van de

onlesbare dorst naar waarheid en van de onverschilligheid tegenover 'goed' en 'kwaad', die in de ogen van Sleeckx *Madame
Bovary* tot een verfoeilijk boek maakt. De waarheid mag volgens
hem de geboden van de ethiek en van de schoonheidsleer niet
overtreden en daarom dient de schrijver 'het ongezonde realismus en het grofzinnelijke, zoo dikwijls onzedelijke materialis-
mus onzer dagen' zorgvuldig te vermijden.[23] Deze leer, hoe
gematigd zij ook is, leek in 1862 zo gewaagd dat Sleeckx bij de
verdediging ervan toegaf een 'schier verloren zaak' te beplei-
ten:[24] niet alleen komt hij in botsing met de gebruikelijke en
door het provinciale Vlaamse klimaat nog geïntensiveerde
vooroordelen van zijn tijdgenoten, maar ook heeft hij zichzelf
nog onvoldoende daarvan losgemaakt om zijn opvattingen
consequent te kunnen doorvoeren. Maar al heeft hij dan niet
gebroken met het romantisch idealisme, hij weet toch de verbeelding te onderwerpen aan de waarneming: 'het eerste ver-
eischte eens romans', zo verklaart hij, is 'de afschildering van het
werkelijke leven'.[25] Op dezelfde wijze gaat August Snieders te
werk,[26] wiens milde humor het burgerlijk optimisme verenigt
met het vermogen om van het bestudeerde onderwerp afstand
te nemen. Eerst met Virginie Loveling bereikt het realisme zijn
volledige ontplooiing. Zij verbreedt er de horizon van, die
Sleeckx uit reactie op zijn voorgangers vaak had beperkt tot
een gebruik maken van het gemengd bericht. Virginie Loveling
(1836–1923) verdiept zich in problemen als religie, opvoeding
en erfelijkheid (*Een dure Eed*, 1892; *De Twistappel*, 1904), maar
evenals veel andere realisten lijkt zij het realisme te verraden.
Laten wij liever vaststellen dat zij op goede gronden het schim-
mige principe aan de kaak stelt volgens hetwelk de roman gericht zou moeten zijn op de fotografische weergave van de
werkelijkheid. Kortom: zij eist het recht op haar verbeelding
te gebruiken en zij wil, in de vorm van kunst, de illusie van het
leven herscheppen. De schrijver, zo zegt zij in 'De Waarheid in
de Kunst' (1877), is iets heel anders dan een journalist die belast is met de rubriek 'Misdaden, rampen en ongelukken'. Hij
versmelt zijn indrukken 'tot een geheel (. . .), dat der waarheid
in het algemeen getrouw blijft, maar geenszins de koude licht-

teekening van wezenlijke karakters uitmaakt, of eene ware gebeurtenis voorstelt'.[27] Zo vervangt zij de maatstaf van de doorleefde waarheid door die van de artistieke waarschijnlijkheid.

In technisch opzicht kenmerken al deze werken zich door de
overheersing van het verhalende element. Als de pioniers van
de Vlaamse roman iets hebben betekend, dan danken zij dit
aan hun talent als vertellers: bij hen neemt de handeling, of deze
nu deel uitmaakt van een historisch fresco of zich beperkt tot een
alledaagse anekdote, een zo gewichtige plaats in dat er voor
milieubeschrijvingen en psychologische analyses geen ruimte
overblijft. Sleeckx vertolkt vermoedelijk de algemene opinie
als hij beweert dat een verhaal 'vooral handelende menschen
moet toonen': hij gaat zelfs zo ver dat hij Balzac diens zwak voor
de analyse verwijt en hij prijst het in schrijvers als Cervantes en
Lesage dat zij hun personages laten spreken en handelen en zich
niet verdiepen in lange beschouwingen over hun karakters.[18]
Deze dynamiek, dit gevoel voor handeling doet denken aan de
romantiek, die een en al onstuimigheid, elan, organische groei
en wording is, of het nu de hartstocht betreft, de Sehnsucht van
Novalis, het nationalisme van Conscience of de intriges van
Dumas en Cooper. Er is wel opgemerkt dat in Nederland de
meeste historische romans uit het romantische tijdperk avon-
turenromans zijn en dat een aantal van hun procédés zich tot
het einde van de eeuw hebben gehandhaafd.[28] Een soortgelijke
opmerking zou men kunnen maken aangaande de verteltrant
in Vlaanderen. Gesproten uit de romantiek, en anderzijds de
traditie van de volksboeken voortzettend beheerst deze trant
de romanliteratuur tot omstreeks 1880. Tenslotte is een snel
verlopende handeling steeds het beste middel geweest om de
massa tot lezen te brengen.

De tweede periode begint na 1870 met A. Bergmann (1835–
1874), bij wie het realisme wel eens aan estheticisme grenst.
Voor het eerst maakt de roman zich los van zijn opbouwende
toon en van de politieke tendensen die hem tot dan toe hebben
gekenmerkt. De schetsen van *Ernest Staas, Advocaat* (1874) vertonen een fijnheid van tekening en een frisheid van coloriet die

voor deze periode uitzonderlijk zijn. Bergmann weet ironie te paren aan een genuanceerde gevoeligheid, maar zijn talent is beperkt en hij mist de kracht van een Conscience en een Virginie Loveling, al mag men hem beschouwen als een voorloper van l'art pour l'art, de generatie van 1880 en de daarop aansluitende activiteiten van *Van Nu en Straks*.

Nadat zij meer dan een halve eeuw aan de nationale beweging onderworpen is geweest streeft de letterkunde thans doelbewust naar onafhankelijkheid. Individualisme, schoonheid, cultivering van de sensatie en van de vorm: dat zijn zo de slagzinnen van 1880. Tegelijkertijd komt men in opstand tegen de didactische kunst, zij het tot op zekere hoogte, want ook nu weer blijft Vlaanderen het land van de halve maatregelen en de compromissen. De breuk met de massa is nooit definitief geworden en al in de periode van *Van Nu en Straks* zal men trachten het estheticisme met het 'engagement' te verenigen door te betogen dat de kunstenaar de gemeenschap niet beter kan dienen dan door haar in aanraking te brengen met de schoonheid.

Drie factoren zijn er de oorzaak van geweest dat deze kentering zich juist rond 1880 heeft voltrokken. In de eerste plaats wel de door de taal geboekte vooruitgang: aan de romantici en de realisten dankt Vlaanderen een oorspronkelijk letterkundig idioom. Het is alsof het Nederlands, na door de pogingen van deze schrijvers rijker, zuiverder en plooibaarder te zijn gemaakt, zich van zijn vormschoonheid en zijn rijkdom bewust wordt. Bijna in dezelfde tijd en onafhankelijk van de prozaschrijvers verwezenlijkt de dichter Gezelle geheel alleen in enkele jaren het werk van verscheidene generaties: het uur van de esthetische experimenten en de woordkunst is aangebroken. Maar het is niet alleen de betrekkelijke volmaaktheid van de taal die deze bewustwording bevordert: men moet daarnaast evenzeer rekening houden met de ontwikkeling van het publiek. Ook op dit terrein hebben de pioniers hun doel bereikt: er is een elite ontstaan, wier artistieke eisen die van de generatie van Conscience overtreffen. De derde factor wordt gevormd door de buitenlandse voorbeelden: dat van het Nederlandse tijdschrift *De Nieuwe Gids* (1885), dat van Frans-België (*La*

Jeune Belgique, 1881–1897) en vooral het voorbeeld van Zola en het impressionisme.

Zola heeft in Vlaanderen weinig echte navolgers gehad, maar wel heeft hij er een grote invloed uitgeoefend. Het naturalisme, dat zich in *Arm Vlaanderen* (1884) van I. Teirlinck (1851–1934) en R. Stijns (1850–1905) had aangekondigd, neemt in Stijns' latere werken – *Ruwe Liefde* (1887) en *Hard Labeur* (1904) – een duidelijke vorm aan. Stijns komt in opstand tegen de opvatting dat schoonheid en goedheid onafscheidelijk zouden zijn. Hij wil de werkelijkheid objectief en onder al haar aspecten waarnemen, wat in deze periode wil zeggen dat zijn visie overwegend somber is. 'Ik heb uit het leven om mij heen gegrepen', schrijft hij in het voorwoord van een van zijn romans, 'heb mij niet afgevraagd, of hetgeen ik wilde behandelen te treurig, te zwaarmoedig is. Hetgeen ik zag en voelde, heb ik getracht zoo getrouw en zoo kunstvol mogelijk weer te geven. (...) Waarom voortgaan met den jeugdigen lezer ontgoochelingen te bereiden? Waarom op alle tonen zingen, dat er slechts twee uitkomsten zijn voor degenen, die elkander beminnen: het huwelijk of het graf? Waarom de verliefden leeren wandelen in den maneschijn langs eenzame dreven, en de stem des vleesch laten stom blijven?'.[29] Het is vooral de zinsverrukking waaraan hij recht laat wedervaren: *Hard Labeur* begint met een mislukte verkrachting. Toch herinnert hier niets aan de wetenschappelijke geest van Zola, aan diens theorie van de experimentele roman, diens behoefte aan documentatie en diens bezetenheid door het fysiologische determinisme. Naturalistisch zijn vooral de concentratie op het stoffelijke, de zin voor het tragische en de verwerping van ieder moreel of esthetisch idealisme.[30] Het is Cyriel Buysse (1895–1932) die althans gedurende enige jaren dit streven het zuiverst vertegenwoordigt: in *Het Recht van den Sterkste* (1893) bereikt dit verlangen naar de objectieve waarheid, dat sedert de Kempische romans van Conscience steeds is toegenomen, zijn hoogtepunt. Het werk is er de bekroning en tevens op een paradoxale manier bijna de ontkenning van, want evenals Zola en Lemonnier beschikt Buysse over een visionaire verbeeldingskracht, die de grenzen van de waarschijnlijkheid dreigt te doorbreken: het subjectivisme wreekt zich op het positivisme in de karikatuur, in de demonstratieve belangstelling voor het obscene en het lelijke. Tot hen die evenals Stijns en Buysse het voorbeeld van de meester van Médan hebben gevolgd behoren nog G. Vermeersch (1877–1924), P. van Assche (1867–1950), een aantal folkloristen die vooral door de anekdotische en schilderachtige kanten van het leven op het land of in de stad in beslag worden genomen, en bepaalde medewerkers van *Van Nu en Straks*: men denke bijvoorbeeld aan het fatalisme waarmee het vroege werk van Stijn Streuvels en Herman Teirlinck is doordrenkt.

Op romantechnisch gebied heeft het naturalisme belangrijke consequenties gehad. Zola hield van nauwkeurige en uitvoerige beschrijvingen, die hij niet als doel op zichzelf beschouwde, maar als 'een gesteldheid van de omgeving die de mens bepaalt en aanvult'.[31] Hij hield er ook van een detail te laten uitkomen, het te vergroten en het tot een thema te maken van lyrische variaties, die overigens weinig overeenstemden met zijn opvatting van de roman als proces-verbaal. Het decor beperkt zich bij hem niet tot de stad en de fabriek: Zola heeft de natuur al schilderend vermenselijkt, want terwijl de wetenschapsman de gedragingen van de mens verklaart uit de stof, ontwaart de dichter, die zijn dubbelganger is, in deze stof affectieve trekken. Hij spreekt van 'symphonies de feuillages', van 'rôles donnés aux brins d'herbe', van 'poèmes de clartés et de parfums': 'Als er een verontschuldiging is voor zulke buitensporigheden, dan is het dat wij er van hebben gedroomd het algemeen menselijke te verruimen en wij daarin zelfs de stenen van de wegen wilden betrekken'. Zoals R. F. Lissens aantoont staat er niets zo ver af van het wetenschappelijk ideaal.[32]

Het naturalisme zoals Zola het heeft opgevat bestaat uit spanningen en tegenstrijdigheden. Hoe zijn immers deze 'poèmes de clartés et de parfums' te rijmen met het beginsel van de objectiviteit? Het gaat er ditmaal niet meer om de dingen zoals ze op zichzelf zijn weer te geven, maar juist om het vluchtige, unieke en onmiddellijke karakter vast te leggen van de indruk die de dingen op ons maken. Dit is impressionisme: een kunst die zich weliswaar naar de buitenwereld richt, maar waarin het Ik zich doet gelden als voedingsbodem van de gewaarwording. En zo komt er op hetzelfde moment waarop het naturalisme triomfeert in de evolutie van de kunst een ommekeer: voortaan zullen het de subjectieve stromingen zijn die haar richting bepalen. Het impressionisme is een eerste stap naar de revolutie van het expressionisme.

Onder invloed van Zola en de impressionisten begint de beschrijving zich sterk te ontwikkelen, wat ten koste gaat van de handeling. De roman ontaardt in een portret en vooral in een landschap. De tafereelschildering gaat een zelfstandig bestaan leiden en komt ogenschijnlijk los te staan van het menselijke conflict: bij de jonge Streuvels is de eigenlijke hoofdpersoon de natuur. Vergeleken met de romanticus registreert de impressionistische schrijver de buitenwereld passief. Hij wil haar allerminst volgen in haar ontwikkeling en geeft zich daarentegen moeite haar in haar vluchtige aspect vast te leggen. Hij geeft niet de onafgebroken stroming van de tijd weer, maar een reeks van momenten, van telkens onderbroken toestanden. Vandaar de voorrang van het statische op het dynamische, van de situatie op de handeling, van de beschrijving – portret, landschap of stilleven – op het drama. Meer dan ooit richt de letterkunde zich naar de schilderkunst en het ut pictura poesis wordt hier heel wat meer dan een stijlfiguur. Streuvels komt er voor uit dat de schilderijen van Emile Claus een ware openbaring voor hem zijn geweest [33]; Herman Teirlinck vindt aansluiting bij Schirren, Tijtgat en Rik Wouters; Van de Woestijne bij de groep van Latem: De Saedeleer, Albijn van den Abeele, Gustave de Smet e.a.; en *De Wandelende Jood* (1906) van Vermeylen herinnert meer dan eens aan Bruegel en aan Bosch. Het hoogtepunt van het impressionisme in de roman is zonder twijfel het boek *Zon*, dat Herman Teirlinck in 1906 publiceert. Het bestaat uit een verzameling schetsen die hij met recht 'beschrijvingen' noemt. Ook Streuvels beoefent de beschrijvende vertelling, maar daarbij vervormt hij de natuur zozeer dat hij eerder met Van Gogh en Permeke verwant is dan met Monet. Men komt tot een onderscheiding tussen de 'beschrijvende' vertelling, waarin de intrige niet meer dan een hulpmiddel is, en de 'verhalende' vertelling, zoals die nog door Sleeckx wordt aangeprezen.[34] Al in 1880 is men geneigd de roman en de schilderkunst samen te smelten, een tendens die bijna gedurende een halve eeuw zal blijven overheersen: Timmermans zal haar slechts versterken, waarbij hij in navolging van vele anderen zal aantonen dat het schilderkunstige op een gevaarlijke manier aan het schilderachtige grenst.

Een andere vernieuwing in deze periode is de voorliefde voor het typische detail. Deze kan een obsederende vorm aannemen: in *Zon* leidt zij tot de manie van het filigraan en de miniatuur. Uiteraard wordt het procédé vooral toegepast bij de uitbeelding van de zintuiglijk waarneembare wereld. Waar Roelants zelfs geen moeite doet het uiterlijk van zijn personen te schetsen, geven Teirlinck en Van de Woestijne met een minutieuze zorg het signalement van de hoofdfiguren uit *De leemen Torens* (1928).[35]

Dit voert ons tot het stilistisch aspect van de ontwikkeling. De taal is voor de romanschrijver niet langer een middel, een simpele bouwstof van dezelfde waarde als de intrige of de karakters, maar een doel op zichzelf. En terwijl de beschrijving de handeling gaat overheersen stelt de taal zich niet langer tevreden met haar taak als instrument. Het is alsof de schrijver er eindelijk de suggestieve kracht van heeft ontdekt: de woorden zijn er om mee te schilderen en te musiceren en men bekommert zich niet meer om hun verbondenheid met de andere elementen van het werk of om hun afhankelijkheid ten opzichte van het geheel. De invoeging van prozagedichten en stijloefeningen ontneemt aan de roman zijn dynamische karakter, dit zich ontwikkelen dat er de grondslag van lijkt te zijn (een geschiedenis speelt zich af in de Geschiedenis): het tempo vertraagt zozeer dat er bijna sprake is van een stilstand in de tijd, zoals dat het geval is in de beeldende kunsten en vaak in de lyrische poëzie. Het samengaan van woordkunst en beschrijving vertoont de neiging de voortgang van de tijd af te remmen en de ontwikkeling van de actie te vervangen door het 'eeuwige' moment. De mode van de 'mooischrijverij' begint met Wazenaar (1840–

1906) en Omer Wattez (1857–1935), om haar hoogtepunt te bereiken met *Van Nu en Straks*: met Toussaint en Teirlinck en vooral met Van de Woestijne en Vermeylen, die Flaubert 'uit het hoofd' kent. Volgens een uitspraak van Teirlinck hebben zij voor de toekomstige generaties het woord 'in zijn elementaire maagdelijkheid (...) heroverd', maar Teirlinck geeft onmiddellijk toe – in 1947! – dat zij er misschien te veel belang aan hebben gehecht en dat zij 'een tijd in den roes van hun zege als woordendronken hebben getoefd'.[36] Deze voorrang van de taal op de handeling is door Streuvels al in 1923 veroordeeld.[37] Hetzelfde geluid hoort men in 1929 bij A. Mussche [38] en bij Walschap, die in genoemd jaar terugkeert tot de romanvertelling. Maar ook al beschouwt men de roman van onze tijd graag als een reactie op *Van Nu en Straks*, toch heeft het impressionisme op het gebied van de taal een streven naar individualisme doen ontstaan dat de gehele moderne literatuur zal kenmerken, zij het dat dit streven de letterkunde van een overdaad aan versieringen zal leiden tot een uiterste soberheid. En is de veelvuldigheid van stijlen niet een wezenlijke karaktertrek van de hedendaagse kunst?

Tenslotte geeft het impressionisme aan de schets en aan het fragment uiteraard de voorkeur boven het werk van lange adem. Reeds Conscience had novellen geschreven, maar eerst tegen het einde van de 19de eeuw kan de short story met de roman wedijveren. Natuurlijk houdt dit succes ook verband met dat van de almanakken en de bloemlezingen. In de jaren '80 erkennen de critici dat zij met novellen worden overstelpt.[39] Het is opmerkelijk dat, hoewel onze schrijvers zich doorgaans niet om theorieën bekommeren, de esthetiek van het genre toch hun aandacht heeft getrokken.[40]

Buysse uitgezonderd zou het onjuist zijn de romanschrijvers van *Van Nu en Straks* (1893–1894; 1896–1901) bij het naturalisme of het impressionisme in te lijven. Dit zijn slechts twee elementen van de veelomvattende synthese waartoe zij de tegenstrijdige stromingen van het fin de siècle hebben willen herleiden.

In plaats van zich blind te staren op het zintuiglijk waarneembare, leggen de meesten van hen het accent op de psychologie en de filosofische problemen. Met hen verschijnt in Vlaanderen de artistiek aangelegde academicus, een schrijverstype dat in België heel wat zeldzamer is gebleven dan in het buitenland. Doorgaans beschikken deze auteurs over een scherp verstand en zijn zij geneigd tot bespiegelend denken, waarbij zij profiteren van een briljante ontwikkeling, die gepaard gaat met een verfijnde gevoeligheid. Door hun invloed wint de roman aan diepte en aan gecompliceerdheid en dit zowel wat de ideeën-inhoud als wat de karakterstudie betreft. De handeling wordt hierdoor wel van minder belang, maar dat komt ten goede aan de analyse en aan de beschrijvingen, en ditmaal is de schildering van het zieleleven even zorgvuldig als die van het landschap. De Bom (1868–1953) schrijft een van onze eerste psychologische romans (*Wrakken*, 1898), Vermeylen (1872–1945) onze eerste ideeënroman (*De Wandelende Jood*), en de verhalen van Van de Woestijne (1878–1929) houden in de vorm van parabels het dagboek in van een van de meest fascinerende persoonlijkheden van de 19de eeuw.

In hun streven naar een intelligente en subtiele kunst gaan sommige auteurs er toe over de scène te verplaatsen van het dorp naar de stad, waarbij in hun ogen de verandering van decor tot een verandering van het perspectief leidt. Hierom is het Vermeylen vooral te doen want, zegt hij, 'De menschelijkheid der Vlaamsche landlieden zal ons weldra toch te enkelvoudig, te arm aan geest lijken, om er waarlijk groote, modern-Europeesche romans meê te maken'.[41] Nu mag dan vaststaan dat de esthetische waarde van een werk onafhankelijk is van zijn onderwerp, maar dat maakt de reactie van Vermeylen op de lawine van doorgaans zeer middelmatige dorpsromans niet minder begrijpelijk. Deze jonge intellectuelen scheppen romanfiguren die evenals zijzelf stadsmensen zijn: De Bom maakt schetsen van Antwerpen en Herman Teirlinck (1879) schildert een overigens onsamenhangend en weinig overtuigend beeld van het Brusselse leven rond 1900 (*Het Ivoren Aapje*, 1909). Zijn hoofdfiguur, Rupert Sörge, inspireert de dilettanten en de snobs die met André de Ridder (1888–1961) de oorlog verklaren aan de 'boerenkinkels'. De roman over het leven in de grote stad begint omstreeks 1910 in Vlaanderen wortel te schieten: hij maakt deel uit van het program van het tijdschrift *De Boomgaard* (1909-1911); Teirlinck, De Ridder, Kenis (1885-1934) en Elsschot (*Villa des Roses*, 1913) leveren er de prototypen voor, en weldra wordt hij zelfs het voorwerp van een verhandeling.[42]

Tevens vernieuwt *Van Nu en Straks* de dorpsroman. F. Toussaint (1875-1947) brengt het landleven in beeld vanuit het gezichtspunt van de psycholoog en van de stedeling (*Landelijk Minnespel*, 1910). Buysse bestrijdt het anekdotisch realisme met de scherpte van zijn blik, Teirlinck met zijn fantasie en Streuvels met de kracht van zijn lyriek. Hun voorbeeld en met name dat van Streuvels, die de roman tot het verschijnen van *Pallieter* (1916) beheerst, werd zeer slecht begrepen: men nam van deze schrijvers wel de onderwerpen over, maar men miste hun genialiteit en zo belandde men weer bij het gemengde bericht. Terwijl Streuvels wees op het despotisme van de natuur en op de nederlaag van de mens tegenover blinde krachten, hebben zijn navolgers vooral belangstelling voor het geklets en de vrijages van de boerenmeiden. Met deze epigonen kiest de streekroman vastberaden de richting van de folklore, van een schilderachtig Vlaanderen, een kartonnen Vlaanderen van kermissen, staminees, begijnhofjes en gouden korenvelden, maar ook een geestelijke woestijn, een haard van bekrompenheid en een prentenboek voor argeloze kinderen. De tegenaanval van het provincialisme, die de actie van *Van Nu en Straks* dreigt te verijdelen en de doelstellingen van *De Boomgaard* rechtvaardigt, dagtekent uit de jaren 1905-1910. Vertegenwoordigd door L. Lambrechts (1869-1932), A. Jeurissen (1874-1925) en andere volksvertellers, bederft het toch ook oorspronkelijke talenten als L. Baekelmans (1879), M. Sabbe (1873-1938) en E. Claes (1885), al weten deze schrijvers soms aan de greep er van te ontsnappen. De hoofdkenmerken van deze stroming, t.w. huisbakkenheid, babbelzucht, oubollige – dat is 'gezonde' – humor en het vermijden van geestelijke problemen, ontsieren zelfs de werken van de grootste naoorlogse romancier: Felix Timmermans (1886-1947). Toch dankt men aan hem een van de meesterwerken in dit genre: *Boerenpsalm* (1935). Hierin heeft de lyriek van *Pallieter* haar schilderachtige vernis afgelegd, gaat de verbeelding gepaard met waarneming, en omvat de blik van de kunstenaar naast het leven van de zinnen de onveranderlijke voorwaarden van het menselijk bestaan. Tenslotte zij er op gewezen dat de boerenroman er tot in onze tijd steeds in is geslaagd nieuwe pleitbezorgers te vinden.

Op esthetisch gebied laat *Van Nu en Straks* zich niet alleen door het naturalisme, maar ook en in een nog sterker mate door de idealistische stroming van het einde van de 19de eeuw inspireren. Aan de principes van de loutere waarneming, de zuivere nabootsing en de objectiviteit is thans een einde gekomen. Streuvels beschouwt de roman als een vervormende spiegel. Hij toont de werkelijkheid in een gestileerde vorm en geeft aan de mens en aan het landschap de contouren van het heldenepos. Met een brede streek schildert hij reuzengestalten die machteloos staan tegenover de geweldige krachten van de elementen, en bij dat alles bevrijdt hij zichzelf zowel van de onpartijdigheid der realisten als van de gedetailleerde verfijning der impressionisten. De waarneming gaat bij hem over in het visioen.[43] Teirlinck karakteriseert *Het Ivoren Aapje* als 'de vrucht van een verbeelding, welke (hij) beproefd (heeft) aan werkelijkheid te toetsen', waarbij de realiteit dus slechts dient als maatstaf voor de fictie.[44] Nog verder gaat Toussaint, die alle overeenkomsten met de buitenwereld ontkent: 'Mijn werk is geen weergave van de werkelijkheid: het berust allerminst op feitenmateriaal. Ik leg in woorden vast de geordende verzinsels van mijn onafhankelijke verbeelding. Ik besef dat mijn werk (...) louter verbeeldingskunst is'.[45] Bij anderen bestaat het subjectieve element in een projectie van persoonlijke ervaringen, ideeën en gevoelens, zoals bijvoorbeeld het geval is in *Wrakken, De Wandelende Jood* en de vertellingen van Van de Woestijne. De schrijver bekommert zich hier minder om de anderen dan om zichzelf: zijn waarnemingsvermogen en zijn vindingskracht wenden zich af van de omgeving om zich op het Ik te concentreren. Deze introverte houding geeft aanleiding tot zelfbeschouwing en tot min of meer verhulde bekentenissen.[46] Het ontstaan van de

'belijdenisroman' is een gevolg van de door *Van Nu en Straks* be-
oefende cultus van het individu – men herkent hier de invloed
van Nietzsche en Stirner –, een cultus waarvan men overigens
verwachtte dat hij zou bijdragen tot de verrijking van de gemeenschap. In de loop der jaren richt de roman zich steeds meer
op het innerlijk en neemt het subjectieve karakter ervan voortdurend in belangrijkheid toe. *De Boomgaard* predikt een realisme
dat de bestudering van de psychologische drijfveren combineert
met die van de zintuiglijk waarneembare werkelijkheid; Kenis
keert terug tot het historische genre (*Fêtes Galantes*, 1924) en De
Ridder schrijft geromantiseerde levensbeschrijvingen (*Ninon de
Lenclos*, 1915; *Jean de la Fontaine*, 1918). Timmermans tenslotte
ziet in *Pallieter* de verwerkelijking van een 'verlangen' en waarschuwt ons dat zijn landschappen niet reëler zijn dan zijn hoofdfiguur.[47] De zeer sterke vervorming, de buitensporigheid van
de beeldspraak, het lyrische en synthetische karakter van de
visie, de afkeer van de traditionele mimesis en de verwijdering
ten opzichte van het gangbare wereldbeeld, dat alles maakt
Pallieter tot een voorbode van het expressionisme.

Wij hebben gezien dat het 'more brains!' van Vermeylen
lang niet door allen werd gehoord: sommigen onttrekken zich
aan de invloed van *Van Nu en Straks* en blijven de romantiek en
het realisme trouw. Tot hen behoren M. Sabbe, L. Baekelmans
en E. Claes, schrijvers die wel niet het formaat van een Teirlinck
en een Van de Woestijne hebben, maar er evenmin de gebreken
van vertonen. Van alle romanschrijvers van deze periode was
Buysse haast de enige die de verteltrant van zijn voorgangers
wist te verenigen met de psychologische verfijning van de mo-
dernen. Bovendien was zijn visie uiteraard dramatisch, wat hem
in staat stelde stijlgekunsteldheden te vermijden en zich in
een tijd die picturale uitspattingen bewonderde te verdiepen in
menselijke conflicten. In dit opzicht is Buysse een schakel tussen
Virginie Loveling en Willem Elsschot. Overzien wij deze periode echter in haar geheel dan blijkt dat het verhalende element
zich heeft weten te handhaven en dat een overdreven voorliefde
voor beschrijvingen en woordkunst er het hoofdkenmerk van is.

33

De opkomst van het expressionisme betekent het tweede keerpunt in de geschiedenis van de Vlaamse roman.

Het verval van het impressionisme gaat terug tot de eerste wereldoorlog. Uitgediend hebben – voorlopig – de estheten en individualisten die op zoek zijn naar nieuwe prikkels. De humanitaire opvattingen maken zich meester van de poëzie; Teirlinck laat de roman tijdelijk in de steek voor het theater, dat immers geldt als een gemeenschapskunst, en zelfs Van de Woestijne streeft naar een soberder schrijftrant en een bondiger constructie.[48] Toch ontwikkelt zich eerst omstreeks 1927 een roman-esthetiek die vijandig staat tegenover de folklore, de beschrijving, de lyriek en de woordkunst. Maar in die tijd is de rol van het expressionisme al weer uitgespeeld.

Om de invloed van het impressionisme vast te stellen doet men er beter aan te wijzen op zijn betekenis voor de algemene gerichtheid van de literatuur dan de romans te bestuderen die door deze stroming zijn geïnspireerd. Met uitzondering van de *Celbrieven* (1920) van W. Moens (1898) en de bewonderenswaardige 'grotesken' van Van Ostaijen (1896–1928) is de oogst bijzonder gering. De tijdschriften houden zich voornamelijk bezig met poëzie en met kritiek, en de weinige schetsen of vertellingen die zij bevatten doen Streuvels en Timmermans niet vergeten. Het kost weinig tijd de voornaamste na-oorlogse romans op te sommen en vast te stellen in welke opzichten zij iets nieuws brengen. *Jeugd in de Stad* (1918) van E. de Bock (1889) is een opeenvolging van schetsen en analyserende of verhalende fragmenten en onderscheidt zich voornamelijk door de soberheid van de taal. Een zelfde losse constructie kenmerkt *Het inwendig Leven van Paul* (1923) van K. van den Oever (1879–1926). In een aantal korte hoofdstukken geeft dit werk de verschillende fases van een geloofscrisis weer, waarbij de intrige vrijwel uitsluitend op het zieleleven betrekking heeft en sommige beelden de buitenwereld vervormen op een manier die vreemd genoeg soms aan *Pallieter* herinnert. Van den Oever verwerpt de overladen stijl van voor de oorlog en is als pionier van het expressionistische proza een voorloper van Walschap. Ook de laatste vertelt de geschiedenis van een ziel en wel in *De Ziel en de Wegen van Waldo* (1928), een ideeënroman die wordt gekenmerkt door een traag tempo en een lyrische, wijdlopige schrijfwijze. Eerst in *Adelaïde* (1929) zal de schrijver zich van deze tekortkomingen hebben bevrijd. Vermelding verdienen hier voorts nog *De Monnik in het Westen* (1929) van V. J. Brunclair (1899–1944), een verwarde parabel waarin het broederschapsideaal van de humanitaire dichters tot uitdrukking komt, en *Het Meisje Lea* (1926) van U. van de Voorde (1893). Weliswaar protesteert laatstgenoemde tegen de formele buitenissigheden van het expressionisme, maar dat weerhoudt hem niet deze stroming te volgen door de handeling te vergeestelijken. De eenvoud van stijl en het domineren van de psychologie over de uiterlijke feiten, die hier bijna tot niets zijn teruggebracht, wijzen reeds in de richting van Roelants.

Bij dit alles zijn de intenties belangrijker dan de behaalde resultaten. Ondanks de bescheidenheid of de onhandigheid van de uitvoering maken deze enkele voorbeelden het mogelijk de lijnen aan te geven waarlangs de door het expressionisme teweeggebrachte vernieuwing zich heeft voltrokken.

De weergave van de buitenwereld en de op zintuiglijke indrukken gebaseerde kunst worden vervangen door de uitdrukking van de innerlijke werkelijkheid. Het oude dualisme van subject en object begint te vervagen, of beter gezegd, het subject beschouwt zichzelf als object: het keert in zichzelf en gaat in zichzelf schuil. De expressionist laat zich niet door de dingen leiden, integendeel: hij negeert ze of onderwerpt ze door ze naar zijn inzicht te vervormen. Het Ik regeert als een tiran over de stof. Vandaar dat men aan de poëzie meestal de voorkeur geeft boven de roman, die immers vanouds naar een zekere overeenkomst met de stoffelijke wereld streeft. Tenslotte blijkt het toneel directer en concreter mogelijkheden te bieden om de geheimen van het onbewuste in beelden te vertalen dan de vertelling. Het wekt daarom allerminst verbazing dat het expressionisme zich vooral in lyrische en dramatische vorm openbaart. De invloed die de stroming op de Vlaamse roman heeft uitgeoefend mag vertraagd en indirect zijn geweest, maar was daarom niet minder beslissend. Het proces schijnt zich te hebben

35

voltrokken via een aantal imponderabilia die men met het woord 'tijdgeest' pleegt aan te duiden. De revolutie in de poëzie, die tussen 1918 en 1921 door Van Ostaijen en het tijdschrift *Ruimte* werd ontketend, schiep een nieuwe sensibiliteit en nieuwe denkwijzen die zelfs tegenstanders als M. Roelants, R. Brulez en U. van de Voorde overtuigden. Toch moeten wij er terwille van de objectiviteit aan herinneren dat de beweging al in de periode van *Van Nu en Straks* was begonnen en dat het expressionisme er uitsluitend de bekroning van vormde, waarbij overigens de roman buiten spel bleef. Maar ook al evolueerde de roman dan reeds in het begin van de 20ste eeuw in deze richting, toch is dit proces door het voorbeeld van de dichters en de toneelschrijvers ongetwijfeld verhaast en geconsolideerd. Wat hier ook van zij, de romanschrijvers van 1930 hebben door de erfenis van hun voorgangers te weigeren het gebaar van de dichters van 1920 herhaald.

In eerste instantie heeft het expressionisme de tendens tot verinnerlijking op de spits gedreven. Dit leidde er toe dat de roman zich afwendde van het picturale om zich te gaan bezighouden met de ontdekking van de mens, de zelfbeschouwing, de psychologische analyse, de bespreking van filosofische, morele en sociale problemen. Zo hechten Roelants, Elsschot en Gilliams ternauwernood meer waarde aan het decor dan Walschap, op wie het expressionisme een directe invloed heeft uitgeoefend. Bovendien is Roelants verwant aan Walschap door de religieuze en ethische achtergronden van zijn romans. Deze bekommernis om de innerlijke handeling, waarbij de dingen een louter functionele en secundaire rol spelen, uit zich soms, zoals bij Roelants en Gilliams, in een volstrekte minachting tegenover de feiten. Er zij op gewezen dat Jozef Muls, de officiële beschermer van Van Ostaijen, in de auteur van *Komen en Gaan* de eerste romanschrijver begroet die om 'de kaap van het objectief realisme' heeft weten te varen.[49]

De naoorlogse generatie debuteert in het teken van de psychologische roman, aan welk genre Roelants en Gilliams steeds trouw zullen blijven. Overigens hebben wij hier niet zozeer te doen met een product van het expressionisme als wel met een resultaat van eerdere stromingen, die door toedoen van het expressionisme werden geactiveerd. Laatkomers als zij zijn, aarzelen de Vlaamse romanschrijvers om de weg van de verinnerlijking tot het einde te volgen: in tegenstelling tot Kafka en Döblin gaan zij voorlopig niet verder dan het stadium van de individuele hartstochten. Het procédé van de schematisering van de romanfiguren door mythe en allegorie, waarmee het expressionisme zich tegen de naturalistische psychologie verzet, verschijnt in ons land op een veel later tijdstip, t.w. rond 1940. Men ziet het op een bescheiden manier toegepast bij De Pillecyn (*De Soldaat Johan*, 1939) en duidelijker bij Walschap (*Houtekiet*, 1939). De greep uit het leven, de verfilming van het bijzondere geval worden hier vervangen door een parabel van de condition humaine. Dat deze stroming in Vlaanderen veel minder opgang maakt dan in het buitenland en met name in Duitsland (Th. Mann, H. Hesse, E. Jünger e.a.) is begrijpelijk: zij vergt een metafysische gevoeligheid en een geneigdheid om te mediteren over de grondslagen van het bestaan die men in ons land niet vaak aantreft.

Daarentegen is er onder de filosofische stromingen die door het expressionisme werden teweeggebracht of bevorderd,[50] een geweest die bij de Vlaamse schrijvers gehoor vond: het vitalisme. Deze verheerlijking van het instinct en van de levensdrang, die gepaard gaat met verzet tegen het intellectualisme, de moraal en in ruimere zin tegen de beschaving, openbaart zich in verschillende vormen bij Walschap, Teirlinck en Van Aken.

Door aan de geest de absolute macht over de stof toe te kennen weet het expressionisme ook een einde te maken aan de autonomie van de taal ten opzichte van de overige elementen van het werk: voortaan worden haar buitensporigheden streng gecontroleerd, geleid en berekend vanuit de idee die de economie van het geheel beheerst. De woekering van het woord brengt de roman niet langer uit zijn evenwicht: de stijl wordt voortaan op dezelfde voet behandeld als de overige bestanddelen. In het algemeen maakt de mooischrijverij plaats voor een soberder vormgeving, waarvan Elsschot als buitenstaander in 1913 het eerste voorbeeld geeft. Dit ideaal komt het duidelijkst tot uiting bij Walschap, die in feite het maniërisme van de overladenheid vervangt door dat van de 'nieuwe zakelijkheid'.

De veroordeling van de roman als schilderij leidt in veel gevallen tot een verlevendiging van het ritme. Wij zien dit echter niet bij Roelants en Gilliams: dat zijn psychologen van wie de analytische uitvoerigheid herinnert aan het trage tempo bij Proust. Wel doet het verschijnsel zich voor bij Walschap en bij Elsschot die ook hier weer als wegbereider optreedt. Na een halve eeuw van landschappen en portretten zoekt Walschap weer aansluiting bij de traditie van Conscience – de traditie van het zuivere verhaal –, waarmee hij de evolutie van de roman in haar laatste fase brengt: Van Aken, Boon, Gijsen, Teirlinck en zelfs de oude Vermeylen (*Twee Vrienden*, 1943) zullen zijn voorbeeld volgen.

Tenslotte kan men het experimentele karakter van de hedendaagse roman misschien opvatten als een verre weerklank van het expressionisme, ook al betreft het hier een eigenschap die in geen van de belangrijkste uitingen van de moderne kunst ontbreekt. Tot staving hiervan zou men kunnen beweren dat het expressionisme in Vlaanderen de eerste – en lange tijd ook de enige – representant van de Europese avant-garde is geweest. Het is duidelijk dat de ontbinding van de traditionele vormen door de dichters en de toneelschrijvers uit de jaren '20 de romanschrijvers heeft aangemoedigd. Mutatis mutandis zou men Walschaps *Adelaïde* (1929) met werken als *Berlin Alexanderplatz* (1929) van Döblin en *Perrudja* (1929) van Hans Henny Jahnn kunnen vergelijken. Anderzijds herinnert de toepassing van muzikale werkwijzen in de literatuur – een geliefde methode bij Gilliams – aan de 'muzikalisatie' van de kunst die men terecht als een van de wezenskenmerken van het modernisme en ook van het expressionisme heeft beschouwd [51]: de sonatevorm van Gilliams is in zekere zin de pendant van de thematische arbeid in Van Ostaijens poëtiek. Nu komen dergelijke verschijnselen tegenwoordig te vaak voor om ze uitsluitend met het expressionisme in verband te mogen brengen, maar wel staat vast dat het expressionisme in Vlaanderen een experimentele stroming heeft ingeluid waarvan Gilliams, Daisne, Boon en Claus de vermetelste bevorderaars zullen zijn. Naarmate de experimenten veelvuldiger worden brokkelt de formele eenheid van de romankunst verder af, en waar het in de voorafgaande periode nog mogelijk was bij de meerderheid van de schrijvers gemeenschappelijke procédés te onderscheiden, zijn wij in onze dagen getuige van het verschijnsel dat door W. Weidlé 'la mort du style' is genoemd,[52] en van de triomf van de individuele expressie. Van een betrekkelijke gelijkheid van vormen is men gekomen tot een mateloze verscheidenheid. Gilliams verschilt oneindig veel meer van Walschap of van Daisne dan Streuvels van Sabbe of Teirlinck.

Panorama van de Vlaamse roman 1927-1960

Het jaar 1927 kan worden beschouwd als het begin van een nieuw tijdperk. Er heeft zich een eerste generatie van schrijvers aangekondigd die in ongeveer zeven jaar tijds aan Timmermans en Claes het monopolie van de roman zal ontnemen. De leegte die na de eerste wereldoorlog was ontstaan, wordt weldra gevuld met een groot aantal werken van bijzondere kwaliteit:

1927 *Komen en Gaan* van Roelants (gepubliceerd van augustus tot oktober 1926 in het Nederlandse tijdschrift *De Gids*); *De Rit* van De Pillecyn, een novelle die al in 1924 in *Vlaamsche Arbeid* was verschenen; kronieken van Walschap in *Hooger Leven*, als vervolg op zijn artikelen in *Dietsche Warande en Belfort* (*Katholieke Literatuur en de Jongeren, Het Geval van de Jongeren*, 1926); eerste roman van Lode Zielens (*Het jonge Leven*).

1928 *De Jazzspeler* van Roelants.

1929 *Adelaïde* van Walschap; *Het Grauwvuur* van Marcel Matthijs.

1930 *André Terval* van Brulez; *Het duistere Bloed* van Zielens; *De Overjas* van René Berghen (in *Vlaamsche Arbeid*).

1931 *Het Leven dat wij droomden* van Roelants; *Eric* van Walschap; *Blauwbaard* van De Pillecyn.

1932 *Sheherazade* van Brulez; *Moeder, waarom leven wij?* van Zielens; André Demedts werkt mee aan *Forum*.

1933 *Carla* en *Trouwen* van Walschap;
De gele Roos van Zielens;
Kaas van Elsschot;
Oefentocht in het Luchtledige van Gilliams;
eerste hoofdstuk van *Elias* (in *Dietsche Warande en Belfort*);
De Ruitentikker van Matthijs.

Enige jaren later debuteren Albert van Hoogenbemt (*De stille Man*, 1938) en Paul Lebeau (*Het Experiment*, 1940), terwijl Teirlinck terugkeert met *Maria Speermalie* (1940). Van 1926 tot 1929 ondergaat de roman een metamorfose, hetgeen de kritiek ditmaal beseft. Wij hebben reeds gewezen op de uitspraak van Jozef Muls over *Komen en Gaan*, maar men zou ook kunnen verwijzen naar die van Van de Woestijne [1] of nog beter naar de mening van U. van de Voorde, die in 1930 spreekt van 'de plotse stijging, in de allerlaatste jaren, van den Vlaamschen roman'.[2]

Deze schrijvers, van wie er velen zijn geboren tussen 1895 en 1900, verschijnen op een moment waarop het modernisme, nadat het zich van de poëzie en van het theater heeft meester gemaakt, al weer in betekenis afneemt. Anders gezegd: zij ondergaan er de invloed van zonder alle modernistische beginselen te onderschrijven. Zo gaan zij akkoord met de veroordeling van de impressionistische en naturalistische opvattingen, maar tussen het individualisme van de 'estheten' en de humanitaire kunst van *Ruimte*, tussen de wetenschappelijke objectiviteit en de lyrische subjectiviteit kiezen zij doorgaans een middenweg. De nieuwe roman – en dat is de reden waarom hij deze benaming verdient – zal aan de individualiteit minder reliëf verlenen dan aan de 'persoonlijkheid', hetgeen wil zeggen dat het individu, dat zich op zichzelf bezint, aldus beseft dat het in morele of juridische zin met een gemeenschap verbonden is. Hij zal de mens tegelijkertijd in zijn individualiteit en in de eigenschappen van zijn soort beschouwen, en hoewel hij het Ik zal peilen, zal hij ook het zoeklicht richten op het onmetelijke terrein van de gemeenschappelijke waarden als de politiek, de moraal, de filosofie en de religie. In wezen was dit alles niet nieuw: men denke aan bepaalde werken van Buysse, Vermeylen en Van de Woestijne of aan de theorieën van *De Boomgaard*. Maar vergeleken met Timmermans, Claes en de ontelbare folkloristen maakte een dergelijk program een onmiskenbaar revolutionaire indruk. De opvatting van de persoonlijkheid, van het individu dat in het middelpunt van een netwerk van relaties wordt geplaatst, beheerst het tijdschrift *Forum* (1932–1935), dat zijn kolommen openstelt voor zeer uiteenlopende figuren als Roelants en Walschap, Brulez en Matthijs, Elsschot, Demedts en Berghen.[3] Zoals al is opgemerkt is deze eerste periode (1927–1940) de bloeitijd van de psychologische roman met zijn scènes uit het huwelijksleven (*Komen en Gaan*), zijn familiekronieken (*Adelaïde, Eric, Carla*), levensbeschrijvingen (*André Terval*) en portretten (*De stille Man, Elias*). Zelfs bij Roelants, Gilliams en Van Hoogenbemt, die toch introspectieve schrijvers zijn wier hoofdfiguren steeds trachten zichzelf te doorgronden, komt het individu vroeg of laat in botsing met krachten die hem de baas zijn. Belichaamd in maatschappelijke instellingen, in de gevestigde orde en met name in de onrechtvaardigheden van het kapitalistische stelsel inspireren deze krachten een groot aantal romans over het volksleven (Zielens, Matthijs), en het is de verkapte opstand tegen de sociale hypocrisie die aan het werk van Elsschot een zo bijzondere sfeer geeft. Aan de andere kant loopt de aldus opgevatte karakteranalyse vanzelfsprekend uit op de moraal of op de metafysica (Roelants, Walschap, Brulez, Berghen, Teirlinck). Er zij in dit verband op gewezen dat deze schrijvers alle propaganda vermijden en zich als ware moralisten beperken tot het bestuderen van het levensgedrag en het bespreken van de problemen die daardoor worden gesteld. Het spreekt vanzelf dat al deze kanten van de persoonlijkheid zo nauw met elkaar samenhangen dat men in menig geval de gevoelsrelaties niet van de politiek en van de religie zal weten te scheiden.

Een van de opmerkelijkste trekken van de nieuwe roman is zijn kritische houding tegenover de algemeen erkende waarden, zijn neiging om aan alles te twijfelen: de standsverschillen, de burgerlijke moraal, de kerk en de staat. In alle schakeringen tussen de persiflage van Brulez en de luidruchtige geloofsafval van Walschap komt het anticonformisme tot uiting. De ontevredenheid beheerst onmiskenbaar de sociale roman, of zij zich nu openbaart in de rauwe verbittering van Matthijs (*De Ruitentikker*, 1933; *Doppen*, 1936) of in de pathetiek van Zielens, de kroniekschrijver van de armoede en de edele gevoelens. Maar niet minder verraadt deze ontevredenheid zich in het weifelend anarchisme van Elsschot en bij Gilliams, een kunstenaar die niet berust in de geestelijke verstarring van een bepaald milieu. Ook Roelants laat romanfiguren optreden die onvoldaan zijn en die zich nooit lang kunnen verzoenen met de grauwe eentonigheid van het huiselijk bestaan. Dezelfde geluiden verneemt men bij de katholieke romanschrijvers: de jonge Walschap, De Pillecyn, Demedts en Lebeau, auteurs die tegen de geborneerdheid van klerikale kringen in opstand komen. Wij moeten hier aan toevoegen dat er onder hen weinig echte onruststokers zijn: de felheid van Walschap is een uitzondering, en meestal openbaart zich het verzet in een verdrongen idealisme en een bedaarde rebellie. Dit gevoel voor maat – en voor het compromis – dat kenmerkend is voor alle aspecten van het Vlaamse leven, mag ons overigens niet datgene doen vergeten wat het vaak zo handig verbergt: de breuk tussen de waarden van de kunstenaar en die van het publiek. Dit verschijnsel is sedert de romantiek algemeen: men denke aan Stendhal, Flaubert, Dostojefski, D. H. Lawrence en de Engelse romanschrijvers, die zich zo vaak tegen het Victoriaanse erfdeel keren. Is al niet tot in den treure herhaald dat in onze tijd de ware kunstenaar niet in het gareel wil lopen? In België zijn het minder de maatschappelijke instellingen of het staatsbestel die de kunstenaar benauwen dan wel de koopmansgeest en de kleinburgerlijke vooroordelen. Het zij erkend dat dit klimaat ook niet bevorderlijk is voor gedurfde beschouwingen. Dank zij ons spreekwoordelijk gezond verstand gaan wij liever met geld om dan met begrippen, en onze zin voor realiteit maakt ons afkerig van theorieën. De meeste en de beste van onze intellectuelen zijn mannen van de praktijk als ingenieurs, artsen, zakenlieden en ambtenaren, en in het verleden hebben wij nimmer een oorspronkelijke filosofie voortgebracht. In Vlaanderen, waar sedert de Middeleeuwen de derde stand de toon aangeeft, ontwikkelt de cultuur zich op basis van wat men als nuttig en gematigd beschouwt. Al zijn wij dan niet verstoken van verbeeldingskracht en gevoel, toch gaan wij soms argeloos langs metafysische afgronden. De bezetting door vreemde mogendheden en de oorlogen waarvan wij het slachtoffer zijn geworden, hebben tot deze bedachtzaamheid geleid. Zij verklaart onze aarzeling om Europees te denken, onze behoudzucht en onze behoefte aan routine – gelukkig beginnen deze eigenschappen thans te verdwijnen. De hier geschetste mentaliteit is ook de oorzaak geweest van het betrekkelijke isolement van de romanschrijver, wiens voorkeur om terug te zien naar de kinderjaren zeker niet toevallig is: de nostalgie naar het verleden, die men aantreft bij Roelants, Brulez, Gilliams, Teirlinck, Daisne, Lampo, Gijsen, Van Hoogenbemt en bij zoveel anderen, zou in laatste instantie wel kunnen wijzen op de moeilijkheid die de kunstenaar ondervindt om zich aan het maatschappelijk leven aan te passen.

Wij hebben gesproken van een betrekkelijk isolement en dat is ook juist, want de romanschrijver verbreekt de banden met zijn omgeving zeker niet volledig. Integendeel: hij blijft er zelfs nauw mee verbonden, al was het alleen al door zijn beroep. In België kan een schrijver van zijn kunst niet leven en daarom is hij vaak ook journalist, zakenman, ambtenaar, leraar of iets dergelijks. Nu mag het geestelijke klimaat waarin hij leeft hem prikkelen tot verzet, maar dat neemt niet weg dat zijn werk in sommige opzichten toch door dit klimaat wordt bepaald. Zo staat hij bijvoorbeeld wantrouwig tegenover programma's en beginselverklaringen: uitgezonderd Walschap en later Daisne heeft in ons land nog nooit iemand een nieuwe theorie over de roman ontwikkeld. En tegenover een Berghen of een Lebeau, die zich tot de ideeënroman aangetrokken gevoelen, zijn er velen wier inzichten neerkomen op gemeenplaatsen en kunnen worden samengevat als een gentleman's agreement met het dagelijks leven. In het algemeen zijn onze romanschrijvers geen filosofen, dit in tegenstelling tot hun Duitse collega's, die het misschien al te zeer zijn. Typerend voor deze periode is dat de opmerkelijkste stroming ervan, t.w. het vitalisme van Walschap, een zuivere oorlogsverklaring aan het intellect en aan de cultuur betekent.

Aan de maatstaf van de 'persoonlijkheid' beantwoordt een eclectisch realisme, dat aan een peilen in de diepte de voorkeur geeft boven de oppervlakkige beschrijving. Realistisch is de nieuwe roman in zover hij de geldigheid van het wereldbeeld vooropstelt zoals wij dit via onze zintuigen opbouwen, de samenhang tussen deze empirische kennis en de rationele kennis aantoont en het feit erkent dat deze beide vormen van kennis bij het ene individu niet wezenlijk anders zijn dan bij het andere: wij dienen te beseffen dat zijn bestaan op gemeenschappelijke waarden berust. In grote lijnen is het door de roman getoonde wereldbeeld gebaseerd op de dagelijkse ervaring waarin allen delen. Dit streven naar realisme komt met name tot uiting in de grote belangstelling voor het in de eerste persoon geschreven verhaal dat op de keper beschouwd de vorm van een historische, doorleefde en daarom geloofwaardige getuigenis heeft aangenomen. Geen enkele vorm is bij ons zo geliefd als de biecht a posteriori: hij geeft aan de handeling een schijn van echtheid, terwijl aan de andere kant het schaamtegevoel van de schrijver wordt ontzien. Deze kan zich immers achter de verteller verschuilen. De meeste werken uit deze periode passen in het zeer ruime kader van de hierboven beschreven esthetiek. Sommigen gaan in de stilering overigens zo ver dat zij zelfs het voorwerp van de mimesis wijzigen. Dit is het geval bij Gilliams, die niet zozeer de dingen beschrijft als het bewustzijn dat de dingen waarneemt. In de contes moraux van Brulez en in *Houtekiet* verschaft de buitenwereld alleen nog maar een vaag model. Zo vertoont dus de visie van de romanschrijver al in deze periode de neiging om in een belangrijke mate af te wijken van het gangbare werkelijkheidsbesef, wat niet wegneemt dat zij er nooit onafhankelijk van wordt. Hoewel Gilliams de volgorde van de episoden niet op het causaliteitsprincipe maar op de vorm van de klassieke sonate baseert, blijft hij de chronologie van de feiten toch respecteren. Hetzelfde geldt voor De Pillecyn, die eveneens zijn toevlucht neemt tot het Leitmotiv. Het verhalende genre, dat steeds naar nieuwe uitdrukkingsmiddelen zoekt, ontleent graag werkwijzen aan andere kunsten; ditmaal richt het zich niet meer, zoals in het verleden, naar de schilderkunst maar naar de muziek, waarvan de taal, die op een spel van zuivere vormen berust, niets nabootst en niets anders uitdrukt dan zichzelf. Wij zijn hier bij de bronnen van de 'experimentele' stroming.

Op het gebied van de psychologische methoden komen er reeds in 1927–1929 twee standpunten tegenover elkaar te staan: dat van Roelants, die een zuiver analytische en introspectieve kunst voorstaat en de feiten tot een minimum beperkt, en dat van Walschap, de felle promotor van de romanvertelling, bij wie de analyse ondergeschikt is aan de gebeurtenissen. De eerste meent dat men om de mens te kunnen begrijpen tot in de geheimste schuilhoeken van de ziel moet doordringen, een visie die door Gilliams en Van Hoogenbemt wordt overgenomen. De tweede verlaat zich bijna uitsluitend op de daden en handelingen. Met zijn snelle ritme en zijn hortende stijl geeft hij een voorbeeld dat aanstekelijk werkt (Matthijs, A. van Cauwelaert, Demedts, N. E. Fonteyne, Teirlinck, Vermeylen, Boon). Deze tegenstelling, die met het verstrijken van de jaren niet is verdwenen,[4] toont een treffende overeenkomst met het conflict tussen de 18de eeuwse schrijvers Richardson en Fielding, over wie Johnson snedig opmerkte dat zij even verschillend van elkaar waren als de man die weet hoe een horloge is gemaakt en de man die na een blik op de wijzerplaat kan zeggen hoe laat het is.[5]

Roelants en Walschap zijn niettemin eensgezind in de veroordeling van de beschrijving [6] en zelfs in het elimineren van het decor, dat bij Elsschot al is vervaagd. Het zal door De Pillecyn en Gilliams weer in het verhaal worden opgenomen, zij het niet meer als een bijkomstigheid of een aan de intrige toegevoegd ornament, maar in een 'vermenselijkte' vorm. In de stemmingsromans van De Pillecyn is het landschap in romantische zin de spiegel van de ziel. Bij Gilliams trilt de overspannen gevoeligheid van de hoofdpersoon door tot in de dingen; het object toont het subject diens eigen beeld: de mens is middelpunt van het heelal geworden. Wat Teirlinck betreft: de verering van deze schrijver voor de natuur zal tot een vorm van pantheïsme voeren.

De laatste trek die deze romanschrijvers gemeen hebben is het verwerpen van de natuurgetrouwe dialoog. Als hun personen 'beter' spreken dan wij, en zij in hun gesprekken de nonchalance en de toespelingen vermijden die van een verfijnde conversatie de charme uitmaken, dan moet men dat niet uitsluitend toeschrijven aan een verlangen naar bondigheid of aan de wens om afstand te nemen ten opzichte van de grillige reacties van het individu. De stijfheid van de dialogen – alleen Elsschot ontkomt aan dit euvel – kan men ten dele ook verklaren uit de taalkundige situatie. Dertig jaar geleden was het algemeen beschaafd Nederlands in België veel minder verbreid dan nu en werd het er ook minder goed gesproken. Deze generatie heeft nog een geheel of gedeeltelijk Franse opleiding genoten, en in die tijd werd er in Vlaanderen alleen bij bijzondere gelegenheden Nederlands gesproken. Voor dagelijks gebruik was de streektaal voldoende. De dialogen zijn daarom zo stroef en gekunsteld omdat zij gesprekken weergeven die gewoonlijk in de streektaal worden gevoerd en die alleen door het introduceren van die streektaal in de roman een ongedwongen indruk zouden hebben gemaakt. Overigens hadden Buysse, Streuvels, Teirlinck en Timmermans deze weg ook gekozen. Maar omstreeks 1927 heeft men genoeg van de folklore en wordt ook de streektaal in de ban gedaan. Van een werkelijk buigzame en genuanceerde dialoog kan men echter eerst spreken bij de generatie van Lampo en Van Aken. Men ziet deze ontwikkeling ook op het gebied van het toneel, dat tot na de oorlog tamelijk middelmatig is gebleven.

Omstreeks 1941–1942 ontstaan nieuwe stromingen, en in de tien volgende jaren ondergaat de letterkunde ingrijpende veranderingen. Demedts, Berghen, De Pillecyn en Lebeau blijven min of meer geregeld publiceren, maar Roelants doet er na 1944 het zwijgen toe. Zielens sterft in hetzelfde jaar. Elsschot rondt zijn carrière af met *Het Dwaallicht* (1946), en met het talent van Walschap en dat van Van Hoogenbemt gaat het nu bergafwaarts. De ouderen maken plaats voor de jongeren: J. Daisne (1912), Kamiel van Baelen (1915–1945), Pliet van Lishout (1920), P. van Aken (1920) en H. Lampo (1920). In dezelfde tijd debuteren Eugène Bosschaerts (1901), Paul Rogghé (1904) en Marnix Gijsen (1899). De come-back van Brulez vindt plaats in 1950.

Deze tweede periode staat niet geheel los van de voorafgaande: zij verstevigt er de resultaten van door deze te verruimen. Vooreerst willen de jongeren de culturele emancipatie, die door *Van Nu en Straks* is ingeluid, voortzetten, waarbij hun eerbied voor de traditie tot uiting komt in de actieve rol die zij aan de zijde van Teirlinck, Toussaint, Roelants en Walschap in het *Nieuw Vlaams Tijdschrift* (1946) vervullen.[7] Aan de door Vermeylen en Teirlinck geformuleerde maatstaven geven zij echter een veel ruimere interpretatie. Onze generatie 'heeft (...) principieel nooit de strijd tegen (haar) voorgangers aangebonden', schrijft Lampo, 'misschien wel omdat voor een deel haar belangstelling door het buitenland werd gepolariseerd: de Amerikanen, de Fransen, de Russen, de Engelsen'.[8] De afkeer van het regionalisme prikkelt vooral de belangstelling voor de Angelsaksische roman, vertegenwoordigd door Charles Morgan, Huxley, Steinbeck, Caldwell en met name Faulkner, wiens invloed bij Van Aken en later bij Claus duidelijk aan het licht treedt. Bovendien beantwoordt deze generatie het 'more brains!' van Vermeylen met een opmerkelijke voorkeur voor ideeën. Deze filosofische inslag komt in de theorieën van Daisne evenzeer tot uiting als in de psychologische romans van Lampo en Rogghé (*Anna Golochin*, 1945). In dit opzicht houden deze schrijvers zich volledig aan het voorbeeld dat in de voorafgaande periode werd gegeven door Walschap, Berghen (*Het Jeugdavontuur van Leo Furkins*, 1936; *De Feministe*, 1945) en Lebeau (*De Zondebok*, 1947). *Joachim van Babylon* (1948), de eerste roman van Gijsen, sluit aan bij de 'contes moraux' van Brulez en doet af en toe denken aan een essay. Na 1950 tenslotte verschijnt tegelijkertijd met de door het existentialisme verspreide manie van het metafysische, de dissertatie in romanvorm in de trant van Camus, Sartre en Simone de Beauvoir.

Toch is het de oorlog die het bijzondere karakter van deze tien jaar bepaalt. Van Aken en Lampo bijvoorbeeld zijn opgegroeid in een tijd dat het humanitaire expressionisme bijna geen tekenen van leven meer vertoonde, maar de naoorlogse angst en ontreddering nog in een ver verschiet lagen. Zij zijn idealisten die het kinderlijke enthousiasme voor het Millennium evenmin kennen als de walging van Roquentin en die op zoek zijn naar vaste waarden. Wat Boon betreft, diens verzet tegen het barbaars geweld bestaat in een hartstochtelijk pleidooi voor altruïsme, rechtvaardigheid en vrijheid. Aldus houden een tragische levensopvatting en het geloof in de menselijke waardigheid elkaar in evenwicht.[9] Op het geweld en de onderdrukking reageren deze romanschrijvers positief: de dictatuur beantwoorden zij op democratische wijze door zich te bekommeren om de rechten van het volk en door anderzijds begrip te tonen voor de individualistische tradities van het westerse humanisme. Van Aken, Lampo en Boon zijn geëngageerde schrijvers die aan de relaties tussen kunstenaar en gemeenschap het grootste belang hechten en bij wie de psychologie van het individu in een veel sterker mate door de geest van de tijd wordt bepaald dan bij Roelants of Gilliams het geval is. De invloed van het tijdsgewricht kan worden afgemeten aan de hoeveelheid romans die betrekking hebben op de oorlog en wat daarmee gepaard is gegaan in de vorm van bezetting, verzet en onderdrukking van nationale gevoelens. Dit genre, dat in 1946 door Boon in het leven is geroepen, zal tot in onze dagen verder worden ontwikkeld door Van Aken, Walschap, Ivo Michiels, Lampo, Gaston Duribreux (*De zure Druiven*, 1952), Maurice D'Haese, Brulez, De Pillecyn, L. B. Carlier, Lebeau (*De kleine Karamazow*, 1957), Ward Ruyslinck (*Wierook en Tranen*, 1958), Demedts en anderen. Door de schrijver er toe te dwingen de politieke en morele problemen onder ogen te zien, bevorderen de gebeurtenissen het tot stand komen van verhalen waarin de auteur de balans van zijn generatie opmaakt (Lebeau, Van Hoogenbemt). Aan de oorlogspsychose waarin ons land van 1936 af verkeert, moeten wellicht ook het succes van het vitalisme en het ontstaan van het magisch-realisme worden toegeschreven, daar immers de eerstgenoemde stroming als een reactie van de drang tot zelfbehoud kan worden beschouwd en de tweede uitdrukking gaf aan het verlangen de werkelijkheid te ontvluchten.

Meer dan ooit blijft de Vlaamse roman zich bezighouden met de 'persoonlijkheid', maar hij plaatst deze thans in een veel ruimer kader dan bij de voorafgaande generatie het geval was. Boon verlaat de platgetreden paden van de psychologie en de sociale kritiek en behandelt het probleem van het menselijk tekort met een scherpzinnigheid die men bij Zielens en Matthijs tevergeefs zal zoeken. In zijn afkeer van elke vorm van selectie komt hij tot de wens het volledige leven in de roman te betrekken. Daisne en Lampo begeven zich met het magisch-realisme zelfs op het terrein van het bovennatuurlijke, terwijl de belangstelling voor het mysterie zich eveneens openbaart in de novellen van Bosschaerts (*De Mondscheinsonate*, 1941). Van Lishout, die over een veelzijdig talent beschikt, wijdt een subtiele studie aan de psychologie van de moord (*De Zaak Dr Jaminez*, 1948) en schenkt vervolgens aandacht aan een element dat bij ons weinig bekend is: de vrijmoedigheid en de fantasie van de Angelsaksische humoristen (*Eva en ik*, 1951). Tenslotte geven De Pillecyn en Lampo de stoot tot een opleving van de historische roman; in dit verband zij opgemerkt dat *Joachim van Babylon* gedurende enige tijd als prototype van een serie 'klassieke' romans zal fungeren. Het verlangen om onontgonnen terreinen te verkennen is, of het nu de filosofie, de politiek, de magie, de humor of de geschiedenis betreft, onmiskenbaar. Het openbaart zich zelfs bij een Elsschot, wiens laatste boek problemen aansnijdt die deze schrijver tot dan toe vermeden had.

Op technisch gebied hebben de jongeren veel aan Walschap te danken: zij vertellen allemaal een verhaal. Hoewel zij de analyse niet verwaarlozen, geven zij de voorkeur aan de roman-vertelling en men kan zeggen dat de zuiver analytische roman op de terugtocht is. Zelfs in hun stijl zijn zij met Walschap verwant (Boon, Van Baelen). Op hun beurt komen de jongeren in opstand tegen de folklore en het oppervlakkige realisme, eigenschappen die men in het buitenland en met name in Duitsland als onze nationale deugden beschouwt. In de tijdschriften die kort na de oorlog worden opgericht, ijvert Lampo, in navolging van *Van Nu en Straks*, *De Boomgaard* en de generatie van Roelants, voor een kunst die aan het innerlijk leven meer aandacht schenkt dan aan de beschrijving.

Het belangrijkste resultaat van deze periode is echter zonder twijfel de breuk met de traditionele vormen en de bij sommigen aanwezige tendens deze vormen te vervangen door structuren die ontstaan uit een behandeling van het materiaal waarbij de romanschrijver zich niet bekommert om enige overeenkomst met de realiteit zoals wij deze ervaren. Wij raken hier aan het grote probleem van de moderne esthetiek. Deze ontwikkeling, die zich al enige jaren eerder heeft aangekondigd, wordt nu door Daisne, Van Baelen en Boon aangemoedigd en zal zich na 1950 in een versneld tempo voortzetten. Wij komen hier later op terug. Dat wat men ten onrechte de 'crisis van de roman' heeft genoemd is in werkelijkheid slechts de crisis van de psychologische roman zoals wij deze van Balzac en Flaubert hebben geërfd. Daisne is de eerste die dit probleem duidelijk stelt. In 1948 verklaart hij dat de psychologische roman zijn tijd heeft gehad en suggereert hij deze te vervangen door de 'psychomachische' roman, want deze is 'meer beleving dan ontleding, meer be-lijdenis dan beschrijving, en niet zozeer een logisch-verstandelijke prestatie dan wel een instinctief-intuïtieve katharsis'.[10] Hieruit blijkt dat de ontbinding van de klassieke roman samenvalt met de verinnerlijking van de kunst. Bovendien laat Daisne het stadium waarin de werkelijkheid wordt geanalyseerd achter zich om de bestanddelen ervan weer samen te voegen en zo het bovennatuurlijke toegankelijk te maken.[11] De kunstenaar wordt een alchemist die nieuwe lichamen samenstelt en daarbij in alle vrijheid zijn grondstoffen mengt: de experimentele methode en de zuivere inventie verdringen de waarneming. Zo berust het magisch-realisme dat Daisne in *De Trap van Steen en Wolken* (1942) en in *De Man die zijn Haar kort liet knippen* (1947) heeft toegepast op het in elkaar schuiven van heterogene elementen.[12] Het is overigens veelzeggend dat deze auteur de roman niet alleen beschouwt als een schildering van maar ook als een aanvulling op het leven: naar zijn mening eist het genre meer dan een simpele uitbeelding van de wereld zoals wij deze met onze zintuigen en onze rede ervaren. Hetzelfde geldt voor Lampo (*Triptiek van de onvervulde Liefde*, 1947) [13] en voor Van Baelen, wiens *De oude Symphonie van ons Hart* (1943) vooruitloopt op de parabels en allegorieën van de jaren '50. Wij hebben hier te doen met een gedurfd werk dat door de toepassing van muzikale en filmische technieken aan Dos Passos herinnert. Het tempo en de toonaard die aan het begin van ieder hoofdstuk staan aangegeven, zijn aan diverse muziekstukken ontleend, terwijl de simultaneïteit en de korte taferelen, die elkaar zonder overgang en in een hortend ritme opvolgen, de film nabootsen. Niet alleen de film overigens, maar ook *Les hommes de bonne volonté* en *Manhattan Transfer*, waarvan men hier de ironie en de kranteknipsels terugvindt. Hoewel het verhaal daardoor in het dagelijks leven wortelt, geeft het hiervan niet zozeer een afbeelding als wel een symbolische en om zo te zeggen expressionistische interpretatie, aangezien de inkleding geheel door religieuze waarden wordt bepaald. De eerste roman van Van Aken (*De falende God*, 1942), die in dezelfde tijd verschijnt, toont een soortgelijk compromis tussen de schilderkunst en de mythe.

Zoals wij hierboven naar aanleiding van Van Baelen al hebben gezien, begint de film thans de enorme schuld af te lossen die hij bij de roman heeft gemaakt. De wisselwerking tussen boek en film mag dan voor de laatste vaak fataal zijn geweest, maar de schrijvers hebben er hun voordeel mee gedaan. De film wordt in deze periode, althans door de jongeren, als een volwaardige kunstvorm geaccepteerd. Doordat de schrijvers vertrouwd raken met zijn problemen op het gebied van gezichtspunt, afstand, ritme, montage, enz. die vaak te vergelijken zijn met die van de roman, verkrijgen zij een fijner gevoel voor de techniek van hun kunst (Daisne, Lampo, Claus). Aan de andere kant zal de dialoog tengevolge van de toenemende taalbeheersing en onder invloed van de Amerikanen, de thriller en de detectiveroman aan natuurlijkheid winnen.

Na 1950 onderscheidt de productie zich door haar uiterst gevarieerde karakter, terwijl zij tevens in omvang toeneemt. De vroegere tendensen blijven naast elkaar voortbestaan: niet alleen Walschap, Brulez en Teirlinck spelen in deze laatste jaren een belangrijke rol, maar ook Boon, Gijsen, Daisne, Van Aken en Lampo; bij deze eerste twee generaties heeft zich kortgeleden een derde gevoegd, die geboren is tussen 1923 en 1930: hiertoe behoren Hugo Claus, wiens *De Metsiers* (1950) een nieuw klimaat heeft geschapen en het tijdperk van de experimentele roman heeft ingeluid, Ivo Michiels, L. B. Carlier, Hugo Raes en Ward Ruyslinck. De laatste drie schrijvers debuteren in 1957. Tussen 1950 en 1953 verschijnen de eerste voldragen werken van Valeer van Kerkhove (1919), Jan Walravens (1920), Bert van Aerschot (1917) en Maurice D'Haese (1919). Er is geen sprake van dat deze generaties elkaar opvolgen of onderling sterk zouden contrasteren. Integendeel, zij vermengen zich met elkaar en hun ontwikkeling is een gemeenschappelijk proces.

De twee hoofdkenmerken van deze periode zijn haar thematiek en haar verlangen naar vernieuwing, waarbij zelfs de grondslagen van de romanvorm ter discussie worden gesteld. Ditmaal heeft Vlaanderen zijn achterstand op Europa weten in te halen. De experimenten van onze jonge schrijvers vallen volledig samen met die van Robbe-Grillet en Butor in Frankrijk, Durrell in Engeland en Schierbeek in Nederland. Overal ziet men de roman terugkeren naar de bronnen van het modernisme: Proust, Joyce, Virginia Woolf en Faulkner. Het jaar 1950 reikt de hand aan 1920.

Om het klimaat van dit tijdvak te karakteriseren kan men volstaan met te verwijzen naar de geschiedenis. Nauwelijks is de wapenstilstand gesloten of de hoop op vrede, de droom van een betere wereld, waaraan de volkeren zich vastklampen, de grote broederschap van het antifascisme, dat alles stort ineen. Deze oorlog kent geen einde: de allianties worden verbroken en de slachting gaat voort. In Korea en op Formosa grijpt men naar de wapenen, er wordt gevochten van Indonesië tot Angola en in Berlijn is de toestand explosief. Stuk voor stuk vallen de koloniale rijken uiteen. De emancipatie van Azië en van Afrika is begonnen. Verschanst achter hun raketten en radarschermen spelen Oost en West het spel van de tovenaarsleerling en dagen zij elkaar uit, geobsedeerd door de totale verwoesting. De oude economische en sociale stelsels worden onder invloed van krachten, die niet langer te controleren zijn, voortdurend gewijzigd. En terwijl de gevestigde waarden verdwijnen, is men het nog nooit zo oneens geweest over de wijze waarop zij moeten worden vervangen. De crisis, die in het begin van de 20ste eeuw is ontstaan, spitst zich toe: van de 'decadentie' zijn wij in de chaos terechtgekomen. Voor de zoveelste keer gaat de wereld uit haar as verrijzen en bezint zij zich, of het nu de instellingen, de wetenschappen, het denken of de beeldende kunst betreft, op haar toekomst. De wezenstrek van deze tijd is dat hij zichzelf zoekt. Ook al maakt men zich los van de bestaande stelsels – het economisch liberalisme, het kapitalisme, de 'burgerlijke' moraal of de van de Renaissance geërfde esthetiek – en al hebben Einstein en Freud van het wereldbeeld van de klassieke natuurkunde en psychologie niets overgelaten, toch zoekt men nog steeds naar de verloren eenheid en tracht men tevergeefs een 'stijl' te formuleren die ieders goedkeuring zou kunnen wegdragen. In feite bestaat de stijl van de naoorlogse tijd hierin dat er van stijl geen sprake is: er zijn slechts pogingen tot synthese of tot losse en fragmentarische experimenten.

De ouderen reageren op deze ontwrichting in overeenstemming met hun opvoeding, wat wil zeggen volgens hun stevig verankerde denkgewoonten en reflexen. De grote socialistische roman van Van Aken (*Het Begeren*), Lampo's *De Belofte aan Rachel*, waarin de schrijver een ideaal van vrijheid en verdraagzaamheid verkondigt, en *Het Gevecht met de Engel*, het vitalistische epos van Teirlinck, zien het licht in 1952, maar in hetzelfde jaar beschrijft Claus in *De Hondsdagen* de ontreddering van de jeugd, een thema dat tegelijkertijd door D'Haese en Duribreux wordt behandeld. Voor de generatie van Claus, die immers midden in de koude oorlog volwassen is geworden, moest het eerste contact met de werkelijkheid wel op een trauma uitlopen. Claus zelf en ook Ruyslinck, van wie enige verhalen op een inwijdingsproces zijn gebouwd, hebben op het vernederende en verbitterende hiervan de nadruk gelegd. Door het ontbreken van vaste normen triomfeert de onzekerheid: de 'nouvelle vague' beroept zich op de leuze van de Amerikaanse lost generation, de ontwortelden van 1920: 'Why am I if I am uncertain?' Het besef van de absurditeit van het bestaan, de angst, de eenzaamheid, de walging, het schuldgevoel, al deze grote thema's wijzen op de frustratie. Talrijk zijn de romanfiguren die zich als Sartres Roquentin en Camus' Meursault 'overbodig' en 'vervreemd' voelen en nergens hun plaats vinden. Men treft ze aan bij Boon (*Menuet*), D'Haese (*De witte Muur*, 1957) en Ruyslinck (*De ontaarde Slapers*, 1957) en Jos Vandeloo (*De Muur*, 1958; *De Vijand*, 1962). De haat, het geweld en het sadisme prikkelen de verbeelding van een generatie die door Hirosjima en Buchenwald wordt geobsedeerd. Deze sfeer, waarop ieder volgens zijn aard en overtuigingen reageert, dringt evenzeer door in de Vlaamse roman als in de werken van Sartre, Camus, Genet, Beckett, G. Greene en Böll.

Er is hier geen sprake meer van een sociaal of politiek engagement. Teleurgesteld in het officiële marxisme besluit Boon, die eertijds een van onze meest geëngageerde schrijvers was en nog steeds tot de avant-garde behoort, af te zien van de gemeenschappelijke actie en zich terug te trekken in wat hij zijn 'reservaat' noemt. Zijn gebaar is symbolisch: hij verliest zijn belangstelling voor de maatschappij niet, maar hij wil haar niet langer beschouwen vanuit het standpunt van een abstracte theorie of partij, doch vanuit zijn concrete en individuele ervaring. Van de ivoren toren zijn wij hier wel heel ver verwijderd: de angst, het schuldbesef en het gevoel voor het absurde worden door de historische veranderingen versterkt en zelfs gedetermineerd. Nieuw echter zijn de opvattingen over de mens. De 'persoonlijkheid' als cel van een organisme die de aanvaarding van gemeenschappelijke waarden veronderstelt, maakt plaats voor een 'existentie' die uniek en onherleidbaar is en waarbij de klemtoon niet op een dit-of-dat-zijn wordt gelegd, maar eenvoudig op het gevoel te bestaan met alles wat dat aan irrationeels met zich meebrengt. De roman neigt er voortaan toe de hoofdpersoon te beschouwen in diens volledige en concrete relatie tot de omgeving, wat inhoudt dat hij deze hoofdpersoon niet langer ziet als de belichaming van een eeuwig type of slechts als een verstandelijk wezen, maar hem in al zijn aspecten weergeeft zoals hij op een gegeven moment midden in de wereld bestaat. De psychologische roman, waaraan schrijvers als Boon en Ruyslinck de oorlog verklaren,[14] maakt plaats voor de uitbeelding van een existentiële 'situatie'. Dat deze ontwikkeling met enige verontrusting wordt gevolgd, blijkt uit de in 1958 door het *Nieuw Vlaams Tijdschrift* gehouden enquête over de toekomst van het genre.[15] Daarnaast leiden de neiging om de chaos te verklaren en het meer positieve verlangen om deze chaos aan een nauw omschreven ordening te onderwerpen tot de veelvuldige beoefening van de fabel (Claus, Boon) en de parabel (Duribreux, Boon, Ruyslinck), waarbij de schematisering aan Kafka en aan Van Ostaijen herinnert. Overal tracht men het nihilisme te boven te komen en een nieuwe hiërarchie van waarden te vestigen. De ouderen (Van Aken, Van Hoogenbemt) staan in hun verzet tegen de amorele standpunten van bepaalde milieus zeker niet alleen.

Hoewel ook in deze tijd nog veel werken in de traditionele stijl het licht zien, inspireert de esthetiek die door Gilliams voor het eerst is toegepast en door Daisne verder werd ontwikkeld een toenemend aantal romanschrijvers. Ook nu weer volgen de laatsten het voorbeeld van de dichters. In deze bevoorrechte positie verkeerde de poëzie al tijdens het expressionisme. Overigens hebben Elsschot, Roelants, Walschap, Gilliams, Daisne en Gijsen verzen gemaakt voor zij proza gingen schrijven. Voor Roelants was de roman in wezen niets anders dan de objectivering van een lyrisch elan,[16] een opvatting die men terugvindt bij Walschap [17] en Gilliams. De vernieuwing van de dichtkunst in de jaren 1948–1950, waartoe het tijdschrift *Tijd en Mens* (1949–1955) zeer veel heeft bijgedragen, gaat vooraf aan die van de roman. De terugkeer tot de verbale proefnemingen van Van Ostaijen en de invloed van de surrealistische associatie-techniek, die de gedichten van de avant-garde kenmerken, wekken al spoedig het verlangen om overeenkomstige principes op de roman toe te passen. Walravens stelt vast dat deze evolutie in de roman begint op het ogenblik dat de experimentele dicht-kunst tekenen van uitputting begint te vertonen.[18]

Wij willen trachten in enkele woorden de ideeën weer te ge-ven die de roman van 1952 af (*De Hondsdagen*) hebben ver-nieuwd. Vooreerst zij opgemerkt dat de verbreiding van deze denkbeelden samenhangt met de groeiende populariteit van de atonale muziek, de nonfiguratieve schilderkunst en de func-tionele architectuur. In dit verband zou men kunnen zeggen dat de beeldende kunst al iets bespeurt van de synthese die men in het maatschappelijke en sociale leven tevergeefs zoekt. Zo houdt de schilderkunst al lange tijd gelijke tred met de door Freud en Einstein ontwikkelde theorieën die hebben aange-toond dat de fysische en psychologische wereld aanzienlijk af-wijkt van het beeld dat wij er ons via onze zintuigen van vor-men. Ook door Kant wordt in navolging van het platonisch dualisme het phainomenon reeds gesteld tegenover het noume-non of Ding an sich, dat wil zeggen de realiteit die ontoeganke-lijk blijft voor de zintuiglijke waarneming en als zuiver object van het kenvermogen fungeert. Het besef van een dergelijk ver-schil tussen de intellectuele en de gewone, aan de zinsbegooche-ling identieke kennis versterkt de afkeer ten opzichte van de laatste: de aloude mimesis, die gegrondvest was op een tussen beide vormen van kennis bestaande harmonie en op de zeker-heid van de kunstenaar dat hij via dit dubbele kanaal de uiter-lijke werkelijkheid kon begrijpen, verliest haar bestaansrecht. En waarom zou men er ook mee voortgaan de wereld uit te beel-den zoals wij deze waarnemen, als blijkt dat deze waarneming niets dan een hersenschim is? Schilders, beeldhouwers en dich-ters kopiëren niet langer; op de waarneming en de imitatie volgen de proefneming en de inventie. De kunstenaar verwerpt de redelijke kennis dus geenszins: integendeel, hij vertrouwt volledig op de scheppende kracht van het verstand. Alleen dit verstand is bepalend voor de experimenten waaraan hij zijn materiaal – lijnen, kleuren, steen, metaal – onderwerpt. Ex-perimenteren wil zeggen scheppen om te kennen. In plaats van weer te geven wat hem van te voren door de zintuigen is gebo-den, ontdekt hij de betekenis van zijn verrichtingen eerst achteraf. Het spel, dat in alle vrijheid met het materiaal is gespeeld, wordt aldus een kenmiddel dat een onverwachte wereld openbaart. Wij zien dat bij kunstenaars als Klee, Pevsner en Char, bij wie de verwijdering ten opzichte van het gangbare werkelijkheidsbesef het stadium van de eenvoudige transpositie overschrijdt en tot een breuk leidt. En zo gaat de individualisering van de kunst gepaard met het verval van de collectieve overtuigingen.

Soortgelijke verschijnselen doen zich ook in de romanliteratuur voor, waarbij wij echter niet moeten vergeten dat de grondstoffen in dit geval niet alleen uit woorden bestaan. De romanschrijver onderscheidt zich van de dichter in zover hij de taal als instrument gebruikt: het woord dient bij hem ter ondersteuning van bestanddelen die voor de roman een wezenlijker betekenis hebben. Tot deze bouwstoffen, die men dus met de kleuren van de schilder en de steen van de beeldhouwer kan vergelijken, behoren o.a. de intrige (een samengesteld onderdeel waarin men kan onderscheiden de afzonderlijke episoden, de orde waarin deze zich schikken en het ritme van de handeling; daarbij stelt het verloop van de feiten ook het probleem van de tijd), de personages, het decor, het gezichtspunt (de manier waarop het verhaal wordt verteld, bijvoorbeeld in briefvorm, als biecht, als verhaal in de derde persoon, enz.; problemen op het gebied van belichting, perspectief, toon), de psychologische techniek (analyse van de drijfveren, beschrijving van de reacties) en de dialogen. Sommige van deze grondstoffen zijn verre van enkelvoudig en kunnen in primaire factoren worden onderverdeeld. Dank zij hun onderlinge relaties hebben deze factoren echter steeds betrekking op de werkelijkheid en in het bijzonder op het universum van de mens. In tegenstelling tot het materiaal van de schilder, de beeldhouwer en de componist bestaat het materiaal van de romanschrijver niet op zichzelf, maar uitsluitend in zijn betrekking tot iets anders. De kleur kan alleen zichzelf uitdrukken en de klank is niets anders dan klank, maar hoe moet men zich een gezichtspunt voorstellen zonder landschap dat er door wordt omvat en hoe een intrige of een psychologische techniek zonder hoofdpersoon? Wat men ook doet

om de roman zelfstandig te maken, hij zal altijd met de zintuiglijk waarneembare werkelijkheid verbonden blijven, en zo er
al voor alle verhalen een gemeenschappelijke noemer bestaat,
dan is dat het feit dat zij antropocentrisch zijn, dat zij ons in-
lichten over de mens en over dat wat hem omringt. Daarom is
de nonfiguratieve roman goed beschouwd een absurditeit, want
evenals dat in de traditionele schilderkunst het geval is, verwijst ook hier het materiaal naar een met betekenis geladen object waaraan dit materiaal ondergeschikt blijft. Bovenvermel-
de breuk tussen het kunstwerk en de dagelijkse ervaring kan
zich derhalve in de roman niet voordoen: hoogstens levert
de behandeling van het materiaal een beeld van de werkelijkheid op dat verwant is met dat van een gebroken spiegel.
Het komt er dus op neer dat de 'experimentele' romanschrijver
niet een algemeen geldig wereldbeeld weergeeft, maar de werkelijkheid zichtbaar maakt zoals hij deze in de diepte van het
Ik ervaart. Claus, de vertolker van deze kunst van het innerlijke
beleven, zegt: 'Ik verkies, dat de eeuwig-menselijke thema's en
dito-woorden een deukje krijgen'.[19]

In de praktijk leiden deze experimenten tot de volgende resultaten. De wet van de chronologische volgorde en het causaliteitsbeginsel worden opgeheven. De expositie behoeft niet meer
vooraf te gaan aan een verwikkeling en een ontknoping, maar
kan verknipt tot fragmenten zich uitstrekken van het begin tot
het einde van het werk en met andere fases van de intrige samen-
vallen. Voorts neemt onder invloed van Bergson het psychologisch besef van de 'durée' de plaats in van de ruimtelijke opvatting van de tijd, wat de ontwikkeling van de associatieve
methode, van de simultaneïteit en van de monologue intérieur
bevordert en daarnaast ook ten goede komt aan de bekorting
van de tijdsduur van de handeling. De eenheid van het werk
berust voortaan in mindere mate op een rationele en chrono-
logisch ontwikkeling dan op de terugkeer van de leidmotieven
die de tonelen onderling verbinden: een dergelijke compositie
herinnert aan Gilliams en Daisne. Deze procédés, die al in 1947
door Walravens worden aanbevolen,[20] zullen door de meeste
jonge schrijvers worden toegepast: Claus (*De Hondsdagen*), Bert

van Aerschot (*Bittere Wijn*, 1954; *De Lift*, 1957), Michiels (*Het Afscheid*, 1957; *Journal brut*, 1958), Walravens (*Negatief*, 1958) en anderen. Uit de manier waarop zij van de tijd gebruik maken, blijkt welk een belangrijke plaats dit probleem in de literatuur en het gedachtenleven van thans inneemt. In het algemeen kan men zeggen dat de roman zozeer verinnerlijkt, dat hij breekt met de opvatting van de vertelling zoals die door de romantici en realisten werd voorgestaan. Steeds meer heeft de fabel het veld moeten ruimen voor de weergave van het individuele 'bestaan'. De personages worden niet meer vooraf door een almachtige tovenaar bepaald, maar vormen zich onder onze ogen en zijn daarbij dubbelzinnig en veranderlijk, zelfs voor de verteller, die overigens ook niet meer dan hun woordvoerder is. Soms woont de lezer zelfs het ontstaan bij van het hele werk, want de moderne roman neemt zichzelf graag tot onderwerp. Aldus komt een mimesis in de tweede graad tot stand: een roman van en over de roman. Dit is het geval bij Butor en Nathalie Sarraute, maar ook bij Boon, Paul de Wispelaere (*Een Eiland worden*, 1963) en Daisne (*Baratzeartea*, 1962).

Maar niet alleen de intrige en de karakters komen voor het spel van de auteur in aanmerking. Het decor, dat Roelants en Walschap al niet meer los van de personen wilden zien, vertoont meer en meer de neiging deel uit te gaan maken van hun bewustzijn: object en subject worden één. Anderzijds is het 'gezichtspunt' voor een oneindig aantal combinaties en variaties vatbaar en van deze mogelijkheid heeft men een royaal gebruik gemaakt. Tenslotte is ook de taal vernieuwd, zonder dat men daarbij haar karakter als instrument uit het oog heeft verloren. Bij Claus en Boon openbaart zich evenals eertijds bij Van Baelen een voorkeur voor woordspelingen die aan Raymond Queneau doet denken. Tegelijkertijd met de visie wordt ook de stijl van de romanschrijver individualistischer en rijker aan 'revelerende' beelden, wat inhoudt dat de taal niet langer uitsluitend dient om zich verstaanbaar te maken en zij in bepaalde gevallen zelfs een middel tot kennis wordt. Hierdoor begint haar functie overeenkomst te vertonen met de taak die zij in de hedendaagse poëzie vervult. De verpoëtisering van de romanstijl is overigens een verschijnsel dat men ook bij Virginia Woolf, Faulkner, Broch en vele anderen kan opmerken.

Het is nog te vroeg om de invloed van de experimentele stroming op de ontwikkeling van de literatuur te beoordelen, maar wel staat reeds vast dat deze stroming de – voorlopige? – bekroning is van een grootse onderneming die tot doel had het terrein van de mimesis uit te breiden en de roman te maken tot een schepping die in esthetisch opzicht zo zuiver is als het genre maar toelaat. In het voorafgaande is getracht de resultaten te schetsen die deze poging gedurende de laatste dertig jaar heeft opgeleverd.

Maurice Roelants
Komen en gaan (1927)

Komen en Gaan [1] is niet alleen een mooi boek, maar ook een mijlpaal. Roelants mag het grote gebaar verafschuwen, maar dat neemt niet weg dat hij met de publicatie van zijn eerste roman een revolutie heeft ontketend. *Komen en Gaan* introduceert in Vlaanderen de analytische roman in de Franse stijl en daarmee is aan het rijk van Timmermans een einde gekomen. In sommige opzichten is Roelants een voorloper van Gilliams, Lampo en Gijsen. Hij heeft op de ontwikkeling van het romangenre een belangrijke invloed uitgeoefend.

Dit betekent niet dat hij veel heeft geschreven: naast *Komen en Gaan* vermelden wij *Het Leven dat wij droomden* (1931), *Alles komt terecht* (1937), *Gebed om een goed Einde* (1944) en de novelle *De Jazzspeler* (1928). Doch Roelants is een veelzijdig mens. Hij is niet alleen romanschrijver, maar ook journalist, criticus (*Schrijvers, wat is er van de Mens?* 1956–1957), organisator en een man van de daad. Bovendien danken wij hem enige fijnzinnige dichtbundels: *De Kom der Loutering* (1918), *Het Verzaken* (1930) en het prachtige *Lof der Liefde* (1949), dat in zijn brandende hartstochtelijkheid tot de volmaaktste poëzie van onze tijd mag worden gerekend.

De intrige van *Komen en Gaan*, die uiterst eenvoudig is, omvat vier personen: Karel, een rusteloze en zinnelijke natuur die in zijn huwelijk geen voldoening vindt; Claudia, zijn trouwe echtgenote, maar een stugge vrouw zonder verbeeldingskracht en met een onwankelbaar geloof; Emma, Claudia's jonge en knappe tante die is komen logeren om na een ongelukkige huwelijkservaring rust te vinden, en de priester Paul Berrewats, een vriend van Karel. Karel maakt Emma het hof, maar keert tenslotte tot zijn vrouw terug, terwijl ook Emma en Paul, hoezeer zij zich ook tot elkaar voelen aangetrokken, afzien van een onmogelijke liefde.

Komen en Gaan, dat in de ik-vorm is geschreven, fungeert in dit opzicht als een voorbeeld voor de meeste romans van Roelants en ook voor een aantal van de beste verhalen van Elsschot, Gilliams, Daisne, Boon, Gijsen, Claus en Brulez. In de vorm van een monoloog schildert het werk een milieu vanuit het gezichtspunt van een bepaald temperament: alles wordt beoordeeld vanuit het gezichtspunt van Karel, wiens getuigenis de enige toegangsweg tot de wereld van de schrijver vormt. Kan men *Komen en Gaan* beschouwen als een biecht van de auteur en kan men de laatste om die reden met zijn hoofdpersoon vereenzelvigen? Ja en neen. Roelants heeft gewezen op het lyrische karakter van zijn werk en op de noodzaak dat de prozaschrijver in navolging van de dichter een geesteshouding aanneemt die eerder introvert en beschouwend is dan objectief en op de daad gericht.[2] Maar tegelijkertijd vestigt hij de aandacht op de afstand die zijn romans scheidt van eenvoudige mémoires: lyrisch betekent noch autobiografisch, noch egocentrisch. Om zijn persoonlijke ervaringen onder woorden te brengen bedient Roelants zich van verzonnen situaties, waarbij hij echter slechts de kern, de door iedereen gedeelde ervaring tracht te behouden. Voor hem is de roman dus een bewustwording van het universele Ik, een biecht waarbij de auteur zijn eventuele biograaf voortdurend op een dwaalspoor brengt.[3] Kortom: Roelants onderscheidt zich van de lyrische dichter door zijn speuren naar het algemene in dat wat in wezen het meest persoonlijke is: zijn romans zijn slechts verkapte bekentenissen, waarvan de details zelden met de doorleefde realiteit overeenstemmen. Karel, de romanfiguur in wie hij zich uit, beschikt evenals hijzelf over dit vermogen zich van zichzelf los te maken, zichzelf als een derde te zien en in de huid van een ander te kruipen. Hij is een psycholoog, een analytische geest op zoek naar universele waarheden en evenals Montaigne een man bij wie de zelfkennis leidt tot de kennis van anderen. Deze

63

depersonaliserende trek, waarvan Karel al in de eerste bladzijden blijk geeft (p. 15), verleent zijn getuigenis, ondanks de gekozen vorm, een betrekkelijke objectiviteit. Er bestaat derhalve een innige samenhang tussen de wijze waarop de hoofdpersoon zijn ervaringen overziet en de afstand die de romanschrijver ten opzichte van het autobiografische weet te bewaren. Hoewel hij de naturalistische onpartijdigheid verafschuwt, wil Roelants zich niet in het romantische subjectivisme verliezen. Zijn standpunt houdt tussen deze twee uitersten het midden: hij beoogt noch de 'greep uit het leven' noch het zelfportret, maar de analyse van de eeuwige mens. Uitgaande van dat wat men zijn 'objectieve subjectiviteit' zou kunnen noemen, baseert hij de studie van de menselijke gedragingen op zelfbeschouwing.

Roelants neemt niet de daden maar de beweegredenen tot richtsnoer. In deze roman, waarin de voorvallen, het decor en de beschrijvingen van fysieke eigenschappen tot een minimum zijn beperkt, doen de uiterlijke gebeurtenissen nauwelijks ter zake. Zo blijken enige regels voldoende te zijn om ons in te lichten over het verleden van Emma tot het moment van haar aankomst (pp. 32–34). Vastberaden verwaarloost Roelants de feiten, de anekdote om ons in de wereld van het gevoel te storten. Hij is bij uitstek de romanschrijver van het hart. Betogen moet men bij hem niet verwachten: hij verheft zich nimmer tot het niveau van de filosofie. In dit boek zijn de denkbeelden niet te scheiden van de gewaarwordingen en de hartstochten: zij hebben betrekking op het geluk, het huwelijk en in het algemeen op de praktijk van de levenskunst, waarmee zowel overspel, huwelijkstrouw als gastronomie worden bedoeld; zij steunen minder op de bespiegeling dan op de intuïtie en het aandachtige observeren van het dagelijks leven. Daar waar de intellectueel zich verliest in theorieën, neemt Roelants vaak genoegen met empirische leefregels en met de wijsheid van de gewone man. Zeer terecht heeft Raymond Brulez in dit verband gesproken van 'intelligence du coeur'.[4] Zomin nu als Roelants bereid is de drempel van het abstracte te overschrijden, wil hij zich verdiepen in het onderbewuste. De theorieën van Freud, die overigens in deze periode in Vlaanderen weinig bekendheid genieten, hebben hem niet beïnvloed. Hij heeft slechts belangstelling voor die impulsen die worden erkend of zich aan de oppervlakte van het bewustzijn vertonen: weliswaar is zijn kunst 'verticaal' en gaat zij in de diepte, maar zij daalt toch niet af beneden een bepaald niveau. Dit zijn dus de grenzen die Roelants zichzelf bij de analyse van het gevoelsleven heeft gesteld: men zou dit werkterrein kunnen vergelijken met een ingesloten driehoek die aan een zijde wordt begrensd door de daad, aan een andere zijde door de zuivere gedachte en aan de derde zijde door het onbewuste.

De bijzondere betrekkingen tussen gevoel en daad verdienen een nader onderzoek. Wij hebben gezien dat Roelants de feiten onbelangrijk vindt in die zin dat het verhaal zich vrijwel uitsluitend in het innerlijk afspeelt. *Komen en Gaan* heeft als decor het hart en als hoofdpersonen geen mensen van vlees en bloed maar zielstoestanden. Het is een eigenaardige liefdesroman, dit boek waarin de hartstocht onbevredigd blijft en de zonde niet meer omvat dan onschuldige kussen. Roelants heeft meer belangstelling voor de intentie dan voor de daad. Hij beperkt zich tot het noteren van de psychologische processen die aan het handelend optreden van zijn personen voorafgaan en merkwaardig genoeg stelt hij de handeling zelf vaak voor onbepaalde tijd uit. Voltrokken wordt de handeling vrijwel nooit. Ondanks hun heftige karakter leiden de zielsconflicten niet tot daden. De gevoelens ontstaan, ontwikkelen zich of lossen zich op in een besloten wereld. Van buitenaf zijn zij ternauwernood waarneembaar en zoeken geen uitweg in woord of gebaar. Slechts op enige plaatsen is er in de intrige van *Komen en Gaan* sprake van echte gebeurtenissen: op het moment dat Karel de nederlaag die hij bij Emma heeft geleden, wreekt door twee onschuldigen te laten lijden (hoofdstuk 4) en vervolgens als hij haar zijn liefde verklaart (hoofdstuk 5). Bij Roelants verhouden zich de daden tot hun beweegredenen als de resten van een Atlantis tot de verzonken gedeelten: alleen de hoogste toppen steken boven het water uit. In de meeste gevallen blijft de handeling latent, en worden de voorwaarden die het de personen mogelijk zouden maken zich uit te leven nimmer vervuld. Het trage ritme en de monotonie die hiervan het gevolg zijn, vormen Roelants grootste tekortkomingen. Deze traagheid wordt echter niet uitsluitend door het analyserende karakter van het werk bepaald. Ook het gevoelsleven kan dynamisch worden uitgebeeld, zoals wij bijvoorbeeld bij Raskolnikof zien, maar daarvan is in *Komen en Gaan* geen sprake. Karel is een psycholoog en hij is dat zozeer dat voor hem het verlangen om te analyseren zwaarder weegt dan zijn object: het gevoel. De afstand die hij tegenover zijn hartstochten moet bewaren om deze te kunnen overzien, matigt er de hevigheid van. Juist als Hamlet voelt hij zich verlamd door een ziekelijke neiging tot zelfbeschouwing zodra het er op aankomt tot daden over te gaan. Voorts blijkt dat zijn onmacht tot handelen evenzeer, zo niet in de eerste plaats door morele remmingen wordt veroorzaakt. Het is dan ook het temperament van de hoofdpersoon-verteller waaruit het beschouwende karakter van het werk en tevens de nauwgezetheid van de ontleding moeten worden verklaard. Roelants geeft zich over aan een ware microscopie van de gevoeligheid, waarbij hij het gevoel voor detail, dat in de Vlaamse kunst altijd met de schildering van de buitenwereld gepaard is gegaan, naar het terrein van de psychologie verplaatst. De kleinste rimpeling in het oppervlak van het bewustzijn wordt in al haar trillingen en met de nauwkeurigheid van een seismograaf geregistreerd. Roelants bespaart ons geen enkele nuance, geen toespeling, geen gebaar, hoe vaag ook, en niets wat maar zou kunnen wijzen op een poging tot toenadering of een verraad. Terwijl de auteur de roerselen van het hart tot in hun intiemste drijfveren onthult, geeft hij zich grote moeite deze op ondubbelzinnige wijze weer te geven. De taal van de analyse, die hier zowel onopgesmukt als exact is, kenmerkt zich door een helderheid en een logica die doen denken aan Mme de la Fayette en nog sterker aan Benjamin Constant, met wie Roelants een meedogenloze luciditeit, een compositorische eenvoud en een scherp inzicht in het gevoelsleven gemeen heeft. *Adolphe* en *Cécile* behoren overigens tot zijn geliefde lectuur.[5] Het is juist door deze verwantschap met de Franse psychologische roman dat *Komen en*

Gaan in onze letterkundige traditie een omwenteling teweeg heeft gebracht. Het is het werk van een moralist wiens activiteit er slechts in bestaat het gevoelsleven te doorgronden en te verklaren en wiens schrijverschap gebaseerd is op de kennis van de mens.[6]

De mens, dat betekent niet alleen de roerselen van het hart, maar ook hun terugslag op het gebied van de moraal. Op de zelfbeschouwing volgt inderdaad een gewetensonderzoek en deze liefdesroman eindigt met een dubbele bekering: die van Karel, die de weg naar de echtelijke trouw terugvindt, en – in de zuiver christelijke betekenis van het woord – de bekering van Emma. Bij deze katholieke romanschrijver zijn de liefde en het verlangen naar zuiverheid, het gevoel en het goede (of kwade) geweten elementen die met elkaar in botsing komen om zich tenslotte met elkaar te verzoenen. De kennis waarnaar zijn kunst streeft is in laatste aanleg van ethische aard: schrijven is voor hem het zoeken naar een vorm van heil, 'naar een zuivering, naar een menselijkheid met een minimum van stijl'.[7] In dienst van het goede gesteld, illustreert de roman een ethiek.[8] Van de buitenwereld biedt hij een getrouw, maar enigszins geretoucheerd beeld dat overeenkomstig de normen van het geweten is geïdealiseerd. Niet alleen beschrijft de auteur de verwarring van het gemoed, maar hij weet deze ontreddering bovendien een zin te geven en haar weer tot orde en evenwicht te herleiden zonder daarbij stichtelijk te worden. De afloop van het boek is hiermee bepaald: in dit opzicht lijkt *Komen en Gaan* op een finalistische of teleologische roman waarin het goede tot elke prijs over het kwade moet zegevieren. Men vindt in het boek niet alleen waarnemingen, maar ook bedoelingen, voorschriften en een kort begrip van het aards geluk. Roelants' ideale romanfiguur zou als voorbeeld kunnen dienen bij het fragment uit de *Pensées* waarin Pascal zegt: 'Zij (de mensen) hebben een geheim instinct dat hen er toe brengt buitenshuis vermaak en bezigheid te zoeken en dat voortkomt uit het diep besef van hun armzaligheid; zij hebben een ander geheim instinct dat een overblijfsel is van de grootheid van onze oorspronkelijke natuur en dat doet inzien dat het ware geluk slechts in de rust en niet in de drukte is te vinden'. De hoofdpersonen van *De Jazzspeler* en van *Komen en Gaan* beantwoorden aan deze beschrijving volledig: zij zijn hartstochtelijk, onstandvastig, ontevreden met hun bescheiden geluk en geneigd tot uitersten. Terecht meent Roelants dat het nutteloos is de natuur te willen verloochenen: de ware wijsheid bestaat in een in toom houden van haar uitbarstingen (p. 15). Roelants doet de mens geen geweld aan; hij accepteert hem zoals hij is: een vat vol dwalingen, zwakheden, ijdelheden, duistere en onbevredigde hartstochten, verwarde en buitensporige impulsen. Maar tegelijkertijd geeft hij hem twee troeven: in de eerste plaats een geweten dat hem op het verdorvene van bepaalde verlangens wijst, en vervolgens de kracht om zijn gedrag naar dit inzicht te regelen. Bij Karel speelt het conflict zich af tussen de hartstochten en de plicht. De expositie (hoofdstuk 1) licht ons in over de factoren die hem naar Emma drijven: een huwelijksleven waarvan de sleur de liefde heeft doen bekoelen en de verschillen in de karakters heeft toegespitst, zijn voorlopige beschikbaarheid, zijn zinnelijkheid. De crisis ontstaat zodra de logée is aangekomen, maar in plaats van regelrecht naar een hoogtepunt te gaan, beschrijft deze crisis een op en neer gaande curve. Nadat de liefde tot een eerste kristallisatie is gekomen (hoofdstuk 2), wijkt het egoïstische verlangen van Karel, die geduldig zijn kans afwacht, voor de onthulling van Emma's morele ontreddering. Zijn geweten, dat tijdelijk heeft gezwegen (p. 48), doet zich nu gelden (p. 59); hij biedt haar zijn vriendschap aan: eerste loutering. De terugval wordt geaccentueerd in de volgende hoofdstukken (3 en 4), waarin Emma zich van Karel verwijdert en toenadering zoekt tot Claudia en de priester. Maar de genezing van de hoofdpersoon is slechts schijn: onder de dekmantel van de vriendschap smeult de hartstocht, en Karel wreekt zich over zijn teleurstelling door met twee arme sukkels een wreed spel te spelen (hoofdstuk 4): door wroeging gekweld (tweede loutering, p. 90) zoekt hij de eenzaamheid. Hoofdstuk 5 is gewijd aan een nieuw offensief van de liefde die nu wordt gestimuleerd door trots en jaloezie wegens de vertrouwelijke omgang tussen Emma en de priester. Overvallen door een onweer lucht Karel zijn wrok in een dolzinnig gevecht tegen de natuur. Hij delft hierbij het onderspit, maar komt tot rust (derde loutering, pp. 105–106). Zijn hartstocht culmineert in de bekentenisscène, die tegelijkertijd de / scène van de verzaking is. Emma herinnert hem aan zijn geloof en erkent dat hij haar in betovering brengt, maar dat zij niet van hem houdt (p. 121); zoals de priester haar ziel heeft genezen, zo heeft Karel haar aan haar vrouw-zijn herinnerd. Emma's ongenaakbaarheid ontwapent hem, zijn scrupules (p. 123) maken zijn geweten wakker en de demon van het vlees wordt verjaagd (vierde loutering). Ditmaal heeft het geweten voorgoed de overhand gekregen en leidt de katharsis tot een bekering (p. 143). Karel wijzigt zijn houding tegenover Claudia, wier nobele karakter hij nu volledig erkent (hoofdstuk 7). Op hun beurt offeren Paul en Emma op dezelfde wijze hun gevoelens op voor de plicht (hoofdstuk 6); Emma herinnert in haar gedrag aan Bérénice, maar zij is een burgerlijke en katholieke Bérénice die niet voor het landsbelang, maar voor de dwang van haar geweten capituleert. Samenvattend kan men zeggen dat Roelants het bestaan opvat als een opeenvolging van bekoringen en verstervingen, een reeks van halve concessies aan de natuur die steeds worden goedgemaakt door een offer. De vier personen van *Komen en Gaan* komen gelouterd door hun smart uit de crisis te voorschijn, ook Claudia, bij wie de harde en droge schors door de beproevingen zachter is geworden. De oplossing die Roelants aan deze intrige geeft, getuigt van een zeer christelijk optimisme: Emma vindt haar man terug, Karel zijn vrouw en ieder zijn geloof. De schrijver neemt de taak van de Voorzienigheid over door zijn schepselen te verlossen van de drievoudige bezoeking van de ontrouw, de scheiding en de geloofsafval: misschien is het geen toeval dat de roman eindigt in de Kersttijd. Natuurlijk stond het Roelants vrij aan deze ontknoping het door hem gewenste karakter te geven, maar anderzijds zou een psycholoog als hij met een noodoplossing geen genoegen hebben genomen. Het slot moest hoe dan ook op een logische manier uit de premissen van het verhaal voortkomen en het moest tevens overeenstemmen met de karakters. Het is in dit opzicht volmaakt. Het feit dat de personages het niet tot een uitbarsting of tot een breuk laten komen en dat zij zich weer in het gareel voegen zodra hun opstandigheid de grondslag van de christelijke samenleving bedreigt, is niet uitsluitend te danken aan de uit hun introspectieve aard voortgekomen passiviteit. Ook zonder die eigenschap zouden zij niet tot handelen in staat zijn geweest: ternauwernood zijn hun hartstochten opgewekt of zij komen in botsing met de censuur van het geweten en worden verdrongen of gesublimeerd. Eigenlijk is de houding van Roelants tegenover het gevoel niet loyaal: hij geeft het zelfs niet de gelegenheid een kans te wagen. Dank zij de waakzaamheid van het moreel besef wordt het evenwicht en daarmee de orde weer spoedig hersteld. Uit deze zin voor discipline zou men zelfs het wantrouwen van de auteur kunnen verklaren ten opzichte van die psychologische verschijnselen waarover het bewustzijn geen controle heeft. Karel accepteert zonder aarzelen het primaat van de ethische waarden en de noodzaak van een orde die van buiten af door een dogma aan de mens is opgelegd, maar die de mens zich door zijn opvoeding heeft eigen gemaakt en als de hoogste wijsheid beschouwt. Men kan zich de verzaking van Karel en Emma ook in een niet godsdienstig milieu voorstellen, maar in dat geval zouden zij zeker heel andere beweegredenen hebben gehad. Ongetwijfeld is er een flinke dosis christelijk ascetisme in deze verheerlijking van offer en zelfoverwinning – waarmee stilzwijgend aan het voorbeeld van Christus wordt herinnerd – en in deze weigering die de mens, nadat hij op zijn zwakheden is gewezen, tegenover de verleiding stelt. Niets strookt zo weinig met de levenshouding van de hoofdpersoon als de boodschap van *L'immoraliste* en van *Les nourritures terrestres*. Maar verzaking is niet mogelijk zonder lijden (p. 124) en laten wij eerlijk erkennen dat er ook een zekere heroïek voor vereist is: 'een glansloos heroïsme, zonder dronkenschap of belonende roes, (...) een heroïsme van lange adem',[9] daar immers de orde, zodra deze is hersteld, opnieuw door het hart, dat zich nooit gewonnen geeft, wordt verstoord (p. 52). Er is dus geen andere mogelijkheid dan steeds opnieuw te beginnen en een leven lang te weifelen tussen droom en plicht, begeerte en verzaking.[10] Het geluk dat Roelants ons voorhoudt is een moeilijk en ook een beperkt geluk waarvan de grenzen door het dagelijks leven worden bepaald en dat de mens slechts na een grondig zelfonderzoek deelachtig wordt.[11] 'Men moet zichzelf kennen', schrijft Pascal, 'want ook al zou dat niet tot het vinden van de waarheid leiden, men kan er toch op zijn minst zijn leven mee regelen, en er is niets beter dan dat'. Evenmin als Mauriac, Bernanos en Graham Greene maakt Roelants de katholieke roman tot een apologie van het geloof: ook hij beschrijft zondaars (al overschrijden dezen dan nauwelijks de grens van de zonde), zwakke schepselen die slechts door tussenkomst van de genade zullen worden gered.

Karel is wel geen vrijdenker, maar hij is in zijn geloof toch oppervlakkig genoeg om met de 'homme sans Dieu' uit de *Pensées* een aantal onmiskenbare affiniteiten te vertonen als zwakheid, ijdelheid, onzekerheid, sensualiteit, trots en onstandvastigheid. Maar ook hij geeft blijk van eerbied voor de gedachte, van besef van zijn armzaligheid en – tot in zijn afdwalingen – van zin voor het goede. Evenals de libertijn van Pascal kan hij daarom terugkeren tot God en zich op de genade verlaten. Roelants verwijdert zich echter van het Jansenisme in zover hij aan de goede werken en aan de vrije wil een essentiële rol toekent: de genade wordt niet 'om niet' gegeven, maar moet worden verdiend door de daad (pp. 67, 136, 163). De werking van de genade geschiedt trapsgewijs en door tussenkomst van anderen: Karel, Claudia, Paul en Emma zijn er de instrumenten van: zij reageren op elkaar en leiden elkaar naar het goede. Aan Pascal, de ware geestelijke bron van de roman,[12] herinneren ook het belang dat aan de zelfkennis wordt gehecht, het onderkennen van de tegenstrijdigheden in de mens (p. 29) en het besef van diens onstandvastigheid en van de staat van wording die het innerlijk leven kenmerkt (p. 101).

Deze dynamische opvatting van het bestaan [13] vormt een scherp contrast met de trage loop van het verhaal. Vanuit deze gezichtshoek bezien, blijven de voortdurende gedaanteverwisselingen van de ziel volkomen theorie: Roelants is er niet in geslaagd om ons door middel van het ritme van de intrige de onrust van het hart te doen ondergaan. Dit is, zoals wij reeds hebben vastgesteld, zijn grootste tekortkoming, een tekortkoming die voortvloeit uit zijn morele opvattingen, uit zijn voorkeur voor een haarfijne analyse en uit zijn bewondering voor het klassieke ideaal van helderheid en eenvoud, waardoor hij het smeulen van de hartstocht herleidt tot het raderwerk van een Cartesiaans mechanisme.

Wij stuiten hier op het wezenskenmerk van deze kunst: haar classicisme. Dit openbaart zich in de eerste plaats in de keuze en de rangschikking van het materiaal en in de vorm van het werk: soberheid, logica en verdichting van de intrige (een toneelstuk met vier elkaar aanvullende personages, gebouwd op het schema expositie – verwikkeling – conflict – katharsis), eenheid van handeling en plaats, inachtneming van het fatsoen (afwezigheid van elk theatraal of aanstootgevend gebaar), waarschijnlijkheid van het gegeven, exclusieve belangstelling voor de constante waarden en de beslissende momenten van het innerlijk leven, minachting voor het schilderachtige detail, de beschrijving en de realistische dialoog. Wat de stijl betreft, deze is helder, zonder nadruk, ondanks enkele beelden ingetogen, maar ook verzorgd, zij het soms wat stijf en te 'literair'. Een zelfde neiging tot stileren kenmerkt de geest van de roman: verheerlijking van de orde en het evenwicht,[14] cultus van de discipline, die door de auteur overigens als een teken van beschaving wordt gezien (p. 73), verwerping van wat tegennatuurlijk en onredelijk is en derhalve een bron van lijden (pp. 103–104), overwinning van de vrije wil op de zinnen, moreel idealisme, discrete verkondiging van de 'boodschap', algemeen geldigheid van de psychologische ontleding. Zelfs in de heldere zelfkennis van zijn hoofdpersoon – een inzicht dat ook op het hoogtepunt van de crisis niet verstek laat gaan – verraadt Roelants hoezeer hij met de esthetische opvattingen van de 17de eeuw, met Racine en met Molière verwant is. Door deze esthetiek aan te passen aan de eisen van de hedendaagse sensibiliteit levert Roelants het bewijs van het voortbestaan van het classicisme.

Molière wordt hier niet genoemd uit een behoefte aan paradoxen. In zijn afdwalingen en zijn angst geeft Karel blijk van een gevoel voor maat en voor redelijkheid dat hem even ver verwijdert van de gevoelsuitbarstingen van Phèdre als van de metafysische duizeling van Pascal. Nu mogen hem Molières verbeeldingskracht en vis comica eveneens vreemd zijn, maar wel herinnert Roelants aan de schepper van Monsieur Jourdain door zijn verheerlijking van het deugdzame leven, door zijn vertrouwen in de traditie,[15] het gezond verstand en de normale mens, en bovendien door de toon die bepaald 'bourgeois' is. Met Molière vraagt Roelants zich af 'of het niet beter is er naar te streven de menselijke hartstochten te corrigeren en te matigen dan deze volledig te willen besnoeien'. Er zij op gewezen dat hier onder bourgeois noch de kleine man van Elsschot, noch de aartsvijand van studenten, estheten, aristocraten en marxisten wordt verstaan. Beter kan men de term in navolging van A. Westerlinck[16] in verband brengen met de traditie van de derde stand, zoals deze in de 16de en 17de eeuw is vertegenwoordigd door onze kooplieden en geleerden, door hen die zich door Metsys en Rubens lieten portretteren, en wier ideaal is samengevat in het beroemde sonnet van Plantijn. Er is bij Roelants niets middelmatigs of vulgairs te vinden. In het uiterste geval zou men hem een tekort aan bezieling en fantasie kunnen verwijten, een aangeboren wantrouwen ten opzichte van het risico, wat dan ook de traditionele tekortkomingen – anderen zullen van verdiensten spreken – van deze klasse zijn. Hoewel *Komen en Gaan* zich niet in een bepaalde sociale sfeer afspeelt, blijft de intuïtie, die de inspirerende kracht van het boek is, doordrongen van burgerlijke gematigdheid. Zich geheel verlatend op het γνῶθι σεαυτόν van Socrates en Pascal, verkondigt de humanist Roelants een geduldig aanvaarden van de wetten van de natuur, de maatschappij en de kerk, een labiel evenwicht tussen de levensvreugde en het geweten, en een behoedzaam genieten van de aardse genoegens als daar zijn de wijn, de boeken, de vriendschap en de echtelijke liefde.

Gerard Walschap
Houtekiet (1939)

In veel opzichten blijkt Walschap de antipode van Roelants te zijn. Hij is een onvermoeibaar polemicus, een naar waarheid, rechtvaardigheid en vrijheid dorstend idealist en daarbij een man uit een stuk en om die reden gekant tegen het compromis van de gevestigde orde. Hij is onstuimig van aard en even fel in de twijfel als in het geloof. De wijzigingen in zijn standpunt, die hij met een volstrekt romantische onbeschaamdheid rondbazuint, wijzen op de behoefte aan verandering: het leven van Walschap staat in het teken van het worden.

Hij is geboren in 1898 en zijn debuut valt samen met het expressionisme. Deze stroming zal hem nooit meer loslaten. Van 1923 tot 1925 beproeft hij zijn krachten op de poëzie, het toneel en de kritiek. Zijn kronieken, die van 1927 af in *Hooger Leven*, het weekblad van de Paters van Averbode, worden gepubliceerd, bevatten reeds de grondbeginselen van de esthetiek die hij later in *Voorpostgevechten* (1943) zal uiteenzetten: afwijzing van de folklore, de anekdote en de beschrijving, verbanning van de woordkunst, belangstelling voor de architectuur van de roman en vooral voor de boodschap ervan. Als aanhanger van een sociale en op het algemeen belang gerichte kunst wil Walschap van de roman een spreekgestoelte maken waarop over alle grote problemen van de mens wordt gedebatteerd: 'kunst (heeft) geen zin (...)', schrijft hij, 'indien ze niet den zin van het leven zoekt'.[1] De daad bij het woord voegend publiceert hij in 1929 *Adelaïde*, een boek dat in een nog sterker mate dan *Komen en Gaan* de opstand van de nieuwe generatie tegen de schrijftrant van Streuvels en Timmermans symboliseert. *Ade-*

74

laïde is het eerste deel van een trilogie die verder nog *Eric* (1931) en *Carla* (1933) omvat. Hierna volgen *Trouwen* (1933), *Celibaat* (1934) en *Een Mensch van goeden Wil* (1936). Als vurig christen tracht Walschap in *Adelaïde* het geloof en het antiklerikalisme met elkaar te verzoenen, doch zijn standpunt dat de katholieke roman geen stichtelijke patronaatslectuur, maar een trouwe weergave van het leven dient te zijn, wekt in de weldenkende kringen schandaal. Dit temeer omdat hij felle kritiek uitoefent op de beschaving en in het bijzonder op de misdadige aspecten van de christelijke opvoeding: zijn personages zijn neurotisch, dement, erfelijk belast of sadistisch, en onthullen de monsterachtige degeneraties van zielen die verscheurd worden in een tweestrijd tussen de begeerte en het geweten, de verleiding van het kwaad en de angst voor de zonde. Tegenover dit moreel en lichamelijk verval stelt Walschap een positief element – de natuur, het instinct – dat steeds in belangrijkheid zal toenemen en dat hem tenslotte zal bevrijden van de banden van het geloof, de cultuur en het intellect. Merkwaardig is in deze crisis vooral de dubbelzinnige rol die de rede er in speelt, daar deze tegelijkertijd als doelwit en als strijdmiddel fungeert. Het verloop van Walschaps crisis is beschreven in *Bejegening van Christus* (1940),[2] *Het Kind* (1939), *Sibylle* (1938) en tenslotte in *Houtekiet* (1939), dat het hoogtepunt van het vitalisme is en in bepaalde opzichten ook het begin van een nieuwe fase, t.w. die van de 'vergeestelijking' (*Zuster Virgilia*, 1951; *De Française*, 1957). Wij moeten er ons terdege rekenschap van geven dat er in dit laatste stadium sprake is van een verheerlijking van aspecten van het zieleleven als de liefde en het offer, en niet van een of andere rehabilitatie van het intellect of de cultuur, die door de auteur nog kort geleden in een nogal simplistisch pamflet zijn aangevallen (*Salut en Merci*, 1955). In Walschaps ontwikkeling staat *Houtekiet* op het snijpunt van twee tegengestelde stromingen: de cultus van het instinct en de terugkeer tot de geestelijke waarden. Het boek is tegelijkertijd een einde en een begin, geloofsbelijdenis en verzaking van de vitalist, kortom: een keerpunt op de weg naar de vrijheid.

Houtekiet vertelt de geschiedenis van een dorp (Deps) en zijn stichter Jan Houtekiet, die een soort landelijke Aeneas is en meer van een dier weg heeft dan van de homo sapiens. Deps ontstaat in weerwil van de autoriteiten. Het begint heel eenvoudig met een liefdesscène op de heide tussen Houtekiet en Lien, dan volgen er bacchanalen en moorden, en het verhaal besluit met de bouw van een kerk. Tussentijds verdiept Walschap zich in de geboorte van een anarchistische gemeenschap, waarbij hij aantoont hoe de 'natuurlijke' vrijheid onder de toenemende dwang van vooroordelen en abstracties verloren gaat.

Houtekiet is een kroniek die zich zowel op het plan van de gemeenschap als op dat van het individu afspeelt. Naast de geschiedenis van het dorp beschrijft Walschap het doen en laten van enige hoofdfiguren: Houtekiet (diens heldendaden en sexuele prestaties; zijn liefde voor Iphigénie), Nard Baert (de man van Iphigénie en de verpersoonlijking van de koopmansgeest), pastoor Apostel (de vreemde herder van dit vitalistisch Utopia) en anderen. Gedurende haar oprichting telt deze maatschappij slechts een klein aantal leden, en aanvankelijk behoudt het verhaal een strakke lijn, maar al in het midden van het boek (hoofdstuk 15) wordt Deps bevolkt door een menigte van obscure wezens, wier daden door Walschap noodgedwongen vaak door en over elkaar als aantekeningen in een notitieboekje worden genoteerd. Dit deel vertoont dus niet de samenhang van het voorafgaande, waarin de leer van het vitalisme triomfeert, maar daar staat tegenover dat de auteur in dit tweede deel de nadruk legt op twee episoden die anticiperen op de 'spiritualistische' periode van *Zuster Virgilia* en *De Française*: de bouw van de kerk en de liefde van Houtekiet en Iphigénie. Het boek is een denkbeeldig hoofdstuk uit de geschiedenis: het vermeldt de groei van Deps vanaf zijn legendarische oorsprong tot het moment waarop het dorp deel gaat uitmaken van de maatschappij, aan de zelfkant waarvan het was ontstaan. Alles bijeen genomen is *Houtekiet* volgens dezelfde formule geschreven als *Adelaïde* en *Celibaat*. In tegenstelling tot Roelants concentreert Walschap zich niet op het beslissende ogenblik van een crisis, maar reconstrueert een volledig groeiproces. Hij schrijft biografieën en kronieken die op de gehele levensloop betrekking hebben, op de zich steeds herhalende cyclus van geboorte, rijp-heid en dood. Walschap ziet het verhaal 'als een geheel, dat door den eersten regel ontketend wordt, vandaar zich uit zich-zelf ontwikkelend zonder hiaten en waarin elke regel en elk feit een gevolg zijn van de voorgaande'.[3]

Voor hem is de evolutie allerminst een moeizaam en geduldig voortgaan, maar letterlijk een 'doodsrit'.[4] De levenskracht brandt op als een fakkel, en de mens waarin zij zich incarneert, groeit en raakt uitgeput als een cycloon of een vloedgolf. Hier-mee bewijst Walschap zijn tragische opvatting van het bestaan,[4] in welk opzicht hij aan Unamuno en Dostojefski herinnert.[5] Zijn personages ontzien zichzelf niet en laten zich verteren door een macht die hen steeds sneller voortjaagt: voor hen bestaan geen halve maatregelen of verloren momenten.

Deze alomvattende, organische en dynamische opvatting van het menselijk leven weerspiegelt zich in de hoeveelheid, de aard en de rangschikking van de bouwstoffen en ook in het ritme van de intrige.

Als alle romans van Walschap onderscheidt *Houtekiet* zich door de overvloed van materiaal, door een rijkdom aan gege-vens die op een onstuimige en vruchtbare verbeeldingskracht wijst. Overigens weet de auteur deze verbeelding bijna steeds aan een strenge discipline te onderwerpen. Een enkel hoofdstuk van Walschap geeft meer feiten dan een heel boek van Roelants.

Het is dan ook op het gebied van de feiten dat de roman zich afspeelt: Walschap versmaadt de beschrijving, verwaarloost de analyse en verwerpt de abstractie. Hij vat de toneelaanwijzin-gen zoveel mogelijk samen en maakt slechts met tegenzin ge-bruik van de dialoog. Alles wordt weergegeven aan de hand van concrete situaties: de mens openbaart zich in de eerste plaats door wat hij doet en daarom neemt de daad in het ver-haal de centrale plaats in. Walschap weigert gebruik te maken van technieken uit de schilderkunst of de zielkunde; met hem zoekt de roman toenadering tot het toneel: in plaats van zijn personages te beschrijven geeft hij er de voorkeur aan dat dezen zichzelf al handelend openbaren. De gedachte en het woord leiden hier steeds tot het gebaar en de mimiek, en zijn er onaf-

77

scheidelijk mee verbonden. Hoewel deze schrijver een merkwaardige belangstelling aan de dag legt voor de bespiegeling, is dit toch niet zijn sterkste zijde, hetgeen blijkt uit de ideologische armoede van zijn essays. Door het accent op het verhalende element van de roman, op de intrige en op de 'avonturen' te leggen, sluit Walschap zich aan bij de traditie van Conscience, Sleeckx en Buysse, wat niet wegneemt dat hij, zoals het een expressionist betaamt, de details verwaarloost om zich volledig aan het essentiële te kunnen wijden, waarbij hij het verhaal verrijkt met alle bevindingen van de psychoanalyse.[6] In zijn handen wordt de roman de kroniek van een menselijk drama,[7] zoals dat door de lichamelijke gedragswijze van de hoofdpersoon gestalte aanneemt; wij hebben hier te doen met een behaviouristische methode die aan Hemingway en Caldwell doet denken.

Elke daad wordt gevolgd door een andere. De elementen van de intrige worden volgens een lineaire ontwikkeling in de tijd naast elkaar geplaatst, en deze lijn kan recht zijn, maar ook gebroken. Er is tussen deze bestanddelen dus niet altijd een logische samenhang. De auteur stoort zich niet aan tegenstrijdigheden (p. 17 en p. 24) en rekent niet zelden op het toeval om zich van elementen, die overbodig of hinderlijk zijn geworden, te ontdoen. Vaak ziet men bij hem onberedeneerde en onverklaarbare reacties, die hun oorsprong vinden in het onbewuste en de schrijver dwingen tot onverhoedse koerswijzigingen. De rede wijkt voor het instinct, voor de blinde en onweerstaanbare driften. Alle psychologische drijfveren zijn in de roman verwerkt, maar de primitieve neigingen hebben de overhand. Als een alwetende en alomtegenwoordige getuige gebruikt Walschap de handeling om er de onderste lagen van de psyche mee bloot te leggen.

Tenslotte toont hij eveneens Dostojefski een onomwonden voorkeur voor het dramatische en zelfs voor het melodramatische. In zijn met gebeurtenissen overladen romans zou de intrige op zichzelf al voldoende zijn om de aandacht te blijven boeien. Walschap is een van die romanschrijvers die, in navolging van de auteurs van schelmenverhalen, de 'geschiedenis' tot de grondslag van hun techniek hebben gemaakt. Als verteller wordt hij door weinigen geëvenaard. Met een duizelingwekkende vaart sleept hij de lezer mee door de hoofdstukken van zijn kroniek, waarbij elk hoofdstuk in slechts enkele bladzijden [8] een bepaalde periode behandelt of enige gedenkwaardige gebeurtenissen uit het epos van Deps en Houtekiet bij elkaar plaatst. Door slechts aandacht te schenken aan de hoofdzaken schaft Walschap de pauzes af, comprimeert hij de tijdsduur en geeft hij er het bezeten ritme aan van zijn eigen existentie. Tot dit doel hanteert hij een direct herkenbare stijl, een taal waarvan het effect nauwkeurig is overwogen, maar die niettemin de gewone volkstaal nabootst. De slordigheden en de ruwe vrijmoedigheid hiervan imiteert hij door middel van fouten tegen de syntaxis, overgangen van de indirecte naar de directe rede, kernachtige beelden, klanknabootsingen, uitroepen, rake vergelijkingen en zelfs door de toepassing van de in Vlaanderen zo verbreide gewoonte om brokstukken van gesprekken in het Frans weer te geven. Levendigheid, kracht en rauwheid zijn van deze stijl de grote verdiensten. Als een gezworen vijand van het estheticisme veroordeelt Walschap alles wat niet direct op het verhaal betrekking heeft.[9] Dit verklaart ook zijn veelvuldig gebruik maken van het werkwoord als natuurlijke uitdrukking van het bestaan en van de daad, en zijn voorkeur voor de bondige en abrupte schrijftrant. In zijn verzet tegen de woordkunst streeft hij Roelants en Elsschot voorbij: hij wil de kloof tussen schrijver en volk overbruggen.[10] Ook Walschap gaat de stijl ter harte,[11] maar op de tegenovergestelde manier als bij Van de Woestijne en Teirlinck het geval is. De lezer oordele zelf:

'(...) allen geven die Houtekiet in hun gruwelvertelsels baard tot aan de ogen, haar tot aan de wenkbrauwen, alles pekzwart. Armen tot aan de knieën, gestalte slechts een meter vijftig, schouderbreedte wel een meter. Een monster. Hij loopt hardst op handen en voeten, zegt men; als men overal voortdurend gerief mist, is hij in de buurt; hij bespringt als een weerwolf mens en beest en bijt ze de nek af; hij snijdt, zegt men tot de kleinen, de kinderen hun tenen af; hij zingt prachtig, dat lokt

79

een groot meisje aan, hij schoffeert en wurgt het; 's nachts besluipt hij de stropers, kraakt ze in zijn armen, hun ribben doen knap, knap, knap en gedaan is het'. (p. 10)

Men herkent in dit versnelde tempo het dynamisch expressionisme van het tijdschrijft *Ruimte* (1920–1921), waarmee Walschaps utilitaire en sociale esthetiek verwant is. Evenals het vrije vers in de jaren '20 lijkt Walschaps proza in de taal het jachtende ritme van de techniek en de stad te weerspiegelen. Bij nader onderzoek blijkt echter dat dit dynamisme niet de tijdgeest tot uitdrukking brengt, maar veeleer een rebellie tegen de contemporaine beschaving betekent. Hoewel het in snelheid met de machine wedijvert, vindt het zijn oorsprong in een ideaal dat er lijnrecht tegenover staat.

De gang van het verhaal getuigt van het bijzondere belang dat de schrijver hecht aan de daad als vervulling, als concrete uiting van de levensdrang. Alleen de stijl en de structuur van *Adelaïde* lieten vermoeden in welke richting de auteur zou evolueren: in de opeenstapeling van feiten en in de vaart van de intrige kondigt het vitalisme van *Houtekiet* zich reeds aan. Zoals wij hebben vastgesteld, wijst het begin van *Houtekiet* op de volledige eliminatie van de cultuur ten gunste van de 'vitale' waarden. Het is een hymne aan de natuur en aan het instinct die beide in de hoofdpersoon gestalte hebben gekregen. Houtekiet, die door Walschap achtereenvolgens met een eik (p. 23), 'een enorme doghond' (p. 23) en de zee (p. 115) wordt vergeleken, is een primitief, krachtig, gezond en daarom vruchtbaar wezen. Hij bespringt alle vrouwen die hij maar tegenkomt en zijn drift werkt aanstekelijk. Hij luistert alleen naar de stem van het bloed: zijn lichaamskracht is zowel een bron van leven (hij sticht Deps en verwekt talrijke kinderen) als van vrijheid (hij verdraagt geen enkele dwang van buiten af). Alles lukt hem, hij kan alles, want hij is de sterkste. Houtekiet kent geen enkel moreel of religieus besef en, althans in het begin, geen spoor van een gevoel of een gedachte. Deze zwijgende man drukt zich slechts uit in daden: hij drinkt, eet, vernietigt wat hem hindert en plant zich voort. Levend als een dier en zich van goed noch kwaad bewust, is hij een prachtig barbaar, voor zover althans de natuur barbaars mag worden genoemd, want het is immers de natuur die hem vrede, schoonheid, spontaniteit, vreugde en harmonisch evenwicht verleent. Deze dierlijkheid, deze soevereine, scheppende en zuiver amorele kracht staat tegenover de beschaving, een beschaving die door de tirannie van de graaf en de pastoor, door de samenzwering van het kapitaal, de kerk en het gezag volledig corrupt is geworden (p. 56). Walschap schildert de beschaafde wereld af als een soort hel: hij ziet er niets anders dan huichelarij, lafheid, ellende, domheid, vooroordelen, machtsmisbruik en decadentie. In navolging van Rousseau neemt hij aan dat de mens van nature goed is en dat het de maatschappij is die hem verdorven maakt. Zo bevat het *Supplément au Voyage de Bougainville* van Diderot meer dan een passage die als motto van *Houtekiet* zou kunnen dienen: 'Niets gold hier (op Tahiti) volgens de openbare mening of de wet als slecht, tenzij datgene wat volgens zijn natuur slecht was. De arbeid en de oogst werden gemeenschappelijk verricht. De opvatting van het woord eigendom was er zeer beperkt; de hartstocht was er gereduceerd tot een simpele lichamelijke neiging en leidde nimmer, zoals bij ons kan gebeuren, tot wanordelijkheden. Het hele eiland bood het beeld van één uitgebreide familie, waarvan elke hut als een kamer in een van onze grote huizen kon worden beschouwd.

Wilt ge in het kort de geschiedenis van al onze ellende weten? Hier is zij: in het begin was er de natuurmens; in deze mens heeft men een kunstmatige mens geplaatst, met als gevolg dat er in de spelonk een burgeroorlog is uitgebroken die het hele leven voortduurt'.

De terugkeer tot de natuur gaat bij Walschap, evenals bij de verheerlijkers van de nobele wilde, gepaard met een openlijke verachting van de rede en zelfs van het bespiegelend denken, daar Walschap in dit opzicht verder gaat dan de wegbereiders van de romantiek. Wij hebben zijn ambivalente houding op dit gebied al vastgesteld: hij wordt door de rede zowel aangetrokken als afgestoten, en het plan om *Houtekiet* te schrijven lijkt te zijn ontstaan op een moment van uiterste afkeer. Door de cultuur te lijf te gaan voegt Walschap zich bij de filosofische stroming die vanaf Rousseau tot aan de existentialisten en via Nietzsche en Bergson een directe bewustwording van het bestaan verkondigt, waarbij de omweg van het intellect wordt vermeden. Zijn verzet tegen het rationalisme herinnert in het bijzonder aan Dostojefski en aan Unamuno, wier invloed hij heeft ondergaan, wier invloed hij herkent – alsmede aan de romanschrijvers die op de tegenstrijdigheid van het zijn en van het kennen hebben gewezen, als D. H. Lawrence, Wiechert en vooral Hamsun. Aan de laatste wijdt hij in 1928 enige geest-driftige pagina's.[12] Deze expressionistische opstand tegen het intellect en de beschaving is het symptoom van een chronische kwaal van het oude Europa, dat immers eeuwig weifelt tussen Apollo en Dionysos en dat, vermoeid van het juk van de geest, zich steeds tracht te vernieuwen door contact te zoeken met de natuur, of dat nu geschiedt door middel van bazarherderinne-tjes, de goede wilde, de deugdzame boer of het naturisme. Het ligt voor de hand dat in het tijdperk van de psychoanalyse dit irrationeel vitalisme gepaard gaat met de verheerlijking van het onderbewuste. Dit is dus de context, waarin men Wal-schaps hoofdpersoon moet plaatsen. Als de incarnatie van het instinct, dat voor de auteur de essentiële drijfkracht van het leven is, gehoorzaamt Houtekiet blindelings aan de 'Trieb' die Nietzsche, Bergson en Shaw reeds in de levensdrang hadden opgemerkt. Wij zullen hier later op terug moeten komen.

Er is niets statisch bij Walschap, en Houtekiet laat dan ook spoedig het dierlijke stadium achter zich. Reeds na enige blad-zijden heeft de nomade zich blijvend gevestigd. Zonder zich hiervan rekenschap te geven, bouwt hij een hut voor zichzelf en sticht hij een gezin en vervolgens een heel dorp. Tegen zijn wil in beschouwt men hem als een leider, een beschermer, en zo komt hij geleidelijk aan tot de ontdekking van gevoelens en van de grote abstracties: de vaderlijke tederheid, het verantwoorde-lijkheidsbesef, de waarde van de arbeid, het altruïsme, de recht-vaardigheid en de liefde. Kortom, zijn ontwikkeling valt samen met die van het bewustzijn en van de kennis. Houtekiet slaat de biologische evolutie over en herhaalt in ijltempo de geschiedenis van de mensheid door van aapmens te veranderen in een homo faber en vervolgens in een homo sapiens. Veredeld door zijn liefde voor Iphigénie (p. 266), komt hij zelfs tot een vaag geloof in de onsterfelijkheid van de ziel. Maar naarmate zijn kennis toeneemt, voelt hij zich minder vrij: zolang Houtekiet naar zijn instinct handelde, was hij onafhankelijk en daarom ondervindt hij het bewustzijn als een knellende band. Als hij Deps verlaat in de hoop zijn vrijheid te heroveren, is het te laat: de maatschappij heeft hem voorgoed getemd:

'De man die zijn weg gegaan was over lijken waar het moest, de man die niemand nodig had, die van een vrouw, een gezin en een zaak was weggegaan, zoals wij een hotelkamer verlaten waar we eenmaal hebben geslapen, hij voelde zich plots eenzaam, behoeftig, bedreigd, hij vreesde een beetje. Hij had zichzelf wijsgemaakt dat hij vertrokken was zonder iets achter te laten en hij was zoals die man, die veilig en zalig op plezierreis geweest is en zich de laatste dag herinnert noch zijn brandkast noch zijn huisdeur te hebben gesloten'. (p. 233)

Het is niet alleen de druk van de maatschappij die de natuurmens tot gehoorzaamheid dwingt: met de jaren vermindert ook de kracht die hem drijft. Het vermogen van het instinct wordt in de loop van het leven sterker en weer zwakker, en de dood van Iphigénie confronteert Houtekiet voor het eerst met het pijnlijke besef van zijn onmacht (p. 257).

De vergeestelijking van de natuurmens wordt door Walschap toegeschreven aan de invloed van de gemeenschap en vooral aan die van de vrouw. De roman vertoont sociologische en politieke trekken. Het dorp heeft van zijn stichter alle kenmerkende eigenschappen geërfd: zijn vitaliteit, zijn dadendrang, zijn hardheid, zijn trots en vooral zijn vrijheidsliefde. En ook al begint na verloop van tijd het anticonformisme van Deps te tanen en keert het dorp – evenals Houtekiet – meer en meer terug tot het normale, toch zal het altijd iets van zijn oorspronkelijke karakter behouden (p. 7).

Er zij op gewezen dat deze nivellering tegen de wil van Houtekiet in en onder de dwang van een sociaal determinisme wordt voltrokken. Walschap maakt een duidelijk onderscheid tussen de held en de massa (p. 103, p. 180). Evenals Raskolnikof en

Nietzsche gelooft hij in buitengewone wezens, in Uebermenschen, die hij het recht toekent de wet met voeten te treden. Wat de overigen betreft: dat zijn slaven, 'huisdieren' (p. 231), die dienen te gehoorzamen: de ongelijkheid is natuurlijk. De auteur heeft bewondering voor de sterke man als verpersoonlijking van de levenskracht en als enig kampioen van de vrijheid te midden van lauwen en lafaards. Overigens stemt dit gevoel overeen met de richting die Walschap aan de kunst wil opleggen: zij mag dan in dienst van de gemeenschap staan, maar zij dient de problemen te behandelen van het individu dat 'dichter bij de oerbronnen van het leven (...) dan de massa' is gebleven.[13] Opmerkelijk is dat de sublimatie van het instinct, waarmee het boek eindigt, in feite neerkomt op de nederlaag van de hoofdpersoon. Het latente conflict, dat de meester tegenover de slaven stelt, loopt uit op de overwinning van de laatsten, m.a.w. van de behoudende krachten. Tegelijk met Houtekiet voegt Deps zich in het gareel en de beschaving keert er terug in haar meest verdachte vormen, t.w. in die van het vooroordeel en het bijgeloof. Tot het weergeven van haar verdiensten en haar waardigheid voelde Walschap zich blijkbaar weinig aangetrokken. *Houtekiet* vertoont een wonderlijke mengeling van idealisme en werkelijkheidszin, van droom en zakelijke waarneming: de geschiedenis van de door de massa getemde held lijkt enigszins op die van een droombeeld dat door de aanraking met de realiteit in elkaar stort. Heeft Walschap het niet aangedurfd zijn Utopia tot het einde door te voeren door het instinct te laten overwinnen? Heeft hij zijn ideaal gevreesd en beseft dat het gevaarlijk was om de fysieke kracht en de wil tot macht te verheerlijken op het moment waarop het fascisme zich gereed maakte Europa te veroveren? Wat hier verder ook van zij, de leidersverering, typisch symptoom van deze jaren, wordt in de roman ruimschoots gecompenseerd door de invloed van de maatschappij. Overigens is Houtekiet noch een beul, noch een tiran, maar eerder een goedmoedig en op zijn manier 'verlicht' despoot.

De massa waarover hij regeert en die hem zo grondig verandert, wordt gedomineerd door een element waarvan de invloed omgekeerd evenredig is aan zijn sociale status. In deze primitieve gemeenschap geniet de vrouw geen enkel ander voorrecht dan het ondergaan van liefkozingen en het krijgen van oorvijgen. Haar wraak is er des te opzienbarender om, want zij is het, die over het lot van Deps beslist: het rijk van Houtekiet, deze verre nazaat van Lemonniers Mâle en van Buysses Balduk, is in feite een matriarchaat. In sociologisch opzicht ontwikkelt Walschap de welbekende stelling dat de afhankelijkheid van de vrouw in gemeenschappen, waarin de man het gezag in handen heeft, een tegenhanger vindt in haar zedelijk overwicht. Handelend op de manier van een pressiegroep maken de vrouwen handig gebruik van Houtekiets voortdurende paardrift om hun doel te bereiken (p. 229). Walschap wijst verscheidene malen (p. 71, p. 245) op het bestaan van een specifiek vrouwelijke natuur en op het fundamenteel verschil tussen de seksen. Volgens hem is de vrouw per definitie gelovig en behoudend, geneigd tot huiselijkheid en gehecht aan geestelijke waarden. Zij doet hiermee aan de vrijheid van de man afbreuk: de hartstochtelijke en verschrikkelijke Houtekiet is er het machteloze slachtoffer van. Maar terwijl zij hem in een kooi zet, maakt zij hem beschaafder en leidt zij hem binnen in de wereld van gedachten en gevoelens, al tracht zij hem tevens deelgenoot te maken van haar geloof, haar religieuze angst en haar gevoel voor het mysterie. Haar invloed is dus schadelijk of heilzaam al naar gelang men deze vanuit een vitalistisch of geestelijk standpunt beoordeelt. In de onderhavige roman, die op het kruispunt van deze twee stromingen staat, aarzelt Walschap onafgebroken tussen de verwerping en de bijval. Ongetwijfeld deelt hij de minachting van de hoofdpersoon voor het bijgeloof van de vrouwen die hem omringen, maar aan de andere kant is nu juist het enige werkelijk menselijke en volledige en ook het meest uitgewerkte karakter van het boek dat van Iphigénie. Zij is het symbool van de absolute liefde en zij gelooft slechts in God omdat zij hoopt zo haar hartstocht onsterfelijk te maken; op haar doodsbed betreurt zij het dat zij niet alles voor Houtekiet heeft durven opofferen (p. 248). In vele van Walschaps romans wordt de heldenrol veeleer door een vrouw dan door een man vertolkt: *Adelaïde, Carla, Sibylle, Denise* (1942), *Moeder* (1950), *Zuster Virgilia, De Française*. Per slot van rekening doen de edelmoedigheid en het beschavingswerk van Iphigénie het tandengeknars van de vitalist over de domheid van haar zusters spoedig vergeten. R. F. Lissens noemt Iphigénie terecht een hulde aan de geest [14]: zij sublimeert het instinct.

Op het politieke plan is *Houtekiet* Walschaps *Politeia*. Het dorp Deps, dat gesticht is op het graf van een door Houtekiet neergeslagen boswachter (pp. 29–30), ontwikkelt zich buiten het gezag om en is er ook mee in strijd. Het staat vijandig tegenover de pastoor en de graaf en erkent geen andere macht dan die van zijn stichter. Naar diens beeld is dit anarchistisch Utopia gevormd. Het dorp verwerpt de Staat en neemt de organisatievorm aan die de levensdrang voorschrijft. En hoewel de kracht die het bezielt onder invloed van de tijd en van het sociaal determinisme verzwakt, blijft Deps, van maatschappelijk standpunt uit beschouwd, de volmaaktste uitdrukking van Walschaps vitalisme. In navolging van Houtekiet leeft Deps in het teken van de daad. De heide, die door de graven, de wettige eigenaars, is verwaarloosd, wordt ontgonnen en onder de pioniers verdeeld, en blijkt een bron van welvaart te zijn. Door toedoen van Baert, die de Vooruitgang vertegenwoordigt, wordt het conservatieve kapitalisme vervangen door een rechtvaardiger en meer dynamische economie: 'Ik moet niet meer grond hebben dan mij toekomt, ik ben handelsman. Ik wil dat gij allemaal uw grond kunt kopen, zoveel als ge nodig hebt en dat ge erop woont en baas zijt' (p. 169).

De politieke leer van *Houtekiet* kan als een socialiserend liberalisme worden gekenschetst. Walschap verwerpt noch het eigendom, noch de vrije concurrentie, noch het geld [15] (de hoofdpersoon is de enige die hier niets van begrijpt) en alles bijeen genomen, vertoont Deps tegen het einde een sterke overeenkomst met een willekeurig Belgisch of Nederlands dorp. Bij Walschap richt het vitalistisch, 'instinctief' anarchisme zich naar de mentaliteit van de boer. In tegenstelling tot de uit arbeiderskringen afkomstige schrijvers weigert Walschap zich in de sociale strijd te storten. Zijn boerenafkomst doet zich nog

gelden in zijn afkeer van slogans en partijen en in zijn gehechtheid aan verworven bezit en aan het gezin. In *Nieuw Deps* (1961),
het late vervolg op *Houtekiet*, vervangt de schrijver de primitieve natuur door de moderne beschaving en schetst hij van de
industrialisatie en de techniek een beeld dat nog optimistischer
is dan dat van de gemeenschap van ambachtslieden en land-
bouwers uit *Houtekiet*. *Nieuw Deps* verheerlijkt een paternalis-
tisch kapitalisme dat door de technische vooruitgang een steeds
grotere vrijheid en welvaart voortbrengt. Evenals bij sommige
andere expressionisten wordt het vitalisme hier getemperd onder
invloed van elementen die het onuitwisbaar stempel dragen
van de rationalistische denkwijze uit de 19de eeuw.[16]

Deze laatste is weer in strijd met de religieuze onrust, die
de schrijver nooit volledig heeft weten te bedwingen. Walschap
mag dan van de daken verkondigen dat God dood is, maar dat
neemt niet weg dat Gods afwezigheid hem obsedeert. Het is
minder in zijn politieke stelsel, waarvan de anarchistische on-
verzoenlijkheid per slot van rekening tot traditionele zienswijzen kan worden herleid, dan wel in zijn kijk op de godsdienst
dat de tegenstellingen in zijn karakter duidelijk aan de dag
treden. Het conflict dat hem verscheurt is niet een conflict tussen gevoel en rede, maar speelt zich volledig in het gevoelsleven
af. Hier worden de revolutionaire neigingen, zodra zij zich
hebben doen gelden, aan de controle van lang tevoren aangenomen gewoonten onderworpen. Ternauwernood heeft Walschap het geloof de deur gewezen – Houtekiet is de anima na-
turaliter pagana – of hij haast zich het weer binnen te halen.
De opstand blijft zonder gevolgen; het extremisme heeft zijn
grenzen bereikt en wijkt terug: beschaving betekent ook ker-
stening. In wezen weerspiegelt de bekering van Deps wellicht
de angst van de afvallige, wie de onverschilligheid van de geboren rationalist vreemd is en die de strijd met God nooit heeft
opgegeven. Houtekiet is niet dezelfde als Walschap: hij is de
materialisatie van een droom, een visioen van de geest. Kortom,
de vitalist toont aan dat er alleen in de onbewustheid een volledige vrijheid bestaat en dat de mens de gevangene is van wat
hij denkt en heeft gedacht. Walschap beseft dat hij ten gevolge

van zijn godsdienstige opvoeding niet in staat is God te verbannen: de mens bidt, zo zegt hij, omdat hij zich rekenschap geeft van zijn zwakheid (p. 259). Toch betekent de bekering van Deps niet enkel en alleen een terugkeer tot de Roomse orthodoxie. De God van *Houtekiet* is noch de gegeselde Christus, noch de gekruisigde van Golgotha, maar een symbool van kracht en vreugde, een levensbeginsel waarvan de aanwezigheid zich door de natuur en buiten elke ritus en elk dogma om aan de gelovigen manifesteert (p. 269). Deps belijdt slechts twee fundamentele waarheden van het christendom: het geloof in de onsterfelijkheid van de ziel en vooral in de almacht van de liefde,[17] waarbij de laatste dan nog uitsluitend de schepselen omvat. Iphigénie herinnert aan de episode van Christus en de boetvaardige zondares (Lukas 7: 47–48) als zij op een bepaald moment aan Houtekiet verklaart 'dat zij geen ander kwaad gedaan heeft dan hem lief te hebben en daar kan ze maar geen berouw meer over hebben. God is goed, zij is niet bang meer voor God'. (p. 262). Van zijn kant predikt pastoor Apostel, wiens naam als een beginselverklaring klinkt, een evangelisch geloof, dat ontdaan is van alles wat de kerk heeft gemeend aan Gods woord te moeten toevoegen. Zijn onderrichting toont een treffende overeenkomst met de leus van de abdij van Thélème: 'Wij mensen van Deps, wij doen zoals 't voor ons goed is en daarmee gedaan. Ons Heer is daarmee content en zijn er die daar niet mee content zijn, dat gaat ons niet aan'. (p. 215).

Apostel, die op zijn manier ook een anarchist is, stelt vertrouwen in de natuur en in het instinct. Zijn vitaal optimisme sympathiseert met bepaalde kanten van het rationalisme, zoals de antiklerikale geest en het verzet tegen bijgeloof en plechtigheden, maar Apostel verwijdert zich van deze richting door zijn geloof, dat de grenzen van de rede overschrijdt, en door zijn afwijzen van de cultuur: Apostel 'las nooit of nooit'. (p. 208)

Walschap weet dus de tegenstellingen met elkaar te verzoenen: in *Houtekiet* geeft hij een duidelijk beeld van de spanningen die hem drijven. Het instinct van de hoofdpersoon wordt ingetoomd door de intelligentie van Baert, de vergeestelijkte houding van Iphigénie en de fatale dwang van het maatschappelijk leven; de droom slaat stuk tegen de obstakels die door het milieu en de opvoeding zijn opgericht. Deps, dat in een roes van zinnelijk genot is ontstaan, gaat er tenslotte toe over zijn economie te organiseren en een kerk te bouwen. Hiermee erkent Walschap het onvermogen van de levensdrang om als enige basis van het maatschappelijk leven te fungeren. Dit neemt niet weg dat de instellingen en opvattingen van Deps zich ondanks alles blijven onderscheiden van die van de omringende wereld: er heerst meer rechtvaardigheid en meer vrijheid, en het geloof heeft zich er onder invloed van het vitalisme en het rationalisme aan de kerkelijke voogdij onttrokken. Vastgesteld zij nog dat Walschap evenals veel andere cultuurbestrijders zichzelf, wat zijn minachting voor het intellect betreft, tegenspreekt door het weloverwogen karakter van zijn werk.

Een zo tendentieus boek als *Houtekiet* geeft de wereld natuurlijk anders weer dan zij is: het herschept de wereld zoals de schrijver zich deze zou wensen. De lezer heeft de indruk dat hij getuige is van een droom, die wordt gevolgd door een langzaam ontwaken, waarbij de droom van karakter verandert en vervaagt, telkens als de dagelijkse werkelijkheid meer terrein wint. Het verhaal begint met een wonder en gaat dan geleidelijk over in de sfeer van het gewone: het epos van het diermens eindigt met de verheerlijking van de aardse liefde. De vermenselijking van Houtekiet valt samen met een evolueren tot het realisme, en zoals men mocht verwachten, is het begin het origineelste deel van het boek. Hier overheerst het expressionistisch idealisme en wel in de vorm van een verlangen om de wereld te herscheppen volgens een volstrekt denkbeeldig patroon. Dit patroon is gevormd uit subjectieve en lyrische gegevens, waarop de schrijver naar hartelust voortborduurt tot het moment dat hij ze aan de werkelijkheid toetst. Er bestaat geen romanschrijver die minder objectief is dan Walschap: hij laat de intrige afhangen van willekeur, heerst als een absolutistisch vorst over zijn personages en heeft als de goden zijn uitverkorenen en vervloekten. In Deps verkeert alles in de beste orde en daarbuiten ziet hij slechts leugen, perversiteit en ellende. Deze partijdigheid, deze uitersten in sympathie en antipathie en daarnaast de heftigheid van bepaalde uitspraken en de reusachtige, zij het door realistische details gematigde afmetingen van de hoofdfiguur, dit alles verraadt de bedoelingen die in deze kunst besloten liggen. Walschap schrijft met de hartstocht van een volksleider, voor wie zelfexpressie en het beïnvloeden van de anderen een levensbehoefte zijn. Hij kan zich van zijn innerlijke spanningen uitsluitend bevrijden door het gebaar, het woord, het boek.

De heldendaden van de hoofdpersoon en diens bovenmenselijk formaat, waarin zich de expressionistische lyriek in haar volheid openbaart, doen meer dan eens denken aan de oude epen. Houtekiet is een Hercules, een Achilles en een Roeland, maar hij is ook en vooral de Schepper, de Jehova die Deps uit het niet te voorschijn doet komen. De geschiedenis van Deps vertoont alle kenmerken van de mythische roman. Evenals Genesis is *Houtekiet* een kroniek van het begin der tijden, achteraf te boek gesteld door een naamloos auteur, een vertolker van de vox populi, een penvoerder van de moderne gemeenschap. De tijd waarin de handeling zich afspeelt en de plaats blijven onbepaald: alles voltrekt zich in een ver verleden, 'in den beginne', en als het ware terzijde van de Geschiedenis: 'Het leven van Houtekiet onze stamvader begint met zijn ontmoeting van Lien, want van al wat daaraan voorafging weten wij niets. Wij kunnen slechts raden naar zijn ouders en herkomst'. (p. 9). Elk van zijn daden is niet alleen de eerste in haar soort (Deps is maagdelijke grond), maar geldt bovendien als model, als archetype: het nageslacht, dat in de Geschiedenis leeft, doet niets anders dan het voorbeeld van de hoofdpersoon navolgen. Op deze wijze wordt het mythisch verleden steeds herhaald en zet het zich in het heden voort: de inwoners van Deps cultiveren hun tradities (p. 18) en beroepen zich op Houtekiet (p. 29). Tenslotte is het een wezenlijke trek van het verhaal dat het regels opstelt voor het geloof, de moraal, de bestuursvorm en de levensstijl van een volledige maatschappij. De roman herinnert in menig opzicht aan de mythische literatuur: in de eerste plaats door de bovennatuurlijke gaven van de hoofdpersoon, die sommigen zien als een alvader, een opperste rechter, een wonderdokter en een reus, terwijl anderen hem als een boze macht beschouwen; voorts door de toepassing van een ritueel symbolisme, dat men zowel in de primitieve mythen aantreft als bij de contemporaine schrijvers die er door zijn geïnspireerd. Eerst de zevende dag (p. 11) nadat Houtekiet en Lien elkaar hebben ontmoet, hebben zij gemeenschap met elkaar, en wel in aanwezigheid van een koe, symbool van de vruchtbaarheid. Houtekiet bouwt zijn hut boven op het graf van de vijand die hij heeft gedood. Ook deze Bijbel kent zijn Eva, een Eva met veel gezichten (Lien, Liza, Iphigénie), die de ogen van de man opent voor goed en kwaad en hem voor altijd uit het paradijs verjaagt. Aan de vrouwen dankt hij het bewust zijn en dat brengt hem in slavernij. Evenals in de Schrift worden de voorouders nu en dan gemonsterd en geteld (p. 77–78, 122–125). Baert wordt vergeleken met Johannes de Doper (p. 168), Houtekiet met Christus (p. 196), en sommige fragmenten zijn duidelijk geïnspireerd op de Apocalyps (p. 79–80). Gedreven door het verlangen de wereld te herscheppen, projecteert het expressionisme zijn metafysica, zijn theogonie, zijn moraal en zijn politiek in de mythe. De populariteit hiervan in de hedendaagse literatuur is wellicht te verklaren uit het feit dat de mythe het de kunstenaar mogelijk maakt om zijn ervaring van een ontwrichte en aan angst en wanhoop ten prooi gevallen wereld te stileren. De mythe ordent en verheldert; de toepassing ervan verraadt naar onze mening het streven om de chaos en de duisternis te boven te komen door er een betekenis aan te geven, en wijst voorts op het verlangen om tot een vaststelling van waarden te komen, waaruit – misschien – de wereld van morgen zal worden geboren. Wij zien dit bij Yeats, Eliot, Th. Mann, Marsman, Faulkner en ook bij Walschap, die bovendien de verdienste heeft gehad de mythe te combineren met de nationale traditie van de boerenroman, met als gevolg dat hij gelezen werd door het grote publiek. Zijn roman is een merkwaardige synthese van vitalistische, spiritualistische en rationalistische stromingen en als zodanig een pleidooi voor een mensheid die over meer energie beschikt, dichter bij de bronnen van het leven staat en edelmoediger, rechtvaardiger en vrijer is dan de onze.

Willem Elsschot
Het Dwaallicht (1946)

Willem Elsschot (1882–1960) is een buitenstaander. Hij behoort tot geen enkele kliek of clan en gaat zijn eigen weg. Voor deze zakenman is de literatuur een 'violon d'Ingres', wat aan de waarde van zijn werk overigens allerminst afbreuk doet. Integendeel, wij zijn nooit zo volledig onszelf als in onze liefhebberijen, onze meest nutteloze bezigheden. Men zou aan het amateurisme zelfs bepaalde eigenschappen kunnen toeschrijven die voor Elsschot karakteristiek zijn: zijn oprechtheid die niets en niemand spaart, zijn streven naar volmaaktheid, zijn afkeer van literaire gewichtigdoenerij en de bescheiden omvang van zijn oeuvre. Hij heeft inderdaad heel weinig geschreven. Van 1913 tot 1946 publiceerde hij slechts een enkele gedichtenbundel (*Verzen*, 1934) en een aantal romans, of beter uitgebreide novellen, die hem rijkelijk laat tot een geliefd schrijver hebben gemaakt: *Villa des Roses* (1913), *Lijmen* (1924), *Kaas* (1933), *Tsjip* (1934), *Pensioen* (1937), *Het Been* (1938) en *Het Dwaallicht* (1946).[1]

In tegenstelling tot de beroepsschrijvers spreekt Elsschot niet graag over het vak. Aan de theorie van de letterkunde heeft hij slechts enkele bladzijden gewijd,[2] die overigens des te waardevoller zijn, omdat de schrijver er op een bijzonder heldere manier zijn opvattingen over de compositie en de stijl van de roman in uiteenzet.

De structuur van de roman dient uiterst eenvoudig te zijn: voor Elsschot bestaat het verhaal slechts terwille van de epiloog, het slotakkoord, dat er de kwintessens van bevat en dat hij vanaf het begin van de intrige zorgvuldig voorbereidt. Alles moet er toe bijdragen de ontknoping op gang te brengen. Maar omdat het ook zaak is de belangstelling op te wekken, met andere woorden te 'verrassen', dient de roman niet rechtlijnig, maar zigzagsgewijze voort te gaan, en wel volgens een afwisseling van motieven die elkaar reliëf verlenen. Kortom, Elsschots werkwijze is gebaseerd op verrassende effecten en contrasten: 'het tragische', schrijft hij,[3] 'is een kwestie van intensiteit, van maat en harmonie, van rustpunten, een afwisseling van gejubel met lento's en gongslagen, van eenvoud en oprechtheid met sardonisch grijnzen'. En hij voegt er aan toe dat het hierbij meer op de stijl aankomt – waaronder ook de compositie dient te worden verstaan – dan op het gebeuren. Men denke aan Flaubert, die het onderwerp door de stijl wilde vervangen. Een dergelijke methode wijst op het bestaan van een spanning tussen twee polen, een dualisme dat, zoals wij zullen zien, zijn oorsprong vindt in het karakter van de schrijver.

Elsschot heeft dit procédé met veel succes toegepast in *Het Dwaallicht*, een verhaal dat gebouwd is op een onbetekenende anekdote – een degelijk huisvader ontmoet op weg naar huis drie Indische zeelieden die hij tevergeefs helpt bij het zoeken naar een meisje – en dat zich ontwikkelt in een reeks tegenstellingen. Op het eerste gezicht gaat het om een contrast tussen Oost en West, maar dat is slechts schijn, want de hoofdpersoon herkent in de zeelieden tenslotte zichzelf. Belangrijker is het contrast tussen zijn twee persoonlijkheden, die elkaar van de eerste tot de laatste bladzijde bevechten. De Laarmans van Elsschot zou in een museum van 'dubbelgangers' naast Iwan Karamazof en de tovenaars van Hoffman goed op zijn plaats zijn. Hij heeft dan wel niets van een heilige of van een demon, maar zijn handelingen zijn zo systematisch met elkaar in tegenspraak dat zij slechts uit een psychologisch dualisme kunnen worden verklaard. De tegenstelling tussen de twee Laarmansen leidt tot een innerlijke woordenwisseling die, wanneer het op handelen aankomt, resulteert in een voortgaan in zijdelingse richting, daar iedere stap vooruit van A ipso facto wordt geremd en afgeleid door een achterwaartse beweging van B. Het spreekt vanzelf dat deze dialoog een boeiend aspect van het werk vormt. Het derde contrast tenslotte wordt geboden door de beschikkingen van het noodlot dat de mannen ogenschijnlijk dichter bij hun doel brengt, maar hen er in werkelijkheid van verwijdert. Maria van Dam, de schone onbekende, blijft verborgen in het verblindende licht van het Ideaal. Ook de lezer ziet tevergeefs naar haar uit: het lot heeft voor de mens slechts teleurstelling en berusting te bieden. Overigens slooft Laarmans zich enorm uit om deze ongrijpbare vrouw te vinden. Wij zien hoe hij op een miezerige novemberavond door de stegen en sloppen van het oude Antwerpen dwaalt (hoofdstuk 2), hoe hij op zijn tocht tweemaal schipbreuk lijdt (hoofdstuk 3 en 5) met als gevolg dat zijn metgezellen de speurtocht opgeven, en hoe hij tenslotte een gesprek met hen begint over de grote gemeenplaatsen van het mensdom: de liefde, de godsdienst, de politiek en het huwelijk (hoofdstuk 6). In werkelijkheid hebben al deze wederwaardigheden slechts ten doel de bevrediging van een egoïstisch verlangen uit te stellen, een verlangen dat met de schijnbare edelmoedigheid in tegenspraak is en dat Laarmans achtervolgt sedert hij van het bestaan van Maria heeft vernomen. Want voor zichzelf verlangt hij ook een aandeel in de buit ... In de epiloog trekt hij er alleen op uit om de mooie Maria te zoeken, maar na een laatste innerlijke dialoog geeft hij – voorlopig – zijn pogingen op.

De eenvoud, die een wezenstrek van de structuur is, kenmerkt ook de toegepaste middelen. Elsschot streeft naar een uiterste versobering, wat blijkt uit het lakonieke, droge karakter van de vaak eenlettergrepige dialogen, het juiste en nauwkeurige woordgebruik, de zakelijke stijl en de afkeer van de milieuschildering. 'Een ellendige Novemberavond, met een motregen die de dappersten van de straat veegt' (p. 691): dit is alles op het gebied van decor en couleur locale, en het is ook voldoende om de atmosfeer te scheppen van een naargeestige herfst, van natte straten in een noordelijke stad onder het licht van de straatlantarens. Elsschot munt uit in het weergeven van de meest miserabele kanten van het alledaagse leven en beperkt zich bij voorkeur tot het platvloerse, hoewel hij nu en dan, en met name in *Lijmen*, de grenzen van het middelmatige doorbreekt. Zijn grote onderwerp is de kantoorklerk die gevangen zit in de grauwe monotonie van het bestaan, de kleine burgerman die de slaaf is van de routine en het geld, van zijn ijdelheid, domheid en geborneerdheid. Niet alleen onderwerpt Elsschot de kunst aan de enge begrenzing van de meest materialistische, directe en praktische behoeften en beweegredenen, maar hij weigert zelfs om, zoals Balzac of Flaubert hebben gedaan, de diepere betekenis van deze drijfveren te doorgronden. De gierigheid van Grandet en de dwaasheid van Bouvard en Pécuchet grenzen, geïntensiveerd als zij zijn, aan het sublieme. Het werk van Elsschot nu kent slechts één figuur van een dergelijk formaat: Boorman, de geniale bedrieger uit *Lijmen* en *Het Been*. De overigen zijn kleurloze, middelmatige wezens, die tot in hun ondeugden iedere voornaamheid en grootheid missen en die ons minder boeien als karakters dan als literaire problemen. Elsschots kunst is voor alles een toon, een timbre, een houding waarvan de gecompliceerde aard de armoede aan psychologie en aan ideeën vergoedt. Hoofdzaak in dit boek is naar onze mening niet de fictieve wereld van de personen, maar dat wat de schrijver ons door de manier waarop hij zijn figuren beschouwt en behandelt, over zichzelf meedeelt. Terwijl hij zich in de keuze van het materiaal (intrige en karakters) hoofdzakelijk beperkt tot de toepassing van negatieve maatstaven, schittert zijn talent daarentegen in de elementen die op een meer directe manier het gezichtspunt van de auteur weergeven, te weten de belichting, het perspectief, de stijl en de 'toon'. Elsschot interesseert zich dus in het geheel niet voor ideeën en maakt gebruik van een minimum aan feiten, en dan nog de meest onbeduidende: *Het Dwaallicht* is in wezen het 'livre sur rien', waarvan Flaubert droomde; de schrijver komt nimmer los van de materie en bestudeert hiervan uitsluitend de buitenkant; hij zegt minder dan dat hij laat raden; de inventie speelt bij hem een bijkomstige rol: zijn kunst is gericht op het Ik en op dat wat het omringt, en is gebaseerd op de waarneming. In *Het Dwaallicht* vindt men al deze eigenschappen terug, met uitzondering van de aversie tegenover ideeën. Want tegen zijn gewoonte in snijdt Elsschot hier grote problemen aan: de liefde,

God, het communisme enzovoort. Men verwachte van hem echter geen diepzinnige en uitvoerige verhandelingen in de trant van Th. Mann of Huxley: hij geeft zijn opvattingen slechts terloops weer als dat zo in de conversatie van pas komt. Toch zondigt hij, door resoluut door te dringen in een gebied dat hij tot dan toe had vermeden, tegen een van zijn eigen taboes. Menno ter Braak kon in 1937 nog schrijven dat Elsschot 'een idee vertegenwoordigt, zonder ideeën te hebben',[4] maar na *Het Dwaallicht* lijkt deze stelling onhoudbaar. Het is Elsschots meest onthullende en ondubbelzinnige verhaal, en het is bovendien universeler dan de overige wegens de toepassing van het mythemotief: het zoeken naar de vrouw als droombeeld en naar de onvervulbare liefde, de tot mislukking gedoemde tocht naar het ideaal. Er is iets in deze matrozen dat tegelijk herinnert aan Faust die de schim van Helena oproept, aan Don Quichot op zoek naar zijn Dulcinea, en aan de drie Wijzen die, geleid door de ster – het 'dwaallicht' – op weg zijn naar Bethlehem. Maria van Dam mag dan werkelijk bestaan, maar zij vertegenwoordigt toch in de eerste plaats het 'Ewigweibliche', daar zij ons wordt voorgesteld als een toonbeeld van schoonheid en als een veilige rustplaats, maar ook als een droombeeld dat bij zijn verwezenlijking in duigen zou vallen. In dit opzicht is *Het Dwaallicht* doordrenkt met een idealisme dat wonderlijk contrasteert met de wrangheid van een boek als *Pensioen*, dat in zijn morbide belangstelling voor vulgaire karakters – een belangstelling die de lezer vanaf de eerste bladzijde bij de keel grijpt – zo vaak aan Gogol doet denken.

Evenals dit bij Gogol en in feite bij alle realisten het geval is, pleegt het verhaal voortdurend verraad aan het ideaal van wetenschappelijke onbewogenheid. De aan de zuivere waarneming gewijde passages zijn zeldzaam. De anekdote is weliswaar doorleefd,[5] maar wordt van het plan van de onbeduidende realiteit getransponeerd naar dat van het epos. Zo wordt het stuk karton, waarop Maria haar naam en adres heeft gekrabbeld, tot een talisman (pp. 694, 700, 701), een vaandel (p. 694), een wapenschild (695), en veranderen de drie matrozen in ridders, wier komen en gaan in 'militaire' beelden is weergegeven (pp. 701, 702). Anderzijds geeft het 'visitekaartje' van het meisje aanleiding tot een woordspeling: 'Mariaboodschap' (p. 693). Deze epische vertekening van het dagelijks leven, die men in een nadrukkelijker vorm reeds in *Lijmen* aantreft, zou men kunnen verklaren uit de verborgen ironie van de schrijver of eerder nog uit de emotie waarmee hij zijn boek heeft geladen, de geamuseerde vertedering ten opzichte van zijn personages en het belang dat hij aan hun avonturen hecht. Wie het werk zo opvat, houdt echter volstrekt geen rekening met de manier waarop het verhaal ons wordt gepresenteerd. Zoals in de meeste van zijn romans geeft Elsschot ook in dit boek het woord aan de hoofdpersoon: *Het Dwaallicht* is in de eerste persoon geschreven door Laarmans, met als gevolg dat ieder woord zijn portret vollediger maakt. Laarmans beschrijft zichzelf door zijn woorden, zijn blik en de toon van zijn stem. Door zich achter hem te verschuilen, kan Elsschot de deformatie geheel voor rekening van Laarmans laten komen. Dankzij het gebruik van de ik-vorm wordt deze deformatie een zuiver realistisch procédé, hoe groot de afstand tussen een normale waarneming van de dingen en Laarmans' visie ervan verder ook mag zijn. Daar waar de auteur de proporties van de werkelijkheid uit het oog schijnt te verliezen, bepaalt hij zich in feite tot een nauwkeurig weergeven van een gewoonte die aan de verteller en aan lieden van zijn slag eigen is. In deze monotone levens blijkt de geringste gebeurtenis vaak voldoende te zijn om de lust tot avontuur, die in ieder van ons sluimert, te doen ontwaken, met als gevolg dat een dergelijke onbeduidendheid de betekenis van een natuurramp of een wonder krijgt. Niets is zo kleinburgerlijk als deze epische toon, toegepast op de futiliteiten van het bestaan, dit vermogen om zich te verwonderen over kleinigheden en om van niets een drama te maken, ook al is dit ongetwijfeld een middel om de leegte en de verveling te verhullen. Samenvattend kan men zeggen dat Elsschot weliswaar de doorleefde getuigenis van Laarmans met een maximum aan onpartijdigheid weergeeft, maar dat de laatste zich in het relaas van de feiten allerminst aan dit standpunt houdt: hij wordt geheel in beslag genomen door zijn eigen problemen en ziet alles in betrekking tot zichzelf, ook al neemt hij graag de houding van de toeschouwer aan. Nog ingewikkelder wordt de zaak als men weet dat Laarmans een soort alter ego van Elsschot is. De schrijver geeft zich aldus vrijheid van handelen ten opzichte van de realiteit: hij kan haar getrouw weergeven, maar haar desgewenst ook retoucheren. Deze zo eenvoudige, sobere en op het eerste gezicht zo directe kunst blijkt bij nadere beschouwing van een weergaloos raffinement te zijn. De soberheid is slechts schijn. Zij verbergt onder meer een vermogen dat Elsschot in de hoogste mate bezit, het vermogen namelijk om het alledaagse opnieuw te ontdekken, om het in zijn waarde te herstellen, en om kleinigheden, al is het maar een vluchtig gebaar of een geijkt gezegde, in een bijzonder licht te stellen.

Een zelfde buigzaamheid komt in het realisme van de stijl tot uiting. Men vindt er de grote verdiensten van de volkstaal in terug: kracht, bondigheid en een zuivere woordkeuze. In zijn zoeken naar de zakelijke wending komt Elsschot vaak tot een bewonderenswaardige vulgariteit, zonder daarbij ooit grof te worden. De platvloersheid van Laarmans is die van de pennelikker of van de huisvaders in het buurtcafé.

‘ “Dit is de straat”, verklaar ik. “En hier is nummer vijftien. Hier zit het aardige meisje jullie op te wachten”.

En wij maken halt om het toverpaleis te inspecteren.

Ik kon nu wel afscheid nemen, want mijn christelijke plicht is volbracht en voor de apotheose hebben zij feitelijk van mij geen bijstand nodig. Maar waarom niet blijven? Waar plaats is voor drie is ook plaats voor vier, doch ik stoot die zondige gedachte met geweld van mij af. Mijn kameraden zien er nochtans joviaal en hartelijk uit en ik heb de indruk dat zij bereid zijn Maria als koek met mij te delen. Neen, neen. Ik wil enkel bij de eerste begroeting van mijn drie Romeo’s aanwezig zijn, hun nog even mijn zegen geven en pas naar huis gaan met mijn krant en mijn stramme pikkels nadat de kroon op mijn werk is gezet’ (pp. 697–698).

Wij hebben hier te doen met naar de natuur getekende karaktertrekken die Flaubert zouden hebben verrukt, wat niet wil zeggen dat de figuur van Laarmans, dubbelzinnig als deze is, op een lijn kan worden gesteld met Monsieur Homais. Niettemin beantwoordt deze stijl in zijn voorbeeldige zuiverheid – Elsschot is de enige romanschrijver van zijn generatie die er op uit is vlekkeloos Nederlands te schrijven – aan wetten waarvoor het volk, en met name de Vlaming, nooit veel respect heeft getoond. De boeren uit de verhalen van Buysse spreken ongeveer in dezelfde trant als die uit Deurle en Nevele, maar het Nederlands van Laarmans is enig in zijn soort. Het is een literair idioom, dat na wortel te hebben geschoten in het randgebied van de omgangstaal zoals die in Rotterdam of Haarlem wordt gesproken, zich met deze taal voedt en haar tegelijk veredelt: het toont er een versie van die te trouw is om vals te klinken, maar te verzorgd om voor gesproken Nederlands te kunnen doorgaan.

Het vervormen van de werkelijkheid en de veredeling van de spreektaal eisen dat de schrijver in staat is zich van de dingen los te maken, zich er van te distantiëren. Dit afstand nemen blijkt ook uit de ironie. Zodra het gevoel onder woorden is gebracht, wordt het tegengesproken. Laarmans geeft zich op deze manier over aan een voortdurende zelfkritiek, die hem er van weerhoudt zijn plannen ten uitvoer te brengen en hem hortend en stotend doet voortgaan volgens de gebroken lijn van zijn denkwijze. Zo verraadt het veelvuldig gebruik van de vragende vorm niet alleen zijn verwarring tegenover situaties die buiten het hem vertrouwde levenspatroon vallen, maar ook zijn gewetensangsten en zijn verscheurdheid. Er zijn hier twee Laarmansen die elkaar aanstaren, begluren en terechtwijzen.

'Hier in, want dit is de tweede links en het einddoel is bijna in 't zicht. Hield dat ellendige regenen nu maar op dan was alles goed, want zijn wij niet op weg naar een bruiloft? Eigenlijk behoorden wij een ruiker te kopen om daar niet met ledige handen aan te komen, maar in dit seizoen zijn er vooral chrysanten en ik weet waarlijk niet of die feestelijk genoeg zijn sedert zij vooral gebruikt worden om begrafenissen op te luisteren. Daar, naast die van ouds bekende slager, is ook sedert jaar en dag een bloemenwinkel en even kijken kan in ieder geval geen kwaad. De voorraad bestaat hoofdzakelijk uit sierplanten, maar na

enig zoeken ontdek ik achteraan een mand met een soort bloemen die mij onbekend zijn maar waarvan het vurig rood de
stemming van mijn kameraden uitstekend illustreert. Het is
echter de vraag of bloemen wel vat hebben op iemand als Maria
Van Dam en bovendien weet ik allerminst of in Indië met bloemen gewerkt wordt. Bloemen of geen bloemen. Ik krijg het benauwd van het twijfelen.

"Some flowers for the girl?" vraag ik aan Ali, want ten slotte
zijn zij het die in deze het laatste woord moeten spreken.

Hij pleegt overleg met zijn vrienden en zegt dan dat het goed
is.

Goed is, goed is. Dat vind ik geen antwoord. Mij kan het
eigenlijk geen bliksem schelen, geloof ik, want ik heb geen aandeel in de onderneming en ik vraag dus nog even of zij er op
gesteld zijn of niet.' (p. 696)

Deze strenge controle van de emotie bepaalt de ingetogen
sfeer en de schroomvalligheid van het boek, waarin iedere reactie automatisch door haar correctief wordt gevolgd. Een dergelijke wisselwerking verklaart met name de cynische of ver-
bitterde toon van bepaalde opmerkingen en in laatste instantie
ook de grenzen van deze kunst van het understatement, een
kunst waarvan geen enkel element volledig zou kunnen worden
uitgewerkt.

Men vraagt zich af waaruit deze dualiteit, die in de roman
steeds opnieuw opduikt, nu eigenlijk bestaat. Laarmans is, zoals
wij hebben gezien, het prototype van de gewone man, de huisvader op pantoffels, de eerzame, degelijke en aan conventies
gehechte burger. Kortom, een conformist, zij het een conformist tegen wil en dank: 'Ik heb al zóveel over boord gegooid',
zo verklaart hij, 'dat ik wel eens kapseizen kon bij gebrek aan
zwaarte' (p. 703). De burgerman is niets anders dan een door
de sociale omstandigheden noodzakelijke vermomming, een
harlekijnspak dat hij aantrekt om mee te doen aan een komedie
die hij verafschuwt, maar waarin hij uit lijfsbehoud zijn rol
vervult. Zich er aan onttrekken zou gelijkstaan met zelfmoord.
Want deze oproerling is tevens een zwakkeling. Uit economische
noodzaak – men moet leven – en tengevolge van een aangebo-

ren verlegenheid huldigt hij een stelsel waartegen hij in het geheim rebelleert. Dit stelsel wordt gevormd door de voorschriften van onze burgerlijke en kapitalistische maatschappij: de hypocrisie van de conventies, de leer van het 'ieder voor zich', 'Voor Outer en Heerd' en andere sacrosancte leuzen. Tegenover de praktische leefregels van de jungle stelt de andere Laarmans de waarden die hem worden gedicteerd door het geweten en in het bijzonder door het hart: de liefde voor de naaste en voor de rechtvaardigheid, het zich bevrijden van de tirannie van de Familie, de Staat en de Kerk. De gevoelsidealist verzet zich tegen de burgerman, en wij zien hoe de reacties van Laarmans nu eens door de voorzichtige en egoïstische reflexen, die hij in het contact met de maatschappij heeft opgedaan, en dan weer door altruïstische neigingen en gevoelsimpulsen worden bepaald. Zo begint hij zich van de drie zeelieden, die hem de weg vragen, te ontdoen: 'het is meestal een lastige karwei om zich zwierig uit zulke kleverigheid los te werken' (p. 694). Zodra hij ze echter heeft laten gaan, krijgt hij spijt: 'Hoe het komt besef ik niet, maar ik voel mij onbehaaglijk, als een die iets op zijn geweten heeft.' (p. 694) Hij identificeert zich met hen en ziet zichzelf in zijn verbeelding door Bombay dwalen om een onvindbare Fathma te zoeken (pp. 695, 698, 708, 711). Deze drie vagebonden wekken in Laarmans lang verdrongen wensen, een oude droom van avontuur, liefde en onafhankelijkheid. De gevoelsmens Laarmans vindt de matrozen vanaf het eerste moment sympathiek, al laten de protesten van de conformist in hem niet lang op zich wachten. Hij voelt zich gevleid dat hij door de vreemdelingen is uitverkoren, en dan nog wel door lieden van een ander ras, '(...) die anders lopen, anders groeten en lachen, misschien ook anders haten en beminnen, die in ieder geval van onze beroemdste medeburgers nooit hebben gehoord en voor wie onze vorsten en heiligen absoluut niet in tel zijn, dus zeer waarschijnlijk mensen naar mijn hart.' (p. 695)

Voor deze eenzame zijn zij broers. Opmerkelijk hierbij is dat hij zijn menselijke waardigheid afmeet aan hun achting en dat hij er in de eerste plaats op uit is hun vertrouwen niet te verliezen. De hoofdpersoon vindt zijn gedragsnormen dus niet in de gebruiken zoals die door de gevestigde orde en het milieu zijn bepaald, maar in zichzelf en bij mensen die volstrekt anders zijn dan zij met wie hij 'gedoemd' is samen te leven (p. 695). Het persoonlijke gevoel wint het hier van de wetten van de maatschappij: door zich met deze paria's in te laten, keert Laarmans zich af van wat in zijn milieu als verstandig en achtenswaardig wordt beschouwd en geeft hij slechts gehoor aan de stem van het hart. De Indiërs hebben op hem een katalyserende invloed: zij lokken hem uit zijn tent en laten hem in alle ernst uiting geven aan zijn wantrouwen tegenover algemeen aanvaarde denkbeelden, aan zijn afkeer van de staat, de geheimen van het geloof en de waan van het uitverkoren ras, en ook aan zijn solidariteitsgevoel en zijn belangstelling voor het communisme dat 'overal op aarde de harten in beroering brengt' (p. 714).

'U (bent) goed maar hartstochtelijk', zegt een van zijn metgezellen tegen hem (p. 718). Ongetwijfeld heeft hij een impulsief en edelmoedig temperament, maar hij is toch niet vrij van egoïsme, daar immers zijn ijver om de zeelieden bij hun vriendin te brengen, gepaard gaat met de hoop ook een graantje mee te pikken. Broederschap is voor hem zeker geen holle frase: hij is onmiddellijk bereid om dit te bewijzen door het tot een verbroedering te laten komen. Tenslotte wordt hij door zijn gevoel in tegengestelde richtingen gedreven, en vroeg of laat moet de sympathie voor zijn 'broers' in botsing komen met zijn verlangen om Maria te ontmoeten. De dialoog die de gevoelsmens met zichzelf voert en in welk contrapunt zich als derde stem die van de burger voegt, is zelfs een van de conflicten van het boek. Op het moment dat de anderen de jacht opgeven, heeft Laarmans nog een laatste troef achter de hand: het, naar hij vermoedt, juiste adres, dat hij wijselijk voor zichzelf bewaart. En de verleiding is groot om er – ditmaal alleen – op af te gaan. De hartstocht voor het eeuwig vrouwelijke gaat hier op een vreemde manier samen met de wellustige stemming van een huisvader die de kans schoon ziet om een slippertje te wagen dat geen consequenties heeft. Toch ziet Laarmans van zijn plan af:

'Kom, oude sater, het is genoeg. Laat haar in vrede genieten van haar laatste cigaretten, dromen van haar sjaaltje en van haar pot gember. En loop door, dan wordt u wellicht de geilheid niet aangerekend die bij deze nachtelijke klopjacht uw stut is geweest' (p. 722).

Dit verzaken heeft verscheidene redenen. Het is in de eerste plaats het gevolg van Laarmans' gewoonte om steeds van mening te veranderen: de gehoorzaamheid aan de routine en aan de 'plicht' legt de verlokkingen van de vrijheid het zwijgen op. Laarmans verzaakt bovendien, opdat de droom van Maria en, naar men mag aannemen, ook de zijne, ongereptblijven. De illusie heeft nu eenmaal meer waarde dan de altijd teleurstellende en onvolmaakte verwerkelijking ervan (p. 711). De tweeslachtigheid van de drijfveren wordt tot het einde volgehouden.

Laarmans is voor de lezers van Elsschot een vertrouwde figuur. Na zijn eerste optreden in *Lijmen* (1924), waarin hij met Boorman een duo vormt dat enigszins aan Faust en Mefisto doet denken, zal hij het toneel niet meer verlaten. Als acteur of als toeschouwer wordt hij in het vervolg door de auteur gebruikt om de handeling te beschrijven. Elsschot verschaft zich op deze manier een tweede pseudoniem [6] en een nieuwe literaire persoonlijkheid, die zich onderscheidt van de auteur van de eerste romans, de onpersoonlijke verteller uit *Villa des Roses* (1913), *Een Ontgoocheling* (1914) en *De Verlossing* (1916).[7] Doordat zij verbonden is aan de ik-vorm stelt de figuur van Laarmans de schrijver in staat om persoonlijk aan de handeling deel te nemen, maar zij fungeert anderzijds als een scherm tussen de literatuur en het leven. Van *Lijmen* tot *Het Dwaallicht* is ieder boek van Elsschot een schakel in de geschiedenis van Laarmans, een geschiedenis die bij nadere beschouwing niets anders blijkt te zijn dan de min of meer verhulde autobiografie van de schrijver. In de grond van de zaak komt deze verandering van perspectief immers voort uit Elsschots behoefte om zichzelf via het zelfportret van de hoofdpersoon te openbaren. De dualiteit van de laatste komt overeen met die van de auteur: het conflict tussen de eisen van de maatschappij en de impulsen van het hart is zo heftig en wordt zo vaak onder de aandacht gebracht dat men hiervan wel zeker kan zijn. De wankelmoedige en scrupuleuze Laarmans, de baardige dichter en Flamingant, maar ook de teerhartige zakenman, de degelijke huisvader, maar daarnaast de onbarmhartige criticus van huwelijk en gezin, het is de auteur ten voeten uit. Maar laten wij liever spreken van een literair portret, een transpositie van de auteur. Als schrijver en als zakenman protesteert Elsschot-De Ridder tegen de gevestigde orde en weet hij er tegelijk van te profiteren. Hij voorspelt de ondergang van deze orde en de komst van een rechtvaardiger wereld, en dat doet hij nu eens met de serene zekerheid van de profeet,[8] en dan weer met een soort leedvermaak, waarbij hij wel beseft dat het vernietigen van het politieke stelsel ook tot zijn eigen ondergang zal leiden.[9] Zijn opstandigheid tegenover de bestaande machten, de ongelijkheid en de ondeugden van het kapitalisme komt nog sterker tot uiting in zijn gedichten, die voor het merendeel uit de jeugdjaren dateren (1902–1910). De man van links geeft hierin onomwonden te kennen dat zijn overtuiging berust op een aangeboren, onberedeneerd, uit het gevoel voortkomend idealisme, dat onafgebroken door de realiteit wordt ontluisterd. Bij Elsschot richten het hart en het geweten zich tegen de rede die aantoont dat onderwerping noodzakelijk is. Evenals de tegenstelling tussen ideaal en werkelijkheid wijst dit contrast op een specifiek romantische trek. De ervaring mag de schrijver dan in de loop der jaren volgzamer hebben gemaakt, maar hiervan is bij de jonge Elsschot, de rusteloze leerling van het Antwerpse Atheneum, de medewerker van *Alvoorder*, de anarchistische en losgeslagen romanticus [10] nog niets te bespeuren. Het levensbericht dat hij in 1957 in *De Gids* heeft gepubliceerd, geeft hierover een aantal pikante bijzonderheden.[11] In het burgerlijke Vlaamse klimaat maakt Willem Elsschot de indruk van een besluiteloze opstandige, die in uiterlijk opzicht is verburgerlijkt, maar in de grond van zijn hart een idealist is gebleven. Elsschot speelt fair, maar hij raakt de kaarten slechts aan met de toppen van zijn vingers. Men kan hem tot de schrijvers rekenen die zich, als Richard Minne, Gerard Walschap, Marnix Gijsen en Louis Paul Boon in België en Jan Greshoff en Du Perron in Nederland, beijveren om de denkbeeldige veiligheid van de taboes te ontmaskeren en de vrijheid van het individu terug te vorderen. Elsschots bijzondere positie te midden van de samenleving maakt het ons mogelijk het gecompliceerde karakter van zijn kunst en de beperkingen ervan beter te begrijpen: zijn ironie, waardoor hij zich beurtelings onttrekt aan de impulsen van het hart en aan de routine, de spanning tussen de deformatie en de aandachtige waarneming van de buitenwereld, zijn behoefte aan zelfbekentenis en zijn koelheid, zijn gevoeligheid en zijn hardheid, zijn liefde voor de mensen en zijn verbazingwekkend inzicht in onze bekrompenheid.

Filip de Pillecyn
Monsieur Hawarden (1935)[1]

De Pillecyn (1891–1962) heeft eens verteld hoe hij op de gedachte is gekomen om de vreemde geschiedenis te beschrijven
van een vrouw van de wereld, die, vermond als man, vrijwillig
in ballingschap ging en in het midden van de vorige eeuw in de
Hoge Venen is gestorven. Henri Pierre Faffin had juist een roman [2] over haar leven voltooid en verzocht De Pillecyn om het
werk in het Nederlands te vertalen, waarbij hij met nadruk
wees op de authenticiteit van het gegeven: '(...) hij was ver-
wonderd dat ik hem antwoordde dat zulks voor mij geen belang
had. Ik las zijn boek en alle lust om het te vertalen was weg.
Maar het geval had mij te pakken'.[3] Faffin, die zich beroept op
oorspronkelijke documenten, vertelt ons dat 'Monsieur' Hawarden in werkelijkheid Mériora Gillibrand heette, dat zij een
Parisienne was en een dochter uit een aanzienlijke familie. Als
op een kwade dag haar verloofde door een ongelukkige rivaal
wordt gedood, steekt zij de dader neer en doet een poging tot
zelfmoord, waarna zij Frankrijk verlaat, haar haren afknipt,
sigaren begint te roken en onder de naam van Arthur Hawarden,
Brits onderdaan, reizen maakt om tenslotte in het dorp Pont
een teruggetrokken leven te gaan leiden. Faffin geeft van alles
uitleg en stapelt detail op detail, wat De Pillecyn hem dan ook
verwijt: '(...) dat geheimzinnige in het leven van die vrouw,
was juist wat mij aantrok. Ik zag ze zoals een gestalte die ge hebt
nagestaard en die verdwijnt in de mist'.[3] De afstand die de twee
verhalen scheidt is even groot als die tussen het exact weergegeven feit en het dichterlijke waas, tussen verklaring en suggestie. De Pillecyn beperkt zich niet tot het wijzigen van enkele

namen of tot het besnoeien van de intrige: hij vertraagt ook het tempo van het verhaal en verplaatst er zelfs het zwaartepunt van door de fysieke daad op de achtergrond te plaatsen. Bovendien is in zijn versie de sfeer drukkender, daar de sensualiteit nimmer door stichtelijke bedoelingen wordt getemperd.[4]

Zo zwijgt hij in alle talen over de familie en de antecedenten van de heldin, en dat niet zozeer om onze nieuwsgierigheid te prikkelen als wel uit afkeer van de anekdote. De schrijver van *Monsieur Hawarden* vormt met Roelants en Gilliams de tegenpool van de richting die door Walschap is gecreëerd.[5] Hij heeft een statisch temperament en zijn belangstelling gaat uit naar het innerlijk leven: feit en handeling worden door hem verwaarloosd. Toch bestaat er tussen hem en Roelants in tweeërlei opzicht een essentieel verschil: in de eerste plaats onderzoekt hij het zieleleven niet vanuit een analytisch standpunt en vervolgens wordt de traagheid van het verhaal bij hem niet veroorzaakt door een morele remming. De Pillecyn ziet af van iedere rationele ontleding[6] en gaat zwijgend voorbij aan de ethische waarden die aan zijn psychologie ten grondslag liggen. Het betoog is overigens niet zijn sterkste zijde: voor zover hij zijn opvattingen onder woorden brengt, blijken deze nauwelijks meer dan gemeenplaatsen te zijn. Het ontbreken van de algemene en simplistische waarheden die *De Soldaat Johan* (1939), *Vaandrig Antoon Serjacobs* (1951) en *Aanvaard het Leven* (1956) ontsieren, is er nu juist de oorzaak van dat *Monsieur Hawarden*, *Schaduwen* (1937) en *De Aanwezigheid* (1937) zo geslaagd zijn. De Pillecyn is geen denker en evenmin kan men zeggen dat hij uitmunt door oorspronkelijke gevoelens. Zijn specialiteit is het schetsen van zielstoestanden, niet van de hartstochten zelf, maar van hun substraat en van de psychologische omgeving waarin zij tot ontwikkeling komen. Op momenten waarop Roelants een crisis zou analyseren, stort De Pillecyn ons in een sfeer van subtiele gevoeligheid die hij oproept met aan de muziek en de poëzie verwante middelen.

In *Monsieur Hawarden*, dat men de roman van de gevoeligheid zou kunnen noemen, is van een werkelijk decor geen sprake en de dingen, die verzadigd zijn van gevoelens, verwijzen ons voortdurend van het terrein van de sensatie naar dat van de emotie. De natuur is vergeestelijkt; zij is een gemoedstoestand [7]: het landschap harmonieert met de melancholie van de bannelinge (p. 49); het licht van de ondergaande zon heeft de kleur van de rusteloosheid (p. 43); de stilte raakt vervuld van droefheid (p. 35). Zo kan het zelfs gebeuren dat de mens, verdiept in zijn gedachten, naar de dingen kijkt zonder deze te zien (pp. 36, 39): de reden is dat hij zich niet zou kunnen losmaken van zichzelf, van zijn droefgeestige mijmeringen over wat voorgoed voorbij is, van deze weemoedige overpeinzingen die de daad onmogelijk maken. 'Monsieur' Hawarden is alleen nog maar een onstoffelijk wezen dat door de jaren en de beproevingen al te zeer is getekend om nog noemenswaardig te kunnen veranderen. Hij leeft niet meer, maar heeft geleefd. De tijd van de hartstochten ligt ver achter hem en wij zijn in het boek slechts getuige van de laatste stuiptrekkingen van een stervende. Het innerlijk leven van de hoofdpersoon bestaat bij wijze van spreken uit twee boven elkaar liggende lagen. De eerste, oppervlakkige laag is die van de toevallige emoties die door de omgeving worden gewekt. Deze laag reageert op het heden: het landschap van de Hoge Venen, het leven van de boeren, de vriendschap van de jonge Alex. De tweede laag fungeert als de voedingsbodem waarin de eerste is geënt, en bestaat uit diepe en onveranderlijke gevoelens die zijn voortgekomen uit een geheimzinnig verleden, en hun invloed doen gelden op het heden.

Wij raken hiermee aan het probleem van de tijd dat zo nauw aan de roman is verbonden en in het onderhavige werk een zo gewichtige rol vervult. Met beide lagen van het gevoelsleven correspondeert een karakteristiek 'tijdsmilieu': de tijd waarin geleefd wordt en de tijd waarin is geleefd, het heden en het verleden. Indien het laatste binnendringt in het eerste, doet het zich steeds voor als herinnering of, nauwkeuriger uitgedrukt, als iets dat voor altijd vastgelegd, voorgoed voorbij en onherroepelijk verloren is. Anders gezegd: De Pillecyn maakt het verleden nooit actueel. Hij geeft geen reconstructie van de belevenissen en alhoewel het moment uit het verleden, dat door de herinnering wordt opgeroepen, in de innerlijke tijdsduur ('durée') tot heden wordt, doet het zich niet voor als een terug-gevonden schat. Integendeel, want dat wat er van rest, is voor-namelijk het besef van zijn voorbij-zijn en van zijn vaste plaats in de chronologie. Anders dan bij Proust het geval is, staart het geheugen zich blind op de destructieve werking van de tijd. De oorzaak hiervan is eenvoudig: van alle gebeurtenissen uit het verleden is er één die onvergetelijk blijft, met als gevolg dat de herinnering aan de overige gebeurtenissen er door wordt ge-kleurd. Het betreft hier de tragedie die het leven van 'Mon-sieur' Hawarden heeft gebroken. Zijn vermomming is van deze breuk het tastbare symbool: zij verbergt een wezen dat zichzelf overleeft, waarvan de tegenwoordige staat een voortdurend bedrog is en dat zijn identiteit slechts kan terugvinden in de herinnering. Vandaar de overdreven verering van de voor-werpen, relikwieën (p. 49) waaromheen het vroegere bestaan, het enige dat werkelijk telt, vorm aanneemt. Vandaar ook de traagheid van het verhaal: de tijd staat weliswaar niet stil – de hoofdpersoon is immers nog in leven – maar voegt zich naar het vegetatieve bestaan van 'Monsieur' Hawarden. De Pillecyn legt de nadruk op de eentonigheid van de dagen, op de terug-keer van de seizoenen (p. 59) en op de bewegingloosheid van de lucht (p. 41), het licht (p. 42), de mist (p. 54) en zelfs van de tijd (pp. 38, 64, 69). In *De Aanwezigheid* wordt de herinnering zo krachtig dat zij de plaats van het heden inneemt. Dat is niet het geval in *Monsieur Hawarden*: in dit boek is niet alles volbracht en wordt een uiterst smalle marge – een kiem van een toekomst – opengelaten tussen de verdwijning van Mériora Gillibrand en de dood van 'Monsieur' Hawarden. De laatste blijft dus evolueren naarmate hij deel heeft aan het heden: aan de opper-vlakte van de gevoeligheid, ver boven de door de ervaring ge-fixeerde zielstoestand, is er plaats voor een zekere beweeglijkheid. Zo geeft de hoofdfiguur tenslotte toe aan haar lang verdrongen zinnelijkheid door een tocht naar Spa te maken; bovendien zien wij hoe zij door de aanraking met de natuur verandert.

De ontleding van het psychologische klimaat en van de tijd onthult de wezenlijke spanning van het werk: wij hebben gezien hoe op deze gebieden actieve en dynamische elementen afwisselend contrasteren en samengaan met passieve en statische elementen.

De laatste zijn ontegenzeglijk het talrijkst en ook het sterkst. 'Monsieur' Hawarden onderwerpt zich aan zijn lot en doet geen pogingen om het te veranderen. Het gevoel dat zoals gezegd door een onherstelbare ramp wordt bepaald, heeft bij hem niet een activerende, maar doorgaans een verlammende uitwerking en zijn gemoedsleven verkeert volledig in de ban van het verleden, het heimwee naar het verloren geluk, de gefrustreerde of verdrongen verlangens, de melancholie van de levensavond en het wachten op de dood. Voegen wij, om het beeld af te ronden, hier nog aan toe een van alle ironie verstoken sentimentaliteit, het besef van de oneindigheid van het heelal en van de hartstocht, de berusting en de rusteloosheid, de kwetsbaarheid en de behoefte aan afzondering, dan zien wij een karakter voor ons dat naast dat van een René of een Olympio niet uit de toon zou vallen. Aan de romantiek herinneren bovendien de elegische toon, de opvatting van de natuur en de geheimzinnigheid van dit psychologische portret, waarbij het sonnet van Arvers als motto zou kunnen dienen: 'Mon âme a son secret, ma vie a son mystère...'

Dit passieve en decadente aspect van de romantiek, dat de door een vroegere ervaring veroorzaakte geestelijke gesteldheid karakteriseert, wordt tegengewerkt door een constructieve kracht die in verband staat met het heden en de natuur. De laatste fungeert niet alleen als een vergaarbak van gevoelens, maar beïnvloedt op haar beurt ook de mens. Terwijl Walschap en Elsschot haar rol tot een minimum reduceren, kent De Pillecyn aan de natuur een heilzame uitwerking op de ziel toe. Hij ziet in haar voor alles de vruchtbare, voedsel verschaffende aarde (p. 62), de 'moeder' die voortdurend baart en met haar seizoenen het ritme van het bloed regelt. De lente en de zomer doen de zinnelijkheid ontwaken (pp. 38, 42, 53); de ziel verenigt zich met de aarde door het lichaam (p. 40); de onvruchtbaarheid wordt als een ramp en haast als een aantasting van het levensmysterie beschouwd (p. 48), en de bodem is een beschermgeest die niet tekort kan schieten in de vervulling van zijn opdracht (p. 55). De natuur is 'trouw' (p. 37) [8] en haar deugden stralen, althans in deze periode, af op alles wat in haar schoot leeft: de dieren, de boeren. De heilzame invloed van de bodem op het bloed herinnert aan een letterkundige richting die in de conservatieve kringen in de jaren '30 veel succes had: de terugkeer tot de aarde van Giono, de verheerlijking van Blut und Boden bij Griese, Blunck en Waggerl. Wij moeten hier onmiddellijk aan toevoegen dat er in *Monsieur Hawarden* geen sprake is van rassenmystiek of zelfs maar van enige verbondenheid met de 'stam' of met de gemeenschap, en dat in het algemeen het thema van de solidariteit van de mens en van de bodem zich slechts bescheiden laat horen. In feite treffen wij hier weer de oude tegenstelling aan tussen de natuur en de cultuur waarover naar aanleiding van *Houtekiet* is gesproken. Walschap verstaat onder de natuur overigens iets geheel anders dan De Pillecyn: bij de eerste wordt zij gelijkgesteld met het instinct, bij de laatste daarentegen met een vergeestelijkt landschap of met de aarde. De natuurverheerlijking resulteert bij De Pillecyn niet via de opstand in het amoralisme of in een oorspronkelijke ethiek, maar dient uitsluitend ter ondersteuning van een traditionalistische moraal. Later zal in *De Soldaat Johan* blijken hoe het romantisch 'primitivisme' zich kan verbinden met de normen van het landleven als daar zijn het ideaal van zedelijke gezondheid en eenvoud, het gevoel voor bezit dat de vrucht is van de arbeid, de liefde voor huis en haard, het vaderland, de vorst en de godsdienst. *Monsieur Hawarden* is echter slechts een voorspel tot deze evolutie, en de ideeën, die in *De Soldaat Johan* overheersen, komen in *Monsieur Hawarden* nauwelijks aan bod. In beide werken doen zij de handeling voortgaan. Zij zijn het die de soldaat Johan steeds leiden in de strijd, en het is door haar langdurig contact met de natuur dat 'Monsieur' Hawarden zich bewust wordt van de leegte van het wereldse bestaan (pp. 68–69). Haar tocht naar Spa confronteert haar met dat wat zij vroeger is geweest: '(...) zij wist nu hoe de eenzame jaren in het Eifelland haar rijker hadden gemaakt en hoe arm de man was die naast haar zat. (...) Hij beledigde haar door zijn onverschillig woord. Zij keek rondom zich, krachtig door de schoonheid van het licht en de geur van het bos. Zij zag hoe hij over dit alles heen keek met verveelde ogen' (p. 67). Dit kortstondige avontuur, dat de tegenstrijdigheid tussen de natuur en de decadentie in het licht stelt, maakt haar eenzaamheid nog groter. De natuur heeft 'Monsieur' Hawarden weliswaar afgesneden van haar verleden, maar zij heeft haar niet in die mate kunnen veranderen dat zij zich met haar nieuwe ongeving kan vereenzelvigen: de aarde biedt haar slechts momenten van vluchtig geluk (p. 71) en kan haar hoogstens een berusting brengen die gelijkstaat met een volledig verzaken (p. 74). Aan de andere kant zuivert de natuur het hart: de verwarde en voortdurend verdrongen gevoelens van 'Monsieur' Hawarden tegenover de jonge boer Alex worden op het moment van de dood gesublimeerd in een moederlijke glimlach (p. 75).

Het wegkwijnen van de ziel die door een geheime kwaal wordt verteerd en haar opstanding tengevolge van de invloed van de natuur zijn thema's die in de meeste werken van De Pillecyn worden gecombineerd. Het eerste verklaart zijn verlangen om te vluchten in een onbestemd, bijna tijdeloos verleden dat fungeert als een achtergrond voor legendarische helden wier zielstoestanden met een mysterieus waas zijn omgeven. De schrijver van *Blauwbaard* (1931), *De Veerman en de Jonkvrouw* (1950) en *Rochus* (1951) laat zich kennen als een laat neoromanticus die in zekere zin op het vroege werk van Van Schendel aansluit. Dezelfde inspiratiebron treft men aan in enige hedendaagse novellen: *Monsieur Hawarden*, *Schaduwen* en *De Aanwezigheid*. De handeling wordt hier verstikt door de dichterlijke vaagheid waarmee het verborgen gemoedsleven wordt gesuggereerd, hetgeen de oorzaak is van het trage tempo en van de beknoptheid van het verhaal, dat meer heeft van een short story dan van een roman. Het tweede thema, dat zowel in verband wordt gebracht met vaderlandslievende gevoelens als met de verheerlijking van rechtvaardigheid en waarheid, inspireert de schrijver tot forsere accenten en tot een boodschap, waarvan de inhoud constructief, maar de inkleding nogal bedenkelijk is. De hoofdpersoon, in wie deze boodschap gestalte krijgt, is in de eerste plaats een man van de daad en gewoonlijk een soldaat. De Pillecyn, die in de eerste wereldoorlog onder de wapenen is geweest, heeft zijn herinneringen te boek gesteld in *De Rit* (1927). Vechtersbazen en apostelen komen in zijn werk veelvuldig voor. Men vindt ze in *Pieter Fardé* (1926), waarvan Walschap eens de sobere stijl heeft geprezen,[9] in *Blauwbaard*, in *Hans van Malmedy* (1935), in *De Soldaat Johan* en in *De Boodschap* (1946), twee werken waarin de stemmingsnovelle in de richting van de symbolische parabel evolueert, voorts in *Jan Tervaert* (1947), *Vaandrig Antoon Serjacobs* en *Aanvaard het Leven*. De laatste drie boeken behoren met hun simpele ideologie tot de volksliteratuur en zijn volstrekt inferieur aan *Mensen achter den Dijk* (1949), het enige werk van waarde dat de auteur na 1945 heeft gepubliceerd.

De schijnbare, door het verleden veroorzaakte onveranderlijkheid van het gemoedsleven, de grondigheid waarmee de schrijver het innerlijk leven exploreert en het geringe belang van de feiten, dat alles komt tot uiting in de vorm van een steeds onderbroken verhaal, dat in kleine, onderling nimmer causaal verbonden fragmenten is verdeeld. De onderdelen van het boek vormen noch een reeks van eenvoudig naast elkaar geplaatste avonturen in de trant van Walschap, noch de fasen van een conflict, zoals in *Komen en Gaan* het geval is. De gebeurtenissen als zodanig spelen zo goed als geen rol en de intrige zou niet kunnen worden herleid tot een dramatische ontwikkeling met een crisis en een ontknoping. In feite omvat deze intrige een statische kern die zij geleidelijk aan verduidelijkt. Op dezelfde wijze als de klassieke componist een thema ontwikkelt door modulaties en een opeenvolging van variaties, maakt De Pillecyn gebruik van herhalingen en uitweidingen om de gevoeligheid van de hoofdpersoon weer te geven: het aanvangsmotief wordt voortdurend gewijzigd, genuanceerd en verrijkt. Wij hebben vastgesteld dat de invloed van de natuur de voortgang van de intrige in zekere mate bevorderde, maar het is duidelijk dat de beweging in het verhaal voornamelijk in de diepte en dus vertikaal werkzaam is. De eenheid van deze muzikale vorm wordt verzekerd door herhalingen, leidmotieven als de handen of het landschap: men herkent hierin de ondefinieerbare harmonie die eigen is aan de 'atmosfeer'.

De structuur van *Monsieur Hawarden* is te vergelijken met die van *Elias*, al gaat De Pillecyn in het toepassen van muzikale technieken minder ver dan Gilliams. In beide gevallen heeft men te doen met een kunst die op suggestie berust, maar de gebruikte middelen en de bereikte effecten staan lijnrecht tegenover elkaar. Daar waar Gilliams zich terwille van de nauwkeurigheid en om de diepste lagen van het onderbewuste bloot te leggen van omschrijvingen en metaforen bedient, noemt De Pillecyn de dingen bij hun naam, al doet hij dit in zo vaag mogelijke termen om aldus het waas, waarmee de romantische droom de dingen omsluiert, te kunnen behouden. Bij de eerstgenoemde is de suggestie er de oorzaak van dat het mysterie wordt opgehelderd, bij de tweede daarentegen dat het ontstaat. De Pillecyn vermijdt elk scherp formuleren; zijn woordkeus is vaag en abstract en niet meer dan een aanduiding; 'Monsieur' Hawarden bewoont een 'groot', 'grijs', 'vierkant' huis (p. 35); in de lente zijn de hagen 'hevige vlekken van vranke groeite' (p. 37). Het verlangen om de sensatie te doen vervagen komt tot uiting in het veelvuldig gebruik van woorden als 'schemering', 'nevel' en 'mist' én daarnaast door het volledig ontbreken van een realistische dialoog. Aan de andere kant lenen de korte, naast elkaar geplaatste zinnen zich even voortreffelijk voor de op een reeks van fijne toetsen berustende variatietechniek als voor de uitbeelding van het opgekropte leed van dit stervende wezen. *Monsieur Hawarden* sluit op deze manier weliswaar aan op de door Elsschot geschapen traditie van stilistische eenvoud, maar buigt deze in de richting van het dichterlijke mysterie.

Raymond Brulez
De Verschijning te Kallista (1953)

In sommige opzichten herinnert Brulez (1895) aan Willem Elsschot. Ook hij is een zondagsschrijver die daarnaast heel wat
andere genoegens kent en voor wie de kunst noch een onweerstaanbare drang, noch een roeping betekent. Bovendien zijn
zij beiden – ieder op hun eigen gebied – onafhankelijke naturen
die zich niet laten rubriceren, en tussen de politieke en literaire
coterieën een aparte plaats innemen. Tenslotte hebben zij allebei betrekkelijk weinig geschreven, al is Elsschot er uiteindelijk
in geslaagd een groot publiek te boeien, en zal de esoterische,
geraffineerde en libertijnse kunst van Brulez ook in de toekomst
slechts de happy few bekoren. Hij is een typische schrijver voor
ingewijden zoals Norman Douglas en Valéry Larbaud en zoals
ook Stendhal en Léautaud het lange tijd zijn geweest.

Op het eerste gezicht is *De Verschijning te Kallista* [1] een kleine
historische roman. De handeling vindt plaats in Athene onder
het bestuur van Alexander de Grote en wordt weergegeven
door Krimon, de lijfarts van de koning. Zij speelt zich af rond
twee personages: de verteller en Dione, het meisje op wie hij
verliefd is. In een reeks van losstaande episoden – een procédé
dat deze romanschrijver vanaf *André Terval* (1930) tot in *Mijn
Woningen* (1950–1954) bij voorkeur heeft toegepast – schetst
het werk in een levendig tempo de ondergang van Thebe (335
voor Chr.), in de loop waarvan de Macedoniër Krimon de
Thebaan Idmaeus verpleegt (I), voorts hun ontmoeting in
Athene, waar Krimon zonder succes verliefd wordt op Idmaeus' zuster, de kuise Dione, die zich geheel en al wijdt aan
haar epileptische broer (II), waarna de zogenaamde verschij-

ning van Athena wordt beschreven. De godin verklaart aan Dione dat het leven van Idmaeus afhangt van haar eerbaarheid, doet voorspellingen over het rijk van Alexander en spreekt de wens uit dat te harer ere een tempel zal worden gebouwd (III). Dan volgen pogingen van Krimon om het wonder door de burgerlijke en godsdienstige autoriteiten te laten erkennen (IV), een filosofisch debat dat in de ogen van Dione uitloopt op een verdediging van de bloedschande (V), de arrestatie van Idmaeus, die er van wordt beschuldigd kritiek te hebben geleverd op de Macedonische dictatuur, zijn vrijlating op verzoek van Krimon, zijn ongeoorloofde betrekkingen met zijn zuster en tot slot de epiloog: de dood van Idmaeus en de waanzin van Dione (VI).

De gebeurtenissen zijn slechts van belang wegens de waarden die er achter schuil gaan. Brulez beschouwt de intrige niet als een middel om de zucht naar avontuur te bevredigen of om te psychologiseren, maar uitsluitend om op een sierlijke manier zijn gedachten over de mens onder woorden te brengen: zijn personages onderscheiden zich minder door hun gedrag en karakter dan door hun levensbeschouwing.[2] Wie het terrein waarop Brulez zich beweegt wil afgrenzen, stuit eerst op diens scepticisme: de schrijver heeft ons geen systeem te bieden en is eerder kritisch dan opbouwend. Het wijsgerig essay of de ideeënroman zou evenmin overeenstemmen met zijn denktrant, die hiervoor de kracht mist, als met zijn aarzelende houding van honnête homme tegenover elke theoretische uiteenzetting. Hij is een estheet die de kunst als het hoogste goed beschouwt en er in navolging van Keats een middel in ziet om het moment te vereeuwigen.[3] Weliswaar munt hij niet uit in het scheppen van karakters en situaties, maar hij beschikt over genoeg fantasie om geen geschiedschrijver te worden. Brulez kiest dus het midden tussen het verdichtsel en de autobiografie (in *André Terval* en in de 'stendhaliaanse' herinneringen van *Mijn Woningen*), of tussen het verdichtsel en het essay, zoals in zijn toneelstukken (*De schoone Slaapster*, 1936; *De Beste der Werelden*, 1953) en in zijn 'contes moraux' (*Sheherazade of Literatuur als Losprijs*, 1932; *De laatste Verzoeking van Antonius*, 1932; *De*

Verschijning te Kallista). Terloops zij opgemerkt dat hij dit laatste genre, dat Voltaire en Diderot beroemd hebben gemaakt, reeds vijftien jaar voor Marnix Gijsen beoefent. Hij is, zoals Pierre H. Dubois [4] heeft opgemerkt, een 'episch moralist', bij wie de legende en de persoonlijke ervaring een aanvulling vormen op de verbeelding en bovendien steun bieden aan de overpeinzing.

Brulez, die de waarheid niet zoekt in de gebeurtenissen zelf maar in hun betekenis, veroorlooft zich ten opzichte van de geschiedenis nogal eens vrijheden. Wij zien dit in zijn geromantiseerde mémoires [5] en vooral in zijn vertellingen, waarin de historie zich plooit naar iedere gril van de fantasie. Hiermee zet Brulez een traditie voort die haar ontstaan dankt aan Vermeylen en vooral aan Van de Woestijne, een groot bewonderaar van de *Moralités légendaires* van Laforgue. Ook bij Brulez is het verleden louter inkleding en vermomming van het heden, maar de doelbewust opeengestapelde anachronismen wijzen onddubbelzinnig op een satirische bedoeling [6]: de transpositie gaat over in spot, in een vrijpostige kritiek op de zeden van deze tijd. De tiran Alexander is Hitler of Mussolini; bij de bezetting door de Macedoniërs wordt Athene door opdringerige oorlogsprofiteurs en collaborateurs bevolkt; Kallista herinnert aan bedevaartsoorden als Beauraing of Fatima. De toespelingen zijn soms wel erg doorzichtig. Zo ontleent de Aggelos van Brulez niet alleen maar zijn naam aan de dichter Jan Engelman (p. 91). Overigens staat het boek, waarvan de Griekse geschiedenis en letterkunde het decor en de meeste personages hebben verschaft, vol met citaten. Dit beroep op het verleden openbaart een aantal karaktertrekken van de auteur en wel in de eerste plaats zijn liefde voor de dingen van de geest en tegelijkertijd zijn onverschilligheid voor deze dingen, want Brulez' eruditie lijkt meer op het spel van de dilettant dan op de hartstocht van de archeoloog. Het verraadt bovendien zijn afkeer van de openlijke aanval en zijn voorliefde voor de allusie, een teken van beschaving en kiesheid dat men trouwens in zijn bloemrijke stijl terugvindt.[7] Bij Brulez ontwikkelt zich de gedachte van nature langs bochten en omwegen. Hij verkiest de fabel boven het betoog, de ironie boven de beschuldiging, de omschrijving boven de rechtstreekse kwalificatie. Zijn beeldrijke, met geestigheden en insinuaties doorspekte taal vormt een scherpe tegenstelling met de soberheid van Elsschot en herinnert soms aan prozaschrijvers uit het begin van deze eeuw als Anatole France en woordkunstenaars als Van Looy en Van Schendel.

De geschiedenis mag dan louter dienen als een omlijsting voor de beschouwingen van de moralist, maar dat neemt niet weg dat de samensmelting van verleden en heden de onveranderlijkheid van de menselijke gedragingen duidelijk aantoont. In de ogen van Brulez handelen de tijdgenoten van Alexander, Schahriar en Candide niet anders dan wij. Door meer de nadruk te leggen op de hoofdkenmerken die de generaties en de landen gemeen hebben [8] dan op de toevallige bijzonderheden waardoor zij zich onderscheiden, geeft Brulez blijk van een zuiver classicistische geesteshouding. Dit typisch achttiende-eeuwse, met Voltaire verwante classicisme stemt vaak overeen met dat van *Joachim van Babylon*, het hoofdwerk van Marnix Gijsen: het vertoont een zelfde scepsis ten aanzien van officiële waarheden (p. 8) en gedragsregels, een zelfde gevoel van geestelijke eenzaamheid tegenover het domme plebs (pp. 62 en 87), eenzelfde rationalisme (p. 54) en een zelfde behoefte aan helderheid en evenwicht. Krimon en Joachim voelen zich allebei aangetrokken tot morele bespiegelingen, en beide boeken zijn geschreven in de vorm van een geromantiseerd essay, waarvan de aan de geschiedenis ontleende intrige zich gemakkelijk tot satirische variaties leent.

Deze overeenkomsten treden echter eerst bij nadere beschouwing aan het licht: bij een eerste lezing is de indruk van het geheel totaal verschillend. Hoezeer zij ook met elkaar verwant mogen zijn, toch lopen de meningen van Gijsen en Brulez over essentiële zaken uiteen. Terwijl Joachim de balans van zijn leven opmaakt om er een les uit te leren en hij ons onthaalt op zijn stoïcijnse wijsheid, beperkt Krimon zich tot het scepticisme: de twijfel leidt bij hem niet tot nieuwe zekerheden, maar schept een leegte om zich heen, waartegen niets en niemand bestand lijkt te zijn. Ook de twijfel zelf, althans in zijn dogmatische vorm, wordt er door verlamd (p. 92).

Hoewel Krimon naar onbereikbare waarheden hunkert (p. 95), wordt hij heen en weer geslingerd tussen de ontkenning (p. 120) en de onthouding (p. 99): hij kan zijn uitspraken slechts teniet doen of uitstellen, en daar de wereld in zijn ogen geen samenhang meer vertoont, valt die uiteen in een bonte reeks verschijnselen.[9] Als nihilist of agnosticus is hij hoogstens zeker van het onzekere; vandaar dan ook het ontbreken van grote ideeën. Tijdens de scène van het gastmaal (v) worden de gestelde problemen slechts terloops besproken, en nadat de dwalingen zijn weerlegd, eindigt de discussie met louter vraagtekens. Deze absolute twijfel, die een zekere onmacht ten gevolge heeft, komt bij onze schrijver voort uit teleurstelling – en uit kwetsbaarheid – ten opzichte van de harde werkelijkheid van het bestaan. *André Terval*, de Bildungsroman van de intellectueel, toont aan hoe de onthechting, zoals deze door *L'Indifférent* van Watteau wordt gesymboliseerd,[10] de plaats inneemt van het idealisme, zonder overigens de sympathie voor de mens uit te sluiten. Want Brulez neemt slechts afstand van de mens om deze beter te begrijpen. Hij is geen geboren dilettant: zijn houding van toeschouwer, zijn zin voor het gecompliceerde en voor het betrekkelijke, zijn esthetisch hedonisme, zijn plezier in het spel, zijn individualisme [11] en zijn kritische geest, dit alles heeft hij zich verworven door de ervaring. Overigens kijkt de idealist nog af en toe om de hoek [12] en belasten de gebeurtenissen zich er soms mee de scepticus op het onjuiste van zijn houding te wijzen.[13]

In deze wereld van zinsbegoocheling en leugen is het cynisme onvermijdelijk, en Krimon geeft hiervan zelf het voorbeeld. Als Dione uit geloof in haar verschijningen haar gelofte van kuisheid aflegt, doorziet de scherpzinnige Krimon weliswaar de absurditeit van haar offer en het incestueuze verlangen dat het verbergt (pp. 53–55 en 132), maar dat weerhoudt hem er niet van haar in haar dwaling aan te moedigen. Hij drijft het bedrog zelfs zo ver door dat hij van Dione een priesteres maakt, waardoor zij voor anderen even ongenaakbaar wordt als voor hem zelf. In plaats van het wonder te ontmaskeren, slaagt hij er in haar hallucinaties officieel te laten erkennen om aldus mogelijke rivalen terzijde te schuiven en tegelijk haar waanzin aan banden te leggen (pp. 84–85 en 97). Als er iets is dat in zijn kritische blik genade vindt, dan is het de liefde of, anders uitgedrukt, het streven naar genot. Evenals Voltaire is Krimon 'un philosophe très voluptueux' die, ongehinderd door vooroordelen of gewetensbezwaren, steeds bereid is zich aan zijn zinnelijkheid over te geven (pp. 14 en 128).[14]

Opmerkelijk is dat het blijspel in een drama verkeert. Het boek heeft een fatale afloop, waarvoor Dione en haar broeder weliswaar in de eerste plaats verantwoordelijk zijn, maar waarbij Krimon van medeplichtigheid toch niet geheel is vrij te pleiten. De ziekte van Idmaeus en de verstandsverbijstering van zijn zuster zijn niet voldoende om deze afloop te verklaren: ook de nalatigheid en de jaloezie van Krimon spelen hierbij een rol. Zo doet hij tijdens het 'gastmaal' geen moeite om een einde te maken aan een discussie waarvan hij de noodlottige gevolgen voor Dione had kunnen raden (p. 91) en als op een later tijdstip Dione haar lot in handen van de godin Athena legt, wordt hij kwaad en raadt hij haar aan zich liever op hem te verlaten dan op een geestverschijning (pp. 120–121). Krimon is wel geen misdadiger, maar toch leidt hij Dione indirect naar haar ondergang (p. 132). Brulez drijft niet alleen de spot met het wonderbaarlijke,[15] maar veroordeelt ook de onvruchtbare twijfel, een twijfel die de vrijheid van de mens garandeert maar die, nadat hij alles – en zelfs het verlangen om weer op te bouwen – heeft omvergeworpen, ook de oorzaak wordt van zijn ellende (p. 95). Het werk toont aan hoe deze houding in het uiterste geval kan leiden tot de catastrofe en tot het niets. *De Verschijning te Kallista* is onder meer de tragedie van een bepaald scepticisme.

Vreemd genoeg blijkt dat de voorspelling van Athena tenslotte en tegen iedere verwachting in bewaarheid wordt: Idmaeus sterft op het moment waarop Dione zich aan hem geeft. Misschien is dit niet meer dan toeval, een van die absurde grillen van het lot die in de ogen van Krimon de plaats innemen van de Voorzienigheid,[9] maar dat neemt niet weg dat het vertrouwen, dat wij geneigd zijn in onze kritische vermogens te stellen, door deze ontknoping belachelijk wordt gemaakt. Met deze laatste bespotting van de rede (door het toeval of door ondoorgrondelijke machten?) werpt de schrijver een schel licht op de ongeneeslijke onwetendheid van de mens.

De Verschijning te Kallista is vervuld van een droefgeestigheid zonder illusies. Krimon zal Dione nimmer bezitten en wat erger is, zijn liefde zal haar niet redden, integendeel. Aan de andere kant betekent zijn relativisme geenszins dat hij geen heimwee zou koesteren naar het goede (pp. 7–9 en 106) en al evenmin dat hij het bedrog toejuicht (p. 32). De weemoed van het teleurgestelde idealisme (p. 95) dringt door de ironie heen en verraadt zich in cynisme en sarcasme, in striemende spot en in de ontluistering van idolen. En misschien zou deze drang om het edele te onttronen en het lelijke en gemene ten toon te spreiden tot zelfvernietiging kunnen leiden als de auteur geen reden van bestaan vond in de waardigheid van de dagelijkse arbeid.[16] Kortom, de toon van het boek vermijdt zowel de wanhoop van de nihilist als de grimlach van de misantroop. Dit tragische aspect geeft aan het verhaal een ernst die in de 'contes moraux' van Brulez ongewoon is, maar ons toch niet in de eerste plaats treft. De ernst gaat schuil achter de scherts en elke overdrijving wordt meedogenloos opgeofferd aan de ongeschreven wetten van de goede toon: Brulez is evenmin een metafysicus als een man die met zijn gevoelens te koop loopt, maar veeleer een filosoof in de zin van de Encyclopédie: hij paart 'les moeurs et les qualités sociales' aan de neiging tot bespiegeling. Uit een natuurlijke terughoudendheid en een behoefte aan betamelijkheid kiest hij de toon van de verzorgde conversatie, waarbij hij vastberaden elke pedante of pathetische wending vermijdt. Met de oppervlakkige behandeling van de ideeën – die te onbetrouwbaar zijn om au sérieux te worden genomen en te zwaarwichtig als ze worden uitgewerkt – correspondeert in het gevoelsleven de weerzin tegen uiterlijk vertoon. Dat de Joachim van Gijsen in de zelfbeschouwing veel verder gaat, wordt ten dele veroorzaakt door het feit dat hij minder geremd is dan Krimon. Samenvattend kan men zeggen dat *De Verschijning te Kallista* minder hartstochtelijk, droger en meer cerebraal is dan *Joachim van Babylon* en dat er een grotere verwantschap is met Voltaire.

Maar Brulez streeft andere doeleinden na dan Gijsen: bij hem leiden de psychologie van de liefde, de bespiegeling over de mens en de zeden naar de satire. De hieruit voortgekomen vereniging van diepe, maar ingetogen emotie en lichtzinnige persiflage geeft deze kleine roman een aparte plaats in een literatuur die voor een hoofse en urbane geest gewoonlijk weinig toegankelijk is.

Maurice Gilliams
Elias (1936)

Evenals veel andere romanschrijvers is Gilliams (1900) begonnen met het schrijven van verzen (*Het Maria-Leven*, 1932; *Het Verleden van Columbus*, 1933). Zijn bundels, die hij eigenhandig met grote zorg drukte, verschenen in oplagen van slechts enkele tientallen exemplaren en soms zelfs minder. Een ervan leverde hem een even ter zake kundige als vleiende kritiek op van Karel van de Woestijne, die de nadruk legde – het was in 1925, de bloeitijd van het expressionisme – op het ingetogen modernisme van deze weemoedige, zeer innerlijke poëzie.[1] Gilliams publiceerde voorts enige essays, o.a. over de schilder Henri de Braekeleer (*Inleiding tot de Idee Henri de Braekeleer*, 1941) en de dichter Paul van Ostaijen (*Een Bezoek aan het Prinsengraf*, 1952). Het betreft hier kunstenaars met wie hij zeer nauw verwant is. Gilliams heeft nooit iets anders gedaan dan zichzelf gezocht via de anderen: zijn uitermate subjectieve kritiek knoopt eerder aan bij de variaties van Valéry over Leonardo da Vinci en Mallarmé dan bij de knappe analyses van T. S. Eliot. De kunst van Gilliams vertegenwoordigt in al haar aspecten een poging om het Ik te verklaren. Het is inderdaad deze betekenis die zowel aan zijn prozaschetsen (*Oefentocht in het Luchtledige*, 1933; *Winter te Antwerpen*, 1953) als aan de roman *Elias of het Gevecht met de Nachtegalen* (1936) moet worden toegekend: deze werken zijn niets anders dan fragmenten uit zijn psychologische autobiografie, waartoe ook de dagboekuittreksels in *De Man voor het Venster* (1943) behoren.

Maurice Gilliams is misschien wel de meest introverte romanschrijver van Vlaanderen. Zijn boeken tonen ons een rusteloze, in zichzelf gekeerde gevoeligheid die op zoek is naar haar eigen beeld, een hart dat zich bezint op zijn verleden en de wereld slechts kan zien door het prisma van gevoel, droom en herinnering. Hij is subjectiever dan Proust en doet denken aan Van de Woestijne en meer nog aan Rilke, wiens *Aufzeichnungen des Malte Laurids Brigge* hier in de eerste plaats moeten worden genoemd. Naar alle waarschijnlijkheid heeft Rilke hem de raadselachtige en wat gekunstelde titel verschaft van *Elias of het Gevecht met de Nachtegalen*,[2] een werk dat in zijn intrige wel eens overeenkomst met de *Aufzeichnungen* vertoont.[3] De namen Rilke en Van de Woestijne plaatsen Gilliams terzijde van de realistische stroming. Doordringend tot achter het tastbare uiterlijk van de dingen tracht Gilliams er het wezenlijke in te ontdekken.

Er is om die reden grote kans dat *Elias* de lezer teleurstelt die in het boek een min of meer getrouwe uitbeelding denkt te vinden van de werkelijkheid zoals wij die doorgaans kennen. Vanuit deze gezichtshoek gezien blijft de roman een dode letter en lijkt hij zelfs van ieder belang verstoken. Het 'verhaal' is onbeduidend; de versobering van Roelants en Elsschot bereikt hier haar hoogtepunt: Gilliams' autobiografie heeft uitsluitend betrekking op het zieleleven. Strikt genomen is *Elias* niet een verhaal, maar een reeks schetsen die de psychische ervaringen beschrijven van een jongen van twaalf jaar, die niemand anders is dan de schrijver zelf.[4] Elias woont met zijn ouders in een kasteel dat door een groot park wordt omgeven; onder de talrijke familieleden die er zijn komen wonen, trekken hem twee personen bijzonder aan: zijn tante Henriëtte en zijn neef Aloysius, met wie hij in de vakantie papieren bootjes laat varen in de beek. Een jaar gaat voorbij en de familie besluit Elias naar een kostschool te sturen. Het werk is in de ik-vorm geschreven: de verteller en de hoofdpersoon zijn althans ogenschijnlijk dezelfde persoon. In werkelijkheid is deze in zichzelf gekeerde romanschrijver, die nooit de grenzen van zijn eigen innerlijk leven heeft willen overschrijden, altijd een dichter gebleven, en terecht heeft hij daarom *Elias* gekenschetst als 'een dichterlijk psychologisch essay.'[5] Zijn talent, dat allerminst episch is, ver-

zet zich tegen de anekdote, hetgeen duidelijk blijkt uit het tweede deel van de oorspronkelijke versie van *Elias* (1936); Gilliams
moet dit zelf terdege hebben beseft, want hij liet dit aanhangsel
in alle latere uitgaven achterwege.[6] Dit tweede deel, dat door
een vriend werd geredigeerd, bestond slechts uit een nogal over-
bodige commentaar op de bekentenissen van de hoofdpersoon;
en in tegenstelling tot de biecht kreeg de commentaar de vorm
van een traditionele vertelling. Door deze later te schrappen
heeft Gilliams de samenhang en de oorspronkelijkheid van zijn
werk duidelijk doen uitkomen.

Van oorspronkelijkheid getuigen voor alles de structuur en
het principe dat deze structuur bepaalt. De gebruikelijke opvatting van de picturale roman vervangt Gilliams door de muzikale
roman: *ut musica poesis*. Elk hoofdstuk vormt inderdaad een deel
dat gebaseerd is op het stramien van de klassieke sonate[7]; in
navolging van Mozart en Beethoven introduceert de schrijver
twee tegengestelde thema's die hij daarna afwisselend laat optreden, waarbij hij ze in een reeks modulaties verder ontwikkelt.
Zo is het eerste hoofdstuk gebouwd op twee hoofdmotieven: de
beek en het kasteel. Het eerste onderdeel (pp. 11–12) geeft hiervan een eenvoudige uiteenzetting, het tweede (p. 13) is gewijd
aan de familiekring, de bewoners van het kasteel, en het derde
deel (pp. 15–17), dat van het tweede is gescheiden door de fantastische geschiedenis van de 'blauwe hand' (pp. 14–15) – een
overgangsvorm tussen droom en werkelijkheid –, brengt ons bij
de waterkant: Gilliams verduidelijkt hierin de betekenis van het
spel met de papieren bootjes dat Elias zozeer in beslag neemt, en
wijst terloops op het gevaar van zulke hersenschimmen. Aan het
einde (p. 17) herhaalt hij het thema van het kasteel, het gegeven
van het volgende onderdeel (pp. 18–20); maar ditmaal wordt
het ouderwetse karakter van het milieu in het licht gesteld. En
zo gaat het voort. Het is duidelijk dat hier niet alleen sprake is
van een eenvoudig afwisselen van de thema's: bij elke herhaling
wordt hun betekenis verrijkt, en dit temeer omdat zij ook teza-
men optreden en elkaar beïnvloeden. Door deze werkwijze
wordt de eenheid van het werk op geen enkele manier verstoord, daar een zelfde thema vaak over meerdere hoofdstukken

wordt verdeeld. Het beeld van het kasteel en dat van de beek zijn in dit opzicht buitengewoon belangrijk: het zijn de hoofdmotieven, keren het veelvuldigst terug en hebben tot taak de diepere zin van de roman tot uitdrukking te brengen. Aan de andere kant geeft Gilliams bij het eerste optreden van zijn personages nog niet een volledig portret: aanvankelijk is hij tevreden met een ruwe schets, als kondigde hij door middel van een ouverture de melodieën aan die hij naderhand weer denkt te hervatten. Zo wordt ook het portret van Elias stukje voor stukje door middel van penseelstreken, of beter door een opeenvolging van akkoorden voor onze ogen voltooid. De structuur van de intrige wordt derhalve door de herhaling van de thema's, de aaneenschakeling van hun variaties bepaald. Gilliams versmaadt iedere verstandelijke, op het causaliteitsbeginsel berustende constructie terwille van een intuïtieve werkwijze, een kunst vol toespelingen die opgebouwd is uit associaties, en appelleert aan de gevoeligheid. Dit alles is sedert het symbolisme in de poëzie gemeengoed, terwijl ook de toepassing van muzikale procédés in de roman niets nieuws is; wij hebben dergelijke tendensen al eerder in *Monsieur Hawarden* van De Pillecyn vastgesteld. Ook Thomas Mann heeft van het Leitmotiv en van ouvertures en variaties gebruik gemaakt; Faulkner neemt herhaaldelijk zijn toevlucht tot het contrapunt, en bij Flaubert, Proust, Joyce en Gide stuit men meer dan eens op elementen die aan de componeerkunst zijn ontleend. Dit neemt niet weg dat geen van deze grote schrijvers de principes van de muzikale compositie zo stipt lijken te hebben nageleefd als Gilliams, wiens roman-sonate dan ook tot de stoutmoedigste technische experimenten van deze periode moet worden gerekend.

Hoe is deze vorm te rechtvaardigen?

Gilliams beperkt zich niet tot het elimineren van het 'verhaal', maar ziet ook af van het dynamisme van Walschap; sommigen zullen hem eentonigheid verwijten, want hij werkt met een minimale hoeveelheid feiten, waarbij het ene nog alledaagser is dan het andere: twee kinderen die papieren bootjes vouwen, een huiselijke ruzie, een boswandeling enzovoort. Gilliams wil de handeling vervangen door de analyse en vooral door de

zelfanalyse.[8] Hiermee schept hij het type van de zuiver psychologische roman, die hij zoveel mogelijk isoleert van de wereld
van het 'gemengde bericht': de formule van Roelants wordt
hier tot het einde doorgevoerd en zelfs verruimd, daar Gilliams
haar zowel verinnerlijkt als verdiept. *Elias*, wij zeiden het al, is
inderdaad een psychologische autobiografie, waarin de schrijver de onder- en onbewuste lagen van het zieleleven exploreert,
zich aldus ver buiten het gebied wagend dat Roelants, in dit opzicht trouw aan het classicisme, als zijn arbeidsveld had afge-
bakend. Verder dan zijn voorganger dringt Gilliams door in de
doolhof van de ziel; zijn belangstelling gaat vooral uit naar het
'onuitspreekbare',[9] naar alles wat aan het verstand en zelfs aan
het bewustzijn weet te ontsnappen: de roes van de zintuiglijke
indruk, de grillige arabesken van de verbeelding en van de
droom. Men moet dit niet verkeerd opvatten: de zinsbegooche-
ling levert het boek weliswaar veel kostbaar en bijzonder aan-
trekkelijk materiaal, maar dat maakt *Elias* nog niet tot een surrealistische roman. Tot in zijn hersenschimmen blijft de hoofdpersoon met de werkelijkheid verbonden, en Gilliams veracht
de hogere vormen van het bewustzijn geenszins. Als iedereen
spreekt hij over liefde en haat, begeerte en zingenot. In wezen
onderscheidt hij zich van andere romanschrijvers minder door
de keuze van de gevoelens dan door het verlangen de uitwerking van deze gevoelens op de onderste lagen van de ziel te bestuderen. Met elke psychologische laag correspondeert een bepaalde wijze van analyseren en een bepaalde stijl. Het bewuste
brengt Gilliams onder woorden met behulp van abstracte, dis-
cursieve, inductieve en derhalve traditionele middelen; hij kan
het rechtstreeks beschrijven zonder een beroep te doen op de
vergelijking, daar dit het gebied bij uitstek is waarop de taal betrekking heeft. Geheel anders gaat hij te werk ten opzichte van
het onbewuste, dat langs intuïtieve weg wordt begrepen en
slechts door suggestie, in bedekte termen en door middel van
het concrete beeld of het leidmotief kan worden weergegeven.
Een schrijver beschikt, tenzij hij als Joyce nieuwe woorden
maakt, uitsluitend over de woordenschat van de omgangstaal.
Wil hij iets uitdrukken waarvoor in de taal geen term aanwezig

is, dan ligt het voor de hand dat hij in dat geval gebruik maakt van de zinspeling, de omschrijving of de vergelijking: hij duidt het onbekende aan door middel van het bekende,[10] en uit de behoefte aan nauwkeurigheid ontstaat een overdrachtelijk taalgebruik. Deze 'indirecte' stijl, de enige die tot het onbewuste toegang geeft, maakt Gilliams tot een precisie-instrument. Hij houdt van scherpe kanten, gladde oppervlakten en harde, koude en schitterende stoffen als diamant; in plaats van zich te verliezen in vaagheden, beschrijft hij de vluchtige, immateriële vormen van de verbeelding met een fotografische scherpte. In het weergeven van de verwarde, onuitgesproken indrukken die zich op de bodem van de ziel schuilhouden, is Gilliams een meester.

'Aloysius heeft mij weer naar de beek gelokt. Op de weide grazen hoge, bontgevlekte runders in de avondzon. Wij spreken af: hier zal ik op hem wachten. Hij neemt een lange stok en maakt zich gereed om over het water te springen. Ik vraag hem nog: waar hij zich naartoe begeeft? Hij zwijgt en laat het hoofd hangen. Zonder antwoord te geven neemt hij een lenige, verre sprong. Spoedig is hij uit mijn gezicht verdwenen.

Ik blijf alleen onder de hoge bomen.

Natuurlijk is niets hier onbekend voor mij, op het plekje waar wij dagelijks komen om onze bootjes op het water te zetten. Plots heb ik een inval. Ik snel naar huis en onopgemerkt keer ik haastig weer met een stuk zwaar pakpapier. Er plakken drie vreemde postzegels op. Het adres scheur ik er af en vouw nu een grote, sterke boot. En vóór ik ze op het stromend water loslaat, geef ik er een eigenaardige vracht aan mee: een dotje mos en een glanzende zwarte kever.

Ik ben alleen. Het is de eerste zalige keer dat ik zelf, in mijn persoonlijke naam, geheel en al het spel bedrijf. Mijn handen beven. De boot drijft fier en schoon van onder mijn trillende vingers weg. Alles gebeurt met ongeloofbaar snelle zekerte. De boot draait zich om en ik zie de rose postzegels op hare flank als mysterieuse paviljoenen. Zij vaart met grote snelheid naar de bocht, en gelijk men het blad van een boek omslaat: met een ruk is ze verdwenen.

In het lis langs de waterboord begint een kikker te kwaken en drie krekels sjirpen tegelijk, op korte afstand van elkaar in het gras. Wat krijgt men 's avonds zwaarmoedige gepeinzen door de geur van waterkroos op te snuiven. Op de weide staan de houterige runders in de opkomende nevel, beweegloos en dom starend, met hangende kop op iets te wachten dat maar niet komen wil. Een late zwaluw giert over het water. Waar kan mijn sterke, vreemde boot reeds aangekomen zijn? Ik ben bang dat ze een bestemming bereikt, dat er een einde komt aan haar koene vaart. Waar kàn ze aankomen? Alles gebeurt in de waarachtige, ondoordringbare glorie van de droom. Het is benauwd geworden en er hangen keldergeuren dralend tussen het hout. Misschien zal het vannacht regenen, want er wemelt een grauwe smoor in de lucht en de wind is gaan liggen'. (pp. 15–17)

Uit het onderzoek van het materiaal blijkt waarom de voorkeur van de schrijver uitgaat naar een in oorsprong 'muzikale' structuur: in de klassieke sonate heeft Gilliams een middel gezien om het reële en het irreële, de waarneming en de droom met elkaar te verenigen. Het zou onmogelijk zijn het gemoedsleven van Elias tot een volgens logische regels opgebouwd feitenrelaas te herleiden. Het gevoel en de fantasie spotten met de wetten van de rede, en de wijze waarop zij zich ontwikkelen weerspiegelt zich volkomen in de schijnbare wanorde en het grillige, fragmentarische en kwasi onsamenhangende karakter van deze schetsen.

Wat de betekenis van de roman betreft: men kan deze zonder moeite afleiden uit de bovengenoemde thema's, mits men er zich rekenschap van geeft dat in deze innerlijke mémoires de beelden steeds verder reiken dan de zintuiglijke waarneming.

Het kasteel, dat van elk contact met de maatschappij is afgesneden, fungeert als symbool van de eenzaamheid, van het sociaal en geestelijk isolement van zijn bewoners. Dezen hebben zich als in een vesting verschanst tegen de tijd [11] en tegen de mensen: als de laatste vertegenwoordigers van een uitstervende klasse vluchten zij in de herinnering van hun voorname afkomst en putten zij zich uit in een heldhaftige poging om hun traditas tegen de onafwendbare loop van de geschiedenis in te handhaven. Zij leven als veroordeelden, en de vloek die op hen rust, openbaart zich in neurotische en ziekelijke verschijnselen, in een abnormale kwetsbaarheid of in een onnatuurlijke vormelijkheid die de liefde verstikt en in bepaalde gevallen tot haat of zelfvernietiging leidt. Hoewel dit sociale aspect niet nader wordt uitgewerkt, toont *Elias* de ondergang van het burgerlijk individualisme, en wijst de psychologische nederlaag van de hoofdpersoon op de politieke nederlaag van zijn klasse. Evenals veel andere schrijvers van deze tijd blijft Gilliams onverbrekelijk verbonden met het milieu waaruit hij is voortgekomen, hoezeer dit ook door hem wordt veroordeeld. De bourgeois-auteur beschrijft het verval van de bourgeoisie (pp. 100 en 112); hij is wat dit betreft verwant met Th. Mann (*Buddenbrooks*), Couperus (*De Boeken der kleine Zielen*) en Faulkner (*The Sound and the Fury*). Ten opzichte van de historische evolutie reageert hij tegelijkertijd als een progressieve intellectueel – streng voor hen wier heerschappij ten einde loopt, bewust van hun verkalking en onvruchtbaarheid, maar niet in staat om zich te voegen naar de veranderde orde – en als een conservatieve estheet, een gevoelsmens die zich niet van het verleden kan losmaken en zich blijft verlustigen in de even ziekelijke als bedwelmende dromerijen die in de kinderjaren hun oorsprong vinden. Later zullen wij zien dat het sociale dualisme van Elias-Gilliams verband houdt met een innerlijk conflict tussen de cultus van de verbeelding en tegenovergestelde neigingen. Dat de situatie van de hoofdpersoon hopeloos lijkt, wekt allerminst verbazing daar zij onoplosbare tegenstrijdigheden bevat: de roman wordt beheerst door de gedachte van de decadentie, die van een gemeenschap en die van een individu. Vermeld zij nog dat het kasteel, het rijk van de eenzaamheid, slechts tegenover de 'papeters' (p. 37) blijk geeft van zijn eenheid; binnen zijn muren splitst het zich in evenveel ivoren torens als het bewoners telt.

Het tweede leidmotief is nauwer met het karakter van Elias verbonden. Voor hem evenals voor Aloysius heeft de beek de betekenis van een gewijde plaats, waar het geheime ritueel van het spel wordt voltrokken. Alleen de ingewijden kunnen er aan deelnemen: Aloysius die de regels bepaalt, en Elias die hem helpt om de bootjes te maken. Een soortgelijk verschijnsel heeft Cocteau in *Les enfants terribles* (1929) beschreven.

Aloysius is het type van de actieve mens die zichzelf verwezenlijkt in de verkenning van de werkelijkheid, de tastbare dingen. Hij laat zijn scheepjes niet doelloos rondvaren: hun tochten helpen hem de omringende natuur in kaart te brengen en zijn een voorafschaduwing van de reizen die de auteur hem in het tweede deel van de roman laat maken, als Aloysius zeeman is geworden. In tegenstelling tot Elias blijft hij in contact met de gemeenschap en verbreekt hij de banden met het kasteel (p. 102). In de ogen van zijn neef is hij de aanvoerder en zelfs de revolutionair (p. 31).

Voor Elias daarentegen zijn de bootjes zowel signalen naar het onbekende als voelhorens om 'de oneindige mysteries van de droom'[12] af te tasten. Terwijl Aloysius een uitweg vindt in de daad, kan Elias slechts aan het kasteel ontvluchten door middel van zijn fantasie.

Laten wij dit nader toelichten. Elias onderscheidt zich door twee dominerende eigenschappen: zijn gevoeligheid en zijn verbeelding.

Er is hier sprake van een ziekelijke, overontwikkelde gevoeligheid, die zorgvuldig wordt gecultiveerd en waarbij Elias wordt gedreven door een onverzadigbare en ongeremde nieuwsgierigheid naar het onbekende, het onvoorziene, de verboden vrucht: de zintuiglijke waarneming wordt een bron van genot en van kennis. Dit is de reden waarom Elias er geen genoegen mee neemt de indrukken die zich aan hem voordoen te registreren, en hij er kunstmatig nieuwe doet ontstaan en soms zelfs het lijden zoekt waardoor hij ten prooi valt aan masochisme.

Zijn denken wordt echter niet alleen door de zintuigen bepaald maar ook door zijn verbeelding, waarvan de alchemie een heel netwerk van uitwisselingen tussen het reële en het irreële doet ontstaan. Elias dwaalt door de artificiële lusthoven van zijn fantasie alsof deze werkelijk bestonden, en in feite staan zij ook nooit geheel los van de realiteit. Het is deze realiteit die, via de waarneming, de fantasie aan het werk zet en die tevens de concrete beelden verschaft waarmee de droomgestalten kunnen worden beschreven. Enerzijds wordt de verbeelding dus door de buitenwereld bepaald, maar aan de andere kant onderwerpt zij deze aan haar grillen en zet zij er haar stempel op. De ziel die Elias de dingen inblaast, is zijn eigen ziel: in plaats van de stof te bezielen met een eigen leven, brengt hij zijn persoonlijkheid op de stof over. Hij onderscheidt zich in dit opzicht van Rilke, wiens *Dinggedichte* een volledig terugtreden, een mystieke zelfverloochening van de kunstenaar in het belang van het object vooronderstellen. Gilliams daarentegen wil de wereld aan zich ondergeschikt maken. Hij zoekt niet de ontkenning maar de bevestiging van zijn Ik. Er is hier sprake van een vergoddelijking van het individu en van de triomf van een geheime toverkunst, door Gilliams terecht een 'poëtisch kwaad' genoemd.[13] Door de onbezielde dingen met zijn verbeelding te herscheppen, heeft de auteur zich een bijzondere plaats verworven onder de Vlaamse romanschrijvers, die deze dingen gewoonlijk tot toneelrekwisieten hebben verlaagd of ze zelfs volledig hebben geëlimineerd.

De verbeelding als middel tot zelfverwerkelijking stelt Elias schadeloos voor de teleurstellingen die zijn schuwe en kwetsbare gevoeligheid hem in het dagelijks leven en vooral op het kasteel bezorgen. De enige manier om in deze verstikkende atmosfeer zichzelf te zijn, is de vlucht. Elias tracht de betovering van het kasteel te verbreken omdat hij er niet de liefde vindt die hij zo vurig verlangt. Daarom mijdt hij het landhuis en vlucht hij soms in de natuur en vaker in de poëtische wereld waarin hij alleenheerser is. Natuurlijk zal hij op deze manier niet aan zijn eenzaamheid ontkomen: 'hen (de mensen) zoekend verwijder ik mij meer en meer, in mijn persoonlijke eenzelvigheid opgesloten' (p. 83). Ondanks zichzelf blijft Elias in hart en nieren de zoon van het kasteel: zijn erfelijk belaste natuur, zijn kastegeest en zijn ziekelijke egocentriciteit snijden hem af van de gemeenschap. Het enige middel om aan zijn omgeving te ontsnappen is zijn verbeelding, en deze kan hem er tenslotte slechts tijdelijk van verlossen. Na elke poging vindt hij zichzelf weer in zijn oude milieu terug. Ook in zijn opstand is Elias nog aan het landhuis geketend, want wat is deze verbeelding in wezen anders dan een vorm van individualisme?

Aan de andere kant beseft de bijzonder scherpzinnige Elias maar al te goed hoe gevaarlijk het is om datgene te cultiveren wat Gilliams in navolging van Leigh Hunt zijn 'imaginative passion' noemt. Op hetzelfde ogenblik waarop zijn fantasie hem bevrijdt, vernietigt zij hem. Hij geeft zich er aan over als aan een zonde, een verboden genot dat hem uitput. Hij doet dit niet zonder weerstand te bieden: Elias voert een wanhopig gevecht tegen zichzelf, tegen de 'nachtegalen' die de wereld van zijn verbeelding betoveren. Het is overigens een vergeefse strijd, daar hij de vijanden die zich in zijn innerlijk verbergen, oproept en liefheeft. In de loop van het verhaal neemt de verbeeldings- kracht zozeer toe dat zij tenslotte al bij de geringste prikkel reageert. De bootjes worden overbodig en het spel wordt herleid tot het simpele beschouwen van een drijvende tak en zelfs van het water (p. 83). Tezelfdertijd neemt de dreiging rond Elias duidelijker vormen aan. Gilliams volstaat met te wijzen op de voortgaande verzwakking van de hoofdpersoon, maar in de eerste versie, die eindigt met de dood van Elias, toont hij over- tuigend aan dat de werkelijkheid zich niet straffeloos laat ne- geren. Tenslotte leert de ervaring dat het verlangen om de din- gen een nieuwe vorm te geven nutteloos is: er rest Elias niets an- ders dan de erkenning van hun onveranderlijkheid en van zijn eigen onmacht om hun fysieke karakter te wijzigen en er de ob- jectieve betekenis van te doorgronden. Hij stort zich in de din- gen zonder er werkelijk bezit van te nemen en gaat daarbij zelf ten onder. Zijn tragedie is dat hij van de verbeelding geen af- stand kan doen, hoewel hij beseft dat deze zijn ondergang bete- kent en niet aan haar doel beantwoordt. Of hij al dan niet vlucht, is van geen betekenis: hij is reddeloos verloren. Zijn op drift geslagen verbeelding blijkt bij nadere beschouwing al evenzeer als de behoudzucht van de kasteelbewoners gericht te zijn op zelfvernietiging.

In beginsel zou de chronologie in deze psychologische varia- ties op een in de Bergsoniaanse 'durée' geplaatst gegeven slechts een bijkomstige rol moeten spelen. Niettemin zorgt zij voor een onmisbare omlijsting, daar immers het verval van het kasteel en de evolutie van Elias aan het voortschrijden van de tijd gebonden zijn: de zeven hoofdstukken van de roman strekken zich uit over een periode van ongeveer een jaar.

Maar *Elias* openbaart iets geheel anders dan het verlangen om het verleden te doen herleven en wel in de eerste plaats een artistieke bedoeling die, zoals de in de latere herdrukken aangebrachte correcties bewijzen, met een onuitputtelijk geduld is verwezenlijkt. Het is een knap en met overleg geschreven boek en het resultaat van een doordachte en dientengevolge cerebrale kunst. De exactheid van de stijl is reeds ter sprake gekomen, en wij zouden in dit verband nog willen wijzen op het onbewogen karakter van de toon. Deze sobere en nauwkeurige notities, waarvan de koelheid een tegenstelling vormt met de decadentie van de hoofdpersoon, zijn van alle sentimentaliteit gespeend:

'Als we de bosjes genaderd zijn laat Aloysius mij wachten. Hij verdwijnt in de duisternis en laat een langgerekt "hola" naar de verte weerklinken. Ik houd de adem in. Roept hij mij? Zal ik antwoord geven? Ik wil eerst scherp luisteren. Ginds, tussendoor de bomen van het landgoed flikkeren de lichtjes van de illuminatie; de gekleurde lampions huiveren tussen het gebladerte en het vuurwerk wordt afgestoken. Er stijgt een blauwe fusee aan de hemel. In het dorp draait de ronkende, boertige kermismuziek. Doch hier is alles als uitgestorven. Ik heb reeds een eeuwigheid gewacht. Gaat het niet op een ontvoering gelijken?

Aloysius verschijnt met twee onbekende meisjes, waarvan het jongste ongeveer zeven en het oudste veertien jaar is. Wij steken dwars een zandweg over en als door Aloysius gemagnetiseerd volgen wij hem op een kleine, aan drie zijden door een bos ingesloten weide. Hij zwijgt en loopt een paar schreden voor ons uit. De meisjes rillen in de avondkou en glimlachen naar elkaar. De oudste draagt het haar in twee dikke vlechten. Zij heeft een zwarte glimmende ceinture om haar middel en een blauw halsdoek verhoogt de bleekte van haar gezicht in de maneschijn.

Eindelijk houdt Aloysius ons staan.

Uit een schuilhoek haalt hij rijshout en stro vandaan; alles wordt op een hoop gegooid, haastig en gejaagd; van onder zijn blouse komen een verfrommelde krant en lucifers te voorschijn: op een omzien laait er een hoog, wapperend vuur op in de weide. Ik weet niet onder welke raadselachtige drang wij onze handen in elkander leggen en om de vlammen draaien in een rappe rondedans. De meisjes gillen van pret en de gezichten zijn spookachtig door het vuur beschenen, dat knettert en gensters spuwt. Aloysius heeft zijn comediantenpak uitgetrokken; hij trapt het van zich af en als iemand van ons het krijgen kan schoppen wij het heen en weer, tot het in de vlammen terecht komt. Al gauw is alles opgebrand, het vuur is gedoofd en er blijft een stinkende walm hangen in de frisse nacht. Wij hebben elkaar nog niet losgelaten.

Wij blijven dicht bijeen, misschien omdat de eenzaamheid ons een beetje bang maakt. Als bij afspraak beginnen wij zachtjes te zingen, terwijl we langzaam op maat voortschrijden. Om mijn nek ligt een koude arm geslagen. Er komen zoekende lippen op mijn hamerende slaap openbloeien.

Kort daarna scheiden wij in stilte. Nu is alles voorbij. En wanneer zullen wij elkander wedervinden?' (pp. 23–24)

Gilliams is er in geslaagd een in wezen romantische belevenis van alle sentimentaliteit te ontdoen door zich van de hoofdpersoon te distantiëren. Wij mogen niet vergeten dat hij zichzelf achteraf en door tussenkomst van zijn geheugen beschrijft, en het is het besef van dit leeftijdsverschil tussen de auteur en de hoofdpersoon, de volwassene en het kind, dat de objectiviteit van de analyse verzekert. Men zou over *Elias* hetzelfde kunnen zeggen wat de schrijver heeft verklaard naar aanleiding van het beroemde schilderij *De Man voor het Venster* van De Braekeleer: 'het is geworden de objectieve weergave van een zeer subjectieve toestand'.[14] Misschien is Gilliams op deze weg zelfs te ver gegaan: sommigen zullen Elias uitmaken voor een wonderkind en het onnatuurlijk vinden dat een jongen van twaalf jaar zich zijn gevoelens zo uitermate helder bewust is. Maar hun verwijt – zo het al een verwijt is, daar een dergelijke opmerking tenslotte zou berusten op een realistische opvatting van de waarschijnlijkheid – zou niet zozeer een onjuiste zienswijze van de

auteur als wel een menselijke hoedanigheid, te weten Gilliams'
vroegrijpe vertrouwdheid met het verleden en met het leven der
volwassenen, aan het licht brengen.[15]

De nauwkeurigheid van de taal wijst nog op een ander uitgangspunt van de kunstenaar. Gilliams is niet, zoals men zou
kunnen veronderstellen, van nature een estheet, maar laat zich
leiden door zijn theorie van de kennis. Wij hebben reeds vastgesteld dat de literatuur voor hem een middel tot zelfanalyse en
zelfkennis is. 'Het doel van mijn kunst', schrijft hij, 'is niet
schoonheid scheppen. Ik wil voor mij-zelf zichtbaarheid verkrijgen'.[16] Over deze 'zichtbaarheid' had Paul Klee het ook in de
beroemde aanhef van zijn *Schöpferische Konfession*: 'Kunst gibt
nicht das Sichtbare wieder, sondern macht sichtbar'; voor Gilliams is de bekentenis dus een middel om zichzelf te ontdekken.
Er staat een passage in *Elias*, waaruit blijkt dat deze bewustwording onvermijdelijk gepaard gaat met lijden: '(. . .) wie ben
ik, wàt is eigenlijk "ik"? vraag ik mij af, zonder de ogen te
openen. Ik probeer dwaas op die vragen antwoord te krijgen en
prik met een der naalden van tante Henriëtte in mijn vlees: een
dropje bloed schijnt op mijn vragende onrust antwoord te geven' (p. 110). Het zal hierna geen verwondering wekken dat het
bestaan de hoofdpersoon uitput. Leven is lijden, maar daardoor
ook weten en genieten. Afgezien van Karel van de Woestijne is
Gilliams de enige Vlaamse schrijver die in de verheerlijking van
het lijden zo ver is gegaan dat hij het in dienst heeft gesteld van
de poëtische zelfkennis.

Herman Teirlinck
Zelfportret of Het Galgemaal (1955)

Herman Teirlinck is van de vooroorlogse romanschrijvers zowel
de laatst aangekomene als de nestor: ziehier een paradox die
hem zeker niet zal mishagen. Teirlinck, die in 1879 werd geboren, heeft tal van metamorfoses ondergaan als gevolg van een
onverzadigbare nieuwsgierigheid, de neiging tot experimen-
teren, een scherp inzicht in de moderne esthetiek en het vermogen zich aan de wisselende vormen hiervan aan te passen. Deze
eeuwige jeugd, die hem er toe aanzet zich in ogenschijnlijk tegenstrijdige ondernemingen te storten, brengt voor zijn werk
ongetwijfeld enig gevaar mee. Het merendeel van zijn eerste
romans verraadt al te duidelijk het stempel van de mode, waardoor het museumstukken zijn geworden, en op het terrein dat
ons bezighoudt begint de rijpe periode eerst in 1940, na afloop
van een lange leerschool.

Zijn vele, op het eerste gezicht uiteenliggende experimenten
getuigen niettemin van een opmerkelijke samenhang. Men zou
Teirlincks geestelijke ontwikkeling kunnen karakteriseren als
een proces van verinnerlijking. Zijn eerste optreden rond de
eeuwwisseling kenmerkt zich door een aan Van Deyssel en Van
Looy verwant impressionisme, door de zorg om met behulp
van de taal gewaarwordingen weer te geven die door klanken,
kleuren en vooral door het licht worden veroorzaakt, voorts
door de traagheid van de handeling en door verbale en beschrijvende orgieën, waarin aan de fantasie de vrije teugel wordt
gelaten. Maar Teirlinck, die overigens nooit uitsluitend belangstelling heeft gehad voor de stof, legt al spoedig het accent
op psychologische en zedelijke problemen: de vrije liefde, het

conflict tussen het instinct en de maatschappij, het zondebesef, of het noodlot. In deze periode verplaatst hij ook de intrige van het platteland naar de stad – in dit opzicht doet hij pioniers- werk – en ontdekt hij het dilettantisme van Anatole France en Barrès, dat de filosofische pendant is van zijn impressionisme. De hoofdpersonen van *Mijnheer J. B. Serjanszoon* (1908) en van *Het Ivoren Aapje* (1909) blijken levensgenieters te zijn, die echter in een grove zinnelijkheid geen bevrediging zouden kunnen vinden. Zij leiden het instinct in een richting die hun de zeld- zaamste genietingen biedt, waardoor zij passen in het klimaat van het fin de siècle, in een individualistische, overbeschaafde maatschappij, waarin de natuur door de cultuur dreigt te wor- den verstikt. Tegen dit gevaar heeft Teirlinck zich nogal spoedig verzet. De eerste wereldoorlog maakt aan de cultus van het Ik en aan het estheticisme van de 'toekijker' een einde: de strijd voor het behoud van de soort keert het instinct af van de egoïs- tische genotzucht en wekt in Teirlinck het verlangen zich één te voelen met de massa.[1] Deze mogelijkheid biedt hem het to- neel; van 1922 tot 1937 wijdt hij er zich volledig aan. Onder invloed van de middeleeuwse moraliteiten en het expressionis- tische drama baseert hij zijn stukken op universele thema's als de dood, de liefde en het moederschap; daar hij evenals Gordon Craig een tegenstander van realistische decors is, geeft hij de Idee weer door middel van typen en symbolen. Met de over- dadige ornamentiek van de eerste verhalen vormen de theater- werken een scherpe tegenstelling: de dramaturg heeft begrip gekregen voor de synthese en toont behoefte aan een geserreer- der constructie en een soberder taalgebruik. Daarnaast bouwt hij geleidelijk aan de vitalistische leer op, die tot uiting zal ko- men in de vier romans waarmee hij zijn loopbaan bekroont: *Maria Speermalie* (1940), *Rolande met de Bles* (1944), *Het Gevecht met de Engel* (1952) en *Zelfportret of Het Galgemaal* (1955).

De talrijke activiteiten van Teirlinck zouden op zichzelf al voldoende zijn geweest om hem een overwegende invloed op het intellectuele leven in België te bezorgen. Als privaat adviseur van de Koning, als directeur van de Nationale Hogere School voor Bouwkunst en Sierkunsten, als gangmaker van het *Nieuw*

Vlaams Tijdschrift (vanaf 1946), als schrijver, tekenaar en theaterman zal hij kunnen terugzien op een leven dat een lange leerschool is geweest in intelligentie, voornaamheid en stijl. Bovendien heeft hij ons, door terug te keren tot het verhalende genre dat hij twintig jaar lang niet had beoefend, een aantal meesterwerken geschonken.

De bovengenoemde continuïteit openbaart zich ook in zijn esthetiek: Teirlinck heeft de kunst altijd opgevat als een gebaar van solidariteit en liefde tegenover de naaste en als een genoegen voor de schrijver.[2] Na 1946 heeft hij, los van zijn dramatische theorieën, een volledig systeem van de roman opgesteld, waarvan de ideeën grotendeels aan Alain zijn ontleend. Evenals de schrijver van het *Système des Beaux-Arts* onderscheidt hij het proza (geschreven woord) van de poëzie (gezongen woord), en van de welsprekendheid (gesproken woord) die wil overtuigen. In principe, zo zegt hij, kan het proza, deze benjamin in de letterkunde, noch worden gezongen, noch in het openbaar worden aangehoord: men leest het in stilte en eenzaamheid. De romanschrijver dient dan ook af te rekenen met elke poëtische werkwijze en er zich voor te hoeden het ene woord ten koste van het andere te doen uitkomen, want in plaats van de aandacht te vestigen op zijn elementen beoogt het proza – aangezien 'de band der gedachte' de enige steun ervan is – een globaal effect. Teirlinck wijst af wat hij vroeger heeft vereerd: hij veroordeelt de retoriek en stelt de eenvoud van grote Franse schrijvers als Alain, Valéry en Gide ten voorbeeld. Dit wat de stijl betreft. Nog steeds verwijzend naar Alain verdeelt Teirlinck het proza in het verklarende, het verhalende en het confidentiële genre, waarbij hij het met Alain eens is dat de roman al deze genres in zich kan verenigen: 'l'oeuvre complète de prose', zo lezen wij in het *Système des Beaux-Arts*, 'est le roman'. Het eerste genre, dat men niet mag verwarren met het betoog, is het uitdrukkingsmiddel van de analyse. Het tweede is dat van het zuivere verhaal dat zich in de tijd afspeelt en iedere tussenkomst van de verteller uitsluit, of het nu commentaar betreft of een oordeel. De schrijver fungeert hier als toeschouwer. Hij laat de gebeurtenissen, of zij nu onbeduidend of belangrijk zijn, voorgaan en beschrijft van buiten af hoe zij zich voltrekken, waarmee hij het gevoel wekt van wat door Alain zo terecht 'het volbrachte' en 'het onherroepelijke' is genoemd. Dit genre is verwant met het oude heldenepos en ook met de formule van Walschap, maar Teirlinck voegt er met nadruk aan toe dat de roman nooit alleen maar een verhaal kan zijn en dat het verhalende element dient te worden verbonden met de gedachte. Het confidentiële genre, vertegenwoordigd door levenswijsheden, karakterschetsen, portretten en mémoires, is de taal van de biechteling die aan de ander zijn geheimen toevertrouwt in de stille afzondering van de lectuur. De vertrouwelijke mededeling van mens tot mens door bemiddeling van het boek is de eigenlijke betekenis van het geschreven woord, en de schrijver beschouwt zelfs het confidentiële als *het* kenmerk van de roman. Alain schrijft hierover: 'ce qui est romanesque c'est la confidence, qu'aucun témoignage ne peut appuyer, qui ne se prouve point, et qui, au rebours de la méthode historique, donne la réalité aux actions. Les *Confessions* seraient donc le modèle du roman'. Teirlinck houdt staande dat het van weinig belang is of de inhoud van de biecht waar is of onwaar. De waarheid van de romanschrijver is een andere dan die van de historicus, en Teirlinck geeft toe dat hij slechts 'als met de tip van (zijn) tenen' op de realiteit steunt, daar de kunst immers een spel van de verbeelding is. Het confidentiële mag daarom niet gelijk worden gesteld met geestelijk exhibitionisme: Teirlinck komt er moeilijk toe zichzelf te objectiveren en verwerpt de directe bekentenis, al is hij dan met de jaren minder terughoudend geworden. In zijn laatste roman wordt de waarheid van het leven nauwer met die van de verbeelding verbonden dan in al zijn vroegere werken het geval is.[3]

Teirlinck heeft geen persoonlijker, meer confidentiële roman geschreven dan *Zelfportret*,[4] en daar hij in dit boek met al zijn gewoonten brak, heeft hij zijn bedoeling zo nauwkeurig mogelijk willen omschrijven. *Zelfportret*, zo verklaart hij in de opdracht, heeft niets van een geromantiseerde autobiografie, en de overeenstemming tussen de realiteit en het verdichtsel schuilt niet in het verhaal, waarvan de gebeurtenissen verzonnen zijn, maar in de krachten die de protagonist drijven en in de analyse, die hier bestaat in introspectie en, wat meer is, zelfkritiek. Kortom, de achtergrond is veranderd, maar het portret is niet minder gelijkend dan de schilderijen waarop Rembrandt zichzelf nu eens met een halsberg en een officiershoed, en dan weer met een eenvoudige baret of met het zwaard van Paulus heeft afgebeeld. In dit opzicht kan Teirlinck dan ook opkomen voor de echtheid en betrouwbaarheid van zijn biecht. Wat het verhaal betreft: dit toont ons een bankier van zeventig jaar, die heen en weer wordt getrokken tussen het besef van zijn lichamelijke aftakeling en zijn begeerte naar de jonge en knappe Babette. Dit avontuur verwekt een morele crisis in Henri, wiens verleden ons voornamelijk wordt geopenbaard door middel van drie flash-backs: zijn vacanties op de boerderij en zijn eerste liefdeservaringen als zeventienjarige jongen; zijn studententijd en zijn vriendschap met een zekere Sebastiaan, wiens verloofde hij verleidt; zijn verhouding met Elze die hij, hoewel zij zwanger is, in de steek laat om te trouwen met Rebekka, de vrouw van zijn compagnon; de dood van de laatste tijdens een jachtpartij door toedoen van Rebekka, en tenslotte het auto-ongeluk, waarbij de zoon van Henri en Rebekka om het leven komt en dat aan de band tussen beiden praktisch gesproken een einde maakt. Teirlinck projecteert zich zelf op deze wijze in een romanfiguur, wiens wederwaardigheden bijna zonder uitzondering zijn bedacht, hetgeen hem in staat stelt zich in zijn verleden te verdiepen en toch de onbescheidenheid van mémoires en de droogheid van 'portretten' te vermijden.

Vandaar de positie van de verteller, die noch de Ik is die hem met de hoofdpersoon zou vereenzelvigen, noch de Hij die hem van deze hoofdpersoon zo ver mogelijk zou verwijderen. Al aarzelt hij wel eens tussen deze voornaamwoorden (p. 39 en pp. 154-155), toch zijn zijn banden met Henri te gecompliceerd dan dat hij hem met een zo openhartige blik zou kunnen zien. Evenals *La modification* van Michel Butor is *Zelfportret* een van de weinige romans die zijn geschreven in de tweede persoon enkelvoud, deze 'vertrouwelijke' vorm bij uitstek, waarin men iemand toespreekt en die vaak wordt gebruikt in brieven en gesprekken. Deze vorm schept eerder een relatie dan dat hij een standpunt weergeeft, daar er immers sprake is van uitwisseling en zelfs van intimiteit tussen de persoon die spreekt of schrijft en degene tot wie hij zich richt. Hij maakt onderscheid tussen beide personen en toch brengt hij deze tot elkaar. Teirlinck richt zich tot Henri, zijn denkbeeldige alter ego, als tot iemand wiens aangelegenheden men onder vier ogen bespreekt: hij beschrijft hem en geeft hem inzicht in zichzelf; door hem afwisselend naar het uiterlijk en naar zijn innerlijk te beoordelen, doorgrondt hij hem tot in zijn diepste beweegredenen. Deze meedogenloze helderheid ten opzichte van de ander is het bewijs van de volmaakte zelfkennis die de schrijver zich heeft verworven. Teirlinck blijft ons echter voortdurend aan de aanwezigheid van zijn hoofdpersoon herinneren en daarom zakt zijn roman nooit af tot het niveau van een alledaags gewetensonderzoek van de auteur. In zijn alwetendheid constateert hij, hoewel zijn taak niet tot die van de objectieve toeschouwer is beperkt: hij stelt ook vragen en komt met adviezen, verwijten en waarschuwingen (p. 173). Het is dus in de dubbele hoedanigheid van tolk en rechter dat Teirlinck het woord voert. In zijn geheel beschouwd lijkt *Zelfportret* zelfs op een soort proces of eerder op een vooronderzoek, daar immers het vonnis niet wordt uitgesproken maar gesuggereerd. Deze lange toespraak van de schrijver tot zijn zwijgende hoofdpersoon, wiens antwoorden hij overigens beter kent dan wie ook (pp. 19–78, 97–99, 131–133, 155–228) wordt onderbroken door drie episoden, die op een zeer verschillende manier worden verteld. De eerste twee (pp. 79–97 en 100–131) zijn geschreven in de eerste persoon, en wel door Sabine, de pachtersvrouw die Henri wereldwijs heeft gemaakt, en door zijn vriend Sebastiaan. In deze retrospectieve hoofdstukken gebruikt Teirlinck de verleden tijd; richt hij zich tot Henri, dan geeft hij aan de tegenwoordige tijd meestal de voorkeur. De derde episode (pp. 133–154) bestaat uit een reeks brieven uit de jaren 1930–1933, die voornamelijk op Elze betrekking hebben. Het is een fragment van een roman in briefvorm, een procédé dat reeds in *Rolande met de Bles* werd toegepast. Men zou deze drie onderbrekingen kunnen vergelijken met verklaringen van ooggetuigen of met documenten die aan

Henri's dossier zijn toegevoegd. Het is alsof de auteur volgens de regels van de kunst een gerechtelijk vooronderzoek leidt: niet tevreden met een langdurig verhoor van de verdachte, laat hij op de zitting twee getuigen verschijnen en legt hij de bewijs-stukken bij elkaar. Zien wij het zo, dan is het gebruikmaken van verschillende gezichtspunten volkomen gerechtvaardigd. Het wijst niet alleen op de virtuositeit van de schrijver, maar ook op de integriteit van de rechter, alsmede op bepaalde trekken van de moralist en van de psycholoog. In het bijzonder verraadt deze methode Teirlincks relativisme en verdraagzaamheid, daar immers Sabine, Sebastiaan en Elze, hoezeer zij onderling ook verschillen, een oneindig minder hard oordeel over Henri vellen dan de auteur zelf; in sommige opzichten zijn zij bijna getuigen à décharge. In tegenstelling tot de gangbare mening toont *Zelfportret* aan dat er voor bepaalde personen geen schrik-wekkender aanklager bestaat dan zijzelf.

Er zij aan herinnerd dat de op deze wijze ingelaste episoden op het verleden betrekking hebben: zij verbreken het chronolo-gisch verloop van de door de auteur tot de romanfiguur gehou-den toespraak. Men vindt er de omgevingen in terug die de schrijver dierbaar zijn: de uithoek van Vlaanderen die hem vanaf *De Wonderbare Wereld* (1902) tot *Maria Speermalie* heeft geïnspireerd en voorts Brussel, waar hij is geboren en dat door geen van onze romanschrijvers zo goed is aangevoeld. Maar het decor doet er hier minder toe dan de periode waarin de hande-ling zich afspeelt: het wezenlijke van de flash-backs is enerzijds dat zij Henri's verleden verduidelijken en bepaalde in de oude man nog aanwezige automatismen beschrijven en anderzijds dat deze gewoonlijk zo handig verdrongen herinneringen hem op dit uur obsederen. Want deze getuigenissen van derden geven opheldering omtrent toespelingen die verspreid voorkomen in de passages waarin de auteur zich tot de hoofdpersoon richt; Kortom, diens karakter wordt zodanig ontleed dat men Henri's verleden tegelijk in diens gedachten van het moment en in zijn dossier ziet herleven. Een dergelijke recapitulatie van de levens-ervaringen is bij Teirlinck altijd verbonden met de gedachte aan de dood. Deze schrijver, die zichzelf laat meeslepen door

143

een voortdurend veranderen, weigert de mens te bepalen alvorens deze zich volledig heeft gerealiseerd: alleen de dood kan ons zeggen wat het leven is geweest.[5] Wij hebben hier te doen met een gedachte die ook bij Sartre vaak voorkomt,[6] maar waarvan door Teirlinck al veel eerder gebruik is gemaakt in *De Vertraagde Film* (1922) en die zijn bewondering voor *Elckerlijc* verklaart. Het thema van *Zelfportret* is evenals dat van de middeleeuwse moraliteit de confrontatie met de dood, en daarbij vervult Babette slechts een bijkomstige rol als 'galgemaal', als een instrument waarvan zich de oude Adam op sluwe wijze bedient. Memento mori, zo herhaalt de rechter steeds weer tijdens deze instructie, terwijl hij de verwarring in het licht stelt van een man die van de ijdelheden van de wereld geen afscheid kan nemen. De onzichtbare boodschapper heeft hem verrast en hem opgedragen – men denke aan *Elckerlijc* – de balans van zijn leven op te maken: ook voor Henri komt de dood te vroeg (p. 72). De eerste zin van de roman toont hem 'uitgestrekt als op een berrie' en de laatste suggereert in feite dat hij in morele zin zelfmoord pleegt.

Dirk Coster heeft gezegd dat *Zelfportret* het probleem stelt van de keuze tussen God en Eros.[7] Later zullen wij zien wat wij hieronder dienen te verstaan, maar dat wat over de intrige is gezegd, onthult reeds de fundamentele tegenstelling tussen het geweten en de zinnelijkheid, een zinnelijkheid die bij Henri, deze oude 'snoeper', overigens iets gekunstelds en belachelijks heeft gekregen. De door Babette gewekte hartstocht doet hem zijn verval en tegelijk het nutteloze van zijn schijnhouding inzien: waartoe dienen de listen, de vindingrijkheid van de minnaar als het lichaam versleten is? Dit is de oorzaak van de crisis. Beetje bij beetje en niet zonder pijn wordt hij zich van zijn toestand bewust. Dit proces, dat door de auteur in zijn toespraak tot Henri op de voet wordt gevolgd, krijgt vorm in een reeks toenaderingen en terugtochten. De eerste climax treedt op aan het einde van de eerste dag, als Rebekka aan Henri bekent dat zij uit liefde voor hem haar man heeft gedood (p. 64); haar biecht wekt bij Henri een reactie die wordt gesymboliseerd door het (denkbeeldig?) bezoek aan de rommelkamer – een soort museum van het geweten – waar hij de beelden van zijn slachtoffers herkent (pp. 73–76). Dan volgen de drie flash-backs, waarna de crisis haar aarzelende gang voortzet om haar hoogtepunt te bereiken met de verzoening van Henri en Rebekka (pp. 214–220). Toch is dit niet het beslissende moment van het boek. Henri kent geen katharsis: hoe dicht hij ook bij de genezing staat, hij zal van Babette nooit afstand kunnen doen zonder zich zelf te verloochenen en tot dat gebaar is hij niet in staat. De twee tegengestelde krachten, de waarheid en de leugen, blijven tot het einde met elkaar in evenwicht, wat er op neerkomt dat de leugen de overhand houdt, daar op dit gebied de waarheid ofwel volstrekt, ofwel afwezig is. Teirlinck heeft er dus van afgezien aan het conflict een oplossing te geven in de optimistische zin van een zedelijke ommezwaai, en zulks vermoedelijk uit respect voor zijn hoofdpersoon, aan wie hij zijn eigen overtuiging niet heeft willen opdringen. Hoe dan ook, het moet een ongewone moed van hem hebben gevergd zijn alter ego te gronde te richten. Dit geschiedt in de slotscène, die de betoverende en schrikwekkende apotheose van Henri bevat en die ondanks het gedempte licht van Babettes boudoir een vage overeenkomst vertoont met de epiloog van Marlowes *Faust*. Zo brengt ons de studie van de intrige, van haar ups en downs en haar onverbiddelijke afloop er toe twee grondtrekken in Henri's karakter te onderscheiden: zijn geweten dat hem geleidelijk aan dwingt zichzelf te zien zoals hij is, en het tegendeel hiervan, dat door ons voorlopig de leugen is genoemd.

In *Zelfportret* wordt Henri's lot door zijn persoonlijkheid bepaald. Teirlinck heeft reeds in 1909 erkend dat hij het verhaal voegt naar het karakter [8]: weliswaar observeert hij Henri en heeft hij een oordeel over hem, maar hij laat hem volkomen vrij. De gebeurtenissen in deze roman zijn niet bijzonder talrijk: alles is gericht op het innerlijk leven, dat Teirlinck met dezelfde nauwkeurigheid weergeeft als eertijds de stoffelijke wereld. Het geringste gebaar geeft aanleiding tot een analyse en moet worden bestudeerd, op verschillende wijzen geïnterpreteerd en met andere details vergeleken alvorens de schrijver verder gaat. Maar in tegenstelling tot wat men in de impressionistische periode zag gebeuren, ontaardt deze nauwkeurigheid nooit in een onverdraaglijke peuterigheid. De verschijnselen worden niet langer gesplitst in een ontelbaar aantal fijne penseelstreken, maar juist vergroot en in hun onderlinge samenhang weergegeven, daar de auteur ze nu uit een systeem verklaart. Dat in *Zelfportret* de analyse een dynamisch karakter vertoont, is niet alleen het gevolg van het genuanceerde standpunt van de verteller, waardoor hij de verklaring (dat wat Henri is) kan stellen tegenover het oordeel (dat wat Henri zou moeten zijn), maar komt ook voort uit het karakter van de hoofdpersoon, dat eveneens wordt gekenmerkt door een tegenstelling (dat wat hij schijnt en dat wat hij werkelijk is). Het overwegen van de analyse, het streven om een karakter te tonen in zijn evolutie, het ondergeschikt zijn van het verhaal aan de psychologie en de waarde die aan de innerlijke conflicten wordt gehecht, dat alles is ontleend aan de psychologische roman. Maar *Zelfportret* is meer dan dat daar in dit werk het proces van het individu leidt tot het probleem van goed en kwaad en van God.

Om dit te kunnen begrijpen moeten wij uitgaan van Henri's karakter. Hoezeer een schrijver ook verandert, voor het publiek zal hij altijd dezelfde blijven. Zo heeft men alle moeite gedaan om de hoofdpersoon van *Zelfportret* te vereenzelvigen met die van *Mijnheer J. B. Serjanszoon*, dat haast een halve eeuw eerder is geschreven. Achteraf beschouwd had men misschien ook geen ongelijk, aangezien immers Henri bepaalde eigenschappen, waaronder vaak zeer markante, gemeen heeft met de dilettanten uit de 'belle époque'. Vooreerst zij in dit verband gewezen op zijn egotisme (p. 204) en op zijn egoïsme (p. 189): Henri verwerpt alles wat de soevereiniteit van het Ik zou kunnen aantasten – de 'ander' is een tegenstander – zodat hij niet in staat is zich aan hem te geven. Vermelding verdienen voorts zijn verlangen naar geluk, of beter zijn nieuwsgierigheid naar het genot (p. 226), een behoefte die hij bevredigt door middel van geïmproviseerde experimenten (p. 175), en zijn cultiveren van het vluchtige moment (p. 40), dat hij zo intens mogelijk wil genieten. Gecombineerd met zijn gemakzucht verklaart deze eigenschap zijn minachting tegenover de daad en zijn geneigdheid compromissen te sluiten en de dingen op hun beloop te laten (p. 29). Kenmerkend zijn ook zijn estheticisme – dat tot uiting komt in zijn dandy-achtige allure (p. 117), zijn sierlijke wijze van formuleren, zijn opvatting van het leven als een kunst (pp. 148, 158), een kunst die hij overigens door en door beheerst – en zijn spel met het bestaan (p. 158). Want evenals de dilettant weigert Henri aan het bestaan deel te nemen en ziet hij als toeschouwer slechts de uiterlijke vormen. Tenslotte zij gewezen op zijn eclecticisme dat het hem mogelijk maakt de voorzichtigheid te verenigen met de goklust van de speler (p. 228).

Men vindt hier alle typische kenmerken van het dilettantisme zoals dit door Claude Saulnier is beschreven.[9] Toch kan men bij de toepassing van een zo eenvoudig schema op de bijzonder gecompliceerde structuur van de hoofdpersoon een gevoel van onbehagen moeilijk onderdrukken. Het is immers duidelijk dat Henri, hoezeer hij ook met de dilettant verwant is, er ook in menig opzicht van verschilt. Om te beginnen verklaart Teirlinck zijn gedragspatroon uit een existentiële angst of aangeboren zwakheid tegenover het leven, een soort neurose die vaag verband houdt met een Oedipus-complex (p. 200). Het dilettantisme van Henri is in wezen niet meer dan een schild dat zijn onmacht beschermt (p. 28), een masker en derhalve een leugen. Het is door deze breuk tussen schijn en werkelijkheid dat Henri zich onderscheidt van Serjanszoon en van Rupert Sörge uit *Het Ivoren Aapje*. Serjanszoon geeft weliswaar toe dat datgene wat hij voor de werkelijkheid houdt misschien louter illusie is, maar als een geboren scepticus ontkent hij onmiddellijk daarop het bestaan van een absolute waarheid [10]; en als een van de personages uit *Het Ivoren Aapje* er zich rekenschap van geeft dat hij speelt, verwijt hij zichzelf hiermee niet dat hij verkeerd doet.[11] De dilettant ziet zichzelf ongetwijfeld spelen, maar zonder dat dit leidt tot een veroordeling van het spel in naam van het geweten. Met een dergelijke zelfkritiek, die de superioriteit van de ethische waarden vooropstelt, zou hij verraad plegen tegenover zijn eclecticisme en zijn besef van betrekkelijkheid. Henri is er zich volledig van bewust dat hij liegt (pp. 24–25):

'Ge zijt in het courante leven, ten voeten uit, een man zonder beginsels, – al verzorgt ge op elk uur de waan beginselvast te zijn. Maar onwrikbaar is uw houding tegenover het schijnbeeld dat ge van uzelf hebt opgesteld in het oog uwer medemensen. Het is wel mogelijk dat ge aan het bedrog begint te twijfelen en uzelf soms op de neiging betrapt in alle ernst de echtheid van uw voorkomen te aanvaarden.

Over een paar weken wordt ge zeventig, Henri, en ge zijt nog altijd bezig het bedrog dat ge zijt en dat ge ruim een halve eeuw geleden hebt aangesneden, bij te werken en tot merk- waardige volmaaktheid op te drijven. Ge weet dat ge haar nim- mer zult voltooien, en dat haar perfectibiliteit eindeloos is. Ge berust in de ongenaakbaarheid van het doel. Want liegen is een soort levenstaak geworden die te veeleisend is om ooit te worden uitgeput.' (p. 21)

De hoofdpersoon van *Zelfportret* komt tot de beschamende ontdekking dat zijn spel een leugen is en zijn egocentriciteit een ziekte (p. 172), en dat zijn aarzelingen even zoveel lafheden betekenen (pp. 62–63 en 226). Henri slaagt er tot zijn ongeluk niet in de moraal tot een esthetiek te herleiden. Zijn geweten blijft te sterk om tot zwijgen te brengen en te zwak om er naar te leven. Het mag dan vervormd en rekbaar zijn, maar het is toch voldoende om hem te kwellen (p. 158) en zelfs om hem nader te brengen tot de verlossing. Henri weet van zichzelf af- stand te nemen en hij houdt niet op zichzelf te ondervragen. Hij heeft heimwee naar het onschuldige (p. 67), en in wezen is hij een goed mens (pp. 27 en 53). Men mag dus niet zeggen dat hij zijn eigen fouten niet kent, maar onderworpen aan zijn tweede natuur als hij is, vermijdt hij ze te verbeteren: hij probeert ze te verdonkeremanen en weet er steeds een handige draai aan te geven. De epiloog toont aan dat de kennis van het kwaad niet noodzakelijkerwijs tot zedelijke daden leidt. Op dat mo- ment bevindt de hoofdpersoon zich in een hopeloze situatie: enerzijds is hij niet in staat om voorgoed de weg van de waar- heid te kiezen en anderzijds gelooft hij niet meer in zijn spel en geven zijn leugens hem geen enkele voldoening. Henri is een acteur die met een masker dat hem slecht past een rol speelt waarin hij niet kan geloven.

En zo wordt in zijn ogen de speler een leugenaar en de getuige van het spel een inschikkelijk beoordelaar: door de spectaculaire houding van de 'dilettant' in zedelijke termen om te zetten, breekt Teirlinck met het dilettantisme, waaraan een dergelijke partijdigheid vreemd is. Maar dit is niet alles. Henri's dilettantisme ziet zich niet alleen geplaatst tegenover zijn besef van het goede en van de waarheid: zijn spel neemt vormen aan die met het maatgevoel van Renan en France onverenigbaar zijn en waarmee vergeleken de buitensporigheden van Des Esseintes, de hoofdfiguur uit Huysmans' *A Rebours*, een verbazingwekkend kinderlijke indruk maken. Dit spel wordt niet louter beoefend terwille van het plezier van de speler. In feite is het een afweerhouding, een vitale behoefte; Henri speelt overigens ook 'op de zaal', waarbij hij zich in zekere zin identificeert met de beroepsspeler, of beter nog met de acteur. Hij berekent zijn gebaren alsof hij zich op het toneel bevindt en vanuit de zaal door derden wordt geobserveerd. Hoeveel belang Teirlinck aan dit theatrale aspect hecht, blijkt zelfs uit zijn woordkeus (p. 167): 'Ge zijt bij uitnemendheid wat ge niet zijt. Maar ge zijt het alleen naar buiten. Niet Babette, Henri, *gij* zijt een mannequin, versierd met eigenschijn, en ge draagt het heerlijk in de show van het leven' (p. 212). De eerste scène van het boek, waarin Henri zich door een verwijfde kapper een schoonheidsbehandeling laat toedienen, schept de kunstmatige sfeer die hem eigen is. Men wordt herinnerd aan de kleedkamer van de toneelspeler en aan de minutieuze zorgen van grimeurs en costumiers voor de aanvang van de voorstelling. Voor Henri is toneelspelen een tweede natuur. Hij heeft zich zo in zijn rol ingeleefd dat hij, zelfs als hij alleen is, niet nalaat te acteren: de vermomming neemt de plaats in van zijn werkelijke wezen en gaat een eigen leven leiden: de façade doet de hoofdlijnen van het gebouw vergeten. Wij raken hier aan een van Teirlincks boeiendste facetten: zijn cultiveren van het kunstmatige zoals dat tot uiting komt in de fetisch van Rupert Sörge – het 'ivoren aapje' als surrogaat voor opium en haschisch – en in de hallucinerende, bijna diabolische beschrijvingen van het schoonheidsinstituut en het publieke huis in *Rolande met de Bles*. Ziehier een gebied waarop de fantasie zich volledig kan ontplooien. Daar Henri de werkelijkheid niet onder ogen durft te zien, vlucht hij in een illusie die hij zelf heeft geschapen: 'En hadt ge u niet altijd gepaaid met de gedachte dat men ten slotte niet in de werkelijkheid leeft? En dat leven, ja dromen is?' (p. 71). Uit zijn 'theatrale' houding, zijn spelen op het publiek zou men kunnen opmaken dat hij zijn gedragsnormen niet in zichzelf vindt, maar deze ontleent aan de mening die de buitenwereld over hem heeft (p. 88). Henri voelt zich voortdurend bespied en zijn neiging om zichzelf in spiegels te bekijken wordt haast een obsessie. Het is alsof slechts de indruk die hij op anderen maakt zijn handelen bepaalt. Men zou in dit verband kunnen spreken van een 'decoratieve' moraal, in zover zijn daden geregeld lijken te worden door een systeem van louter formele, door de maatschappij geaccepteerde conventies als beleefdheid, goede toon en aanzien (pp. 20–21). In werkelijkheid blijkt deze onderwerping aan het fatsoen op schijn te berusten: zij maskeert een totaal gebrek aan moraal. Henri is noodgedwongen een voorzichtig en berekenend man, een tacticus die bereid is tot elk compromis als daarmee de schijn kan worden gered. Gesterkt door de goedkeuring van de anderen is hij in staat om in het geheim zijn zwakke geweten het zwijgen op te leggen en een ingenieuze casuïstiek uit te werken die hem tot een moreel nihilisme voert, tot een volstrekte onafhankelijkheid ten opzichte van alle vormen van dwang, tenzij die van zijn eigen grilligheid. Men zou er verkeerd aan doen Henri's respect voor decorum als een uiting van ethiek te beschouwen: in wezen is deze eigenschap niets anders dan een rem, de enige overigens die hij zichzelf ten opzichte van zijn willekeur oplegt. Wij stuiten hier op een ander aspect van zijn karakter: zijn verlangen om te domineren, zijn behoefte aan macht (pp. 50, 150) als een compensatie voor zijn zwakke natuur. Hiermee hebben wij een tweede portret van Henri getekend dat ditmaal weinig overeenstemt met de principes van het dilettantisme. De opvatting van de wereld als een theater, de triomf van het kunstmatige en van de illusie, het zelfstandig worden van de vermomming, het gelijkstellen van het leven met de droom, de zin voor casuïstiek en de behoefte aan macht, dat alles vindt men niet bij Anatole France, maar bij Quevedo, Calderon en vooral bij Gracian. Van laatstgenoemde, de auteur van het *Oràculo Manual y Arte de Prudencia* (1647), zijn heel wat aforismen op onze hoofdpersoon van toepassing, hetgeen uit de volgende voorbeelden moge blijken:

'Het biedt evenmin vreugde als voordeel open kaart te spelen.'

'Zorg dat men u nooit voor een sluw mens houdt. Weliswaar zou men tegenwoordig zonder deze eigenschap niet kunnen leven, maar men kan beter voorzichtig zijn dan doortrapt (...) De grootste sluwheid bestaat hierin dat men dat wat voor bedrog doorgaat weet te verbergen.'

'Gewoonlijk komt men tot de bevinding dat de dingen heel anders zijn dan zij schijnen; (...) De Waarheid komt altijd het laatst, daar zij geleid wordt door een kreupele: de Tijd.'

'De reputatie wordt eerder bepaald door de manier van doen dan door wat gedaan wordt. (...) Hoe groot de vriendschap ook is, maak haar nooit deelgenoot van uw fouten. Tracht ze ook voor uzelf te verbergen als dat mogelijk is. Men zou op zijn minst die andere levenswijsheid kunnen toepassen: de kunst van het vergeten.'

'Doe alles alsof er getuigen bij waren. Een man die er rekening mee houdt dat men naar hem kijkt en naar hem zal blijven kijken, is waard dat men rekening met hèm houdt.'

'Vermijdt verplichtingen.'

'Wees nooit alles voor een ander en laat ook niemand dat zijn voor u.'

Zo zou men de overeenkomsten tussen het *Handorakel* en *Zelfportret* kunnen verveelvoudigen, met dit verschil echter dat de Jezuïet Gracian deze wereldse tactiek beschouwt in het perspectief van een drang naar het goede, terwijl Henri zich van dit streven slechts vaag bewust is. De ontgoochelende aanblik van een bandeloos tijdperk, waarin de wijze zich van listen bedient om niet ten onder te gaan, gaat bij Gracian gepaard met een moreel standpunt dat bij de hoofdpersoon van *Zelfportret* vrijwel volledig ontbreekt. Het is Teirlinck zelf die dit element invoegt, waarbij hij echter in tegenstelling tot Gracian de uitvluchten van de tacticus verwerpt. Dit neemt niet weg dat Henri's karakter de grenzen van het dilettantisme overschrijdt en toenadering zoekt tot de barok. Deze verwantschap behoeft ons allerminst te verbazen. De eeuw van Odilon Redon, Ensor, Lautréamont en J. K. Huysmans, de eeuw van geestenzieners, duivelaanbidders en decadenten, staat niet zo ver af van de tijd van Greco, Quevedo en het 'Sacro Bosco' van het park van Bomarzo als men wel denkt.[12] Is het ook niet aan Remy de Gourmont te danken dat Frankrijk Gracian opnieuw heeft ontdekt?

In *L'Homme de Cour*, de Franse vertaling van het *Handorakel*, staat de passage 'Il vaut mieux être respecté comme sage, que craint comme trop pénétrant' – Het is beter dat men u als een wijs (= voorzichtig, slim, ervaren) mens respecteert, dan dat men u vreest om uw al te scherpe blik – die bijna het tegenovergestelde is van het motto van *Zelfportret*: 'Liever geschuwd om mijn waarheid, dan gezocht om mijn schijn' (p. 19). Met deze zienswijze verzet de auteur zich in feite tegen de maskerade van zijn romanfiguur, bij wie de *prudencia* een amorele vorm aanneemt. Door zijn meedogenloze oprechtheid – weinig boeken zijn zozeer in staat bij de lezer schuldgevoelens op te wekken – compenseert Teirlinck de morele zwakheid van de hoofdpersoon. Datgene wat Henri slechts vaag onderscheidt, stelt hij in het volle licht: hij rukt hem het masker af. In zijn alwetendheid beschouwt de auteur zijn alter ego met 'het oog van God', zoals Dirk Coster zeer juist heeft opgemerkt [7]; een zelfde verlangen naar de absolute waarheid heeft ook de film geïnspireerd die Henri Storck over Teirlinck heeft gemaakt en waarbij de schrijver de commentaar heeft geschreven.[13] Kortom: Teirlinck maakt zich hier tot tolk van een onkreukbaar geweten, ook al wijst hij er dan met nadruk op dat dit geweten een persoonlijk en betrekkelijk karakter heeft: voor hem bestaan geen universele of van buiten af opgelegde normen (p. 40), zodat er van een dogmatisch systeem geen sprake kan zijn. Daarbij komt dat hij het geweten als een onbedwingbare kracht beschouwt die het individu vroeg of laat confronteert met zijn eigen waarheid (pp. 101, 146, 198). 'Voor ieder mens', schrijft de ongelukkige Lamarache aan Rolande,[14] 'slaat eens het uur dat hij met zichzelf heeft af te rekenen. Dan zoekt hij de weg naar God. Het is vanzelfsprekend dat men die weg gemakkelijk ontdekt aan het eind van zijn leven'. In deze situatie verkeert ook Henri, terwijl hij tastend op weg is naar een waarheid die hij nooit zal bereiken maar die de auteur, voor wat hem aangaat, onder woorden brengt met een openheid die sterk aan Gide herinnert. Wat Henri betreft loopt de roman uit op een soort zelfmoord; voor Teirlinck is het boek een zedelijk testament.

In *Zelfportret* meent men de stem te horen van een van die wijze mannen uit de Europese literatuur, deze laatste getuigen van een thans zieltogende beschaving, die hun idealen van waarheid en vrijheid ondanks alle historische veranderingen hebben weten te handhaven en die, nadat zij de volheid van de menselijke ervaring tenslotte hebben bereikt, er de balans van opmaken. Er is in de toon en de houding van Teirlinck iets dat onweerstaanbaar doet denken aan de Gide van *Thésée* en aan de late werken van Th. Mann. Men kan dèze coïncidentie niet louter toeschrijven aan de leeftijd en aan gemeenschappelijke banden met het liberale en voorname Europa van 1900. Teirlinck bevestigt in deze roman een hoofdgedachte van de filosofie van Nietzsche en Gide: 'Wordt wie gij zijt' – de cultus van de oorspronkelijkheid, de diepe trouw aan het Ik die *La Jeune Belgique* – weldra gevolgd door *Van Nu en Straks* – zal samenvatten in zijn beroemde 'Soyons nous'. En het is eveneens een door Nietzsche – en door Mann – gesteld probleem dat men terugvindt in de tegenstelling tussen een zekere vorm van 'geest' en het 'leven'.

Wij hebben vastgesteld dat de ontmaskering van Henri gepaard gaat met een oordeel. Teirlinck laat op dit oordeel echter geen vonnis volgen, maar onderzoekt op de manier van een rechter van instructie Henri's gedrag met betrekking tot bepaalde waarden. 'Ik wil mijn best doen', zegt hij, 'om u te begrijpen, wat zoveel menselijker is dan te veroordelen of te verschonen' (p. 39). Niettemin zijn de opvattingen van de auteur en van de hoofdpersoon zo uiteenlopend dat de uitleg meer dan eens de vorm van een requisitoir aanneemt.

Volgens Teirlinck is het geweten nauw verbonden met de levenskracht: het schrijft voor alles zelfrespect voor, en zijn bevelen vinden hun oorsprong in het bloed, het instinct en de natuur van het individu (p. 215).[15] Het leven is het allerhoogste goed en het kwaad is niets anders dan verraad aan de natuur. Wie zichzelf ontrouw is, draagt het 'sluwste masker van de dood'.[16] Henri is altijd immoreel geweest in zover hij het natuurlijke steeds heeft teruggedrongen ter wille van het kunstmatige; hij is het vooral op dit ogenblik, daar de oude charmeur in hem de onaangename waarheid tracht te negeren die hem zijn vervallen en afgeleefde lichaam openbaart. Het zedelijk gedrag dient zich dus naar de lichamelijke gesteldheid te richten, en het voorbeeld van Henri bewijst hoe verkeerd het is voor het intellect een zodanige plaats in te ruimen dat het het instinct elimineert. Deze houding heeft niets egoïstisch. Integendeel: door de gehoorzaamheid aan het instinct voelt de mens zich solidair met al wat leeft en leven schenkt. Onder de term 'natuur' dient men hier zowel de persoonlijke geaardheid te verstaan als het totaal der wezens: de zon, de sterren, de aarde, de bomen van het woud, de dieren, de anderen.[17] Het is tijdens een onweersnacht dat Henri's morele ommekeer, die hem op de rand van de genezing brengt, zich voltrekt (pp. 214-215). De verbondenheid van de mens met de natuurkrachten (p. 212) is een thema dat Teirlinck reeds in zijn eerste werken heeft toegepast en waarvan de oorsprong teruggaat tot zijn kindertijd [18]; hierbij voegt zich een gevoel van nederigheid tegenover de schepping, en ondanks alles zal Henri steeds voor dit gevoel ontvankelijk blijven (pp. 207-208). Dit samengaan van individualisme en gemeenschapszin bewijst hoezeer Teirlinck nog verwant is met *Van Nu en Straks* dat, zoals men weet, een dergelijke synthese krachtig heeft bevorderd. Het gemeenschapsbesef omvat niet alleen de tijdgenoten, maar alle generaties. Teirlincks opvattingen over de eeuwigdurendheid van bloed en ras, die hij zonder moeite met de oude erfelijkheidstheorie weet te verenigen, hebben hem geïnspireerd tot zijn kronieken over grote Vlaamse en Brabantse families (*Maria Speermalie, Rolande met de Bles, Het Gevecht met de Engel*) en verklaren tevens zijn verheerlijking van het moederschap als bron van nieuwe levenskracht.

Dit brengt ons tot een tweede grondgedachte die in dit werk even belangrijk is als de trouw aan zichzelf, te weten de liefde, het zich geven aan anderen. De enige gevoelens die Teirlinck de hoofdpersoon toestaat, zijn zijn liefde voor Elze (p. 39), zijn gehechtheid aan zijn zoon (p. 47) en in zijn medelijden met Rebekka (pp. 219–220). God heeft de liefde in onze zielen gewekt 'ter vergelding van alle kwaad', schrijft Lamarache.[19] Zo leidt de levensdrift tot de caritas. Opmerkelijk is dat zowel de meeste slachtoffers van Henri, als de door de rechter-auteur geciteerde getuigen vrouwen zijn: Klaartje, Sabine, Elze, Rebekka. In *Zelfportret* wordt de minnares geïdentificeerd met de moeder (pp. 61, 96, 141), en is de vrouw, die het leven draagt en kinderen baart, superieur aan de man, wiens natuur gemakkelijker ontaardt. Als derde grondgedachte fungeert de moed, door de auteur opgevat in de zin die De Vigny er aan geeft in diens *La Mort du Loup* (pp. 127, 228). Het betreft hier inderdaad een stoïcijns aanvaarden van het lot. Teirlinck ziet het leven als een strijd waarin de ene sekse tegenover de andere staat (pp. 34, 151, 153), de minnaar tegenover zijn rivaal, de mens tegenover zijn noodlot. Het leven is, zoals de titel van een van Teirlincks romans aangeeft, een 'gevecht met de engel', waarbij ons geluk de inzet vormt, en dat God ons oplegt om ons op de proef te stellen. In Teirlincks oeuvre komt ongetwijfeld een diep religieus gevoel tot uiting, maar ook in dit opzicht geeft de schrijver blijk van persoonlijke inzichten. Zijn God is niet de God van de Kerk, die gebouwd is 'op wanhoop, terreur, ellende en dood' (p. 127): hij eert God vooral als schepper en bron van leven, als intelligentie en als bouwer van het heelal (pp. 127, 207). Eerder dan in de persoonlijke God van het Christendom gelooft hij in de God van Spinoza – deus sive natura –, die in alles aanwezig is: in het bloed, de aarde en de sterren. Teirlinck gelooft ook niet in de onsterfelijkheid van de persoonlijke ziel, maar wel in die van het bloed, dat van vader op zoon wordt overgebracht; 'Ik geloof in het leven, in wat ik ben, in wat ik in mijn voorvaderen was en voor de oneindigheid der geslachten zal blijven'.[20] Gehoorzamend aan onwrikbare natuurwetten en delend in een alomvattend worden overschrijdt het individu reeds de grenzen van het tijdelijke.[21] De mens kan daarom de dood in de ogen zien, want evenals het leven vindt de dood zijn oorsprong in God (pp. 206-207): 'God (is) moed (...)', denkt een van de hoofdpersonen uit *Het Gevecht met de Engel*.[22] Teirlinck erkent dus dat ons bestaan een onvermijdelijke, met het 'bloed' verbonden en door God bepaalde loop volgt, maar stelt anderzijds dat wij tegenover het lot vrij zijn om te handelen in die zin dat wij het dapper en vastberaden kunnen dragen. De moed wordt hier tot amor fati.

De drie voortdurend door Henri overschreden geboden van het geweten – zelfrespect, liefde en moed – zijn vertegenwoordigd in de persoon van Beda, de oude moeder van de tuinman. Zij is het symbool van een zuiverheid die de hoofdpersoon niet zonder schaamte of leed kan beschouwen. Men kan hieruit afleiden dat de schrijver zich niet beperkt tot een onder woorden brengen van zijn standpunten, maar deze ook suggereert door de tegenstellingen in de karakters.

Hoewel ook hij uitgaat van het instinct, komt de vitalist Teirlinck tot geheel andere conclusies dan Walschap in diens *Houtekiet*. Voor hem, evenals voor Walschap trouwens, is het instinct op zichzelf echter niet voldoende, en beiden verrijken het dan ook met geestelijke waarden. Bij Walschap echter zijn deze waarden geënt op de natuur, waarop zij een regelende of tegenwerkende invloed hebben, terwijl zij bij Teirlinck uit de natuur voortkomen. Walschap wil het intellect en de cultuur overboord gooien, maar Teirlinck neemt deze elementen op in zijn systeem en veroordeelt er slechts de excessen en de ziekelijke verschijningsvormen van, zoals het louter cerebrale (p. 39), het hyperintellectualisme en de ontaarding.[23] Is God niet intelligentie?[24] Zo stelt Teirlinck tegenover de partijdigheid van de opstandige het verlangen naar harmonie en evenwicht van de wijze. Een verschil tussen Walschap en Teirlinck is voorts dat de eerstgenoemde belangstelling koestert voor de gemeenschap in de wijdste zin van het woord, terwijl de laatste de geschiedenis schrijft van geslachten en individuen. Tenslotte wijzen wij er op dat het vitalisme van *Zelfportret* het resultaat is van een langdurige evolutie. Om zich hiervan te overtuigen is het voldoende dit zedelijk hoogstaande boek te vergelijken met *Maria Speermalie*, dat vijftien jaar eerder is verschenen.

Wat Henri's karakter betreft hebben wij reeds melding gemaakt van bepaalde affiniteiten met de barok. Het boek telt er nog vele andere zoals de doodsgedachte, die zowel de tijdgenoten van *Elckerlijc* als die van John Donne obsedeert, voorts het leidmotief van de spiegels waarin Henri hardnekkig zijn ware gelaat zoekt (pp. 69–73, 166, 170–171, etc.) en de veelvuldige toepassing van antithesen. Teirlinck plaatst niet alleen verschillende standpunten (de twee Henri's; Henri en de auteur) en personen (Henri en Beda; Henri en Sebastiaan) tegenover elkaar, maar maakt ook gebruik van stijlcontrasten die ontstaan uit het bij elkaar brengen van het concrete en het abstracte, het sublieme en het triviale (pp. 30, 166, 226) en uit het samenvoegen van heterogene elementen (p. 196: 'de woorden blijven u in de keel als in een sterfput steken').

Een bijzondere belangstelling verdient Teirlincks verbazingwekkende subtiliteit op het gebied van de redeneerkunst, die hij met angstvallige nauwkeurigheid beoefent. Daar hij geen enkel facet van een probleem wil verwaarlozen, verbetert en herroept hij zijn woorden onafgebroken en bedient hij zich voortdurend van parenthesen, woorden als 'maar' en 'misschien', ontkenningen en voorwaardelijke en toegevende bijzinnen. De arabesken van de stijl passen bij die van de gedachte, waarvan de ontwikkeling niet de strenge lijn van het klassieke betoog volgt, maar zich sprongsgewijze en via bochten en omwegen voltrekt (pp. 20–21, 62–63). Van nature kiest Teirlinck indirecte wegen en zoekt hij naar de meest verfijnde samenhang tussen oorzaak en gevolg, waarbij hij wel eens gevaarlijk dicht in de buurt komt van de paradox, het paralogisme en de dubbelzinnigheid, stuk voor stuk typische barok-procédés. In feite heeft dit boek niets Cartesiaans: het is niet 'helder' zoals bijvoorbeeld *Komen en Gaan* van Roelants, hoewel het aan de andere kant ook nimmer werkelijk duister is. Eerder kan men spreken van een clair-obscur, van een relatieve helderheid, die volgens Wölfflin een maatstaf is van de barok. Teirlincks veelvuldig gebruik van het abstracte in plaats van het concrete woord brengt het detail binnen het do-

157

mein van het begrijpen, terwijl het de zin ervan verdoezelt en generaliseert ('de traagheid van de oogleden', p. 20). De toepassing van hyperbolen verrijkt de betekenis met het onmetelijke gebied van het bovenzinnelijke mysterie: 'de hongerige groei der sferen' bepaalt het lot (p. 42) en het is alsof 'de jachthoorns (...), die van nabije nachten niet afscheidbaar zijn' (p. 74) de nadering van de dood melden. Dergelijke beelden, die de gedachte aanschouwelijk maken, terwijl zij ook de emotie in de richting van het sublieme en het verhevene leiden, doen denken aan bepaalde metaforen van Marvell, zoals 'Time's winged chariot' en 'Deserts of vast eternity'. Soms laten zij niet na de lezer te intrigeren, daar deze overdrachtelijke taal gemakkelijk een polyvalent karakter kan aannemen dat grenst aan hermetisme. Teirlinck laat bepaalde dingen graag in het vage. Van het impressionisme, dat op de stoffelijke wereld is gericht, zijn wij hier ver verwijderd: de verschijnselen fungeren in *Zelfportret* uitsluitend als tekens, als een 'metaforische vermomming'[25] van de gedachte. Om de raadselachtige inslag van de roman te verduidelijken is het voldoende aan de passage te herinneren, waarin Henri doordringt in de geheimzinnige kamer dichtbij de wintertuin met de cactussen en het standbeeld van Flora (pp. 73, 195). Zonder overgang komt men van de tastbare werkelijkheid in een fantastische wereld. Bestaat de kamer werkelijk? Wij weten het niet. In ieder geval is het zeker dat de schimmen die Henri er onderscheidt niet buiten zijn verbeelding bestaan. In dit museum van het geweten tonen de voorwerpen die er zijn uitgestald duidelijk de functionele taak van de beeldspraak aan. In Teirlincks vroege werken had het beeld geen ander doel dan zichzelf, hier echter werkt het mee aan het opbouwen van de zedelijke allegorie. Teirlinck heeft de werkelijkheid nooit 'gefotografeerd', maar steeds door middel van zijn verbeelding herschapen. In navolging van Marino en veel hedendaagse schrijvers wijst hij er herhaaldelijk op dat kunst 'een verrassing' is.[26] Om dit effect te bereiken verwerpt hij het orthodox realisme en het naar de natuur geschilderde tafereel: hij trekt zich terug in een vormenwereld, die ongetwijfeld door de natuur is geïnspireerd, maar die door hem is bewerkt.[27] De door de fantasie opgelegde deformatie wordt vooral in de laatste romans bewerkstelligd door de intensivering, de emfase en de overdrijving van het sublieme of het demonische, het ziekelijke en het gruwelijke. Henri's bezoek aan het graf van zijn ouders geeft een beeld van de dood dat in zijn mengeling van statigheid en realisme typisch barok is; Rebekka is een monster van lelijkheid; de kapper heeft '(...) een bepoeierd gelaat dat van geen geslacht meer is. Langs de traagheid van de oogleden wiegen koolzwarte wimpers, nog nat van de blink, over lascieve ogen, die aan de overkant van de wereld rollen, bijna wezenloos, maar van een aandringende zwoelheid. De magere palmen, met de knokelige vingeren, die uw hele wezen in onzichtbare webben wikkelen, gelijk een spin, horen niet bij dat formidabel hoofd, dat zijn ontaarding met obscene aandrang te koop stelt.' (p. 20)

Het zou niet moeilijk zijn andere voorbeelden te vinden die de verwantschap tussen Teirlincks kunst en de barok in het licht stellen. Misschien is het in dit perspectief – of in dat van het maniërisme – dat het te weinig doordachte oordeel, dat sommigen over deze grote meester van de romankunst hebben geveld, moet worden herzien.[28]

Johan Daisne

De man die zijn Haar kort liet knippen (1947)

Johan Daisne (pseudoniem van Herman Thiery) is in 1912 in Gent geboren. Zijn vader, zo schrijft hij,[1] was een eenvoudige onderwijzer met een hartstochtelijke belangstelling voor natuurlijke historie en een links idealist die met Tolstoj en Kropotkin dweepte. Daisne studeerde aan de Universiteit van Gent, waar hij de cursus volgde van Gaston Colle, de schrijver van *Les Eternels* (1936) en *Les sourires de Béatrice* (1943); hij studeerde er ook Russisch en verliet de universiteit als doctor in de Economische Wetenschappen. Deze details geven reeds enig inzicht in een persoonlijkheid die terecht doorgaat voor een van de gecompliceerdste en meest verwarrende figuren van de Vlaamse letterkunde. Daisne heeft zichzelf gekenschetst als een produkt van de 'belle époque',[2] en nog altijd laat hij zich inspireren door de herinnering aan vervlogen tijden. In de eerste plaats is dit de herinnering aan een gelukkige jeugd en aan voorbeeldige ouders die hem studiezin, verdraagzaamheid en idealisme bijbrachten. Voorts is er de herinnering aan zijn eerste lectuur (de avonturen van Buffalo Bill, Nick Carter en kapitein Mayne-Reid, en daarnaast de idyllische romans van Top Naeff en Tine van Berken) en aan de beginperiode van de film. Daisne vertelt [3] dat hij na het zien van een film voor de eerste maal de behoefte heeft gevoeld om te schrijven. Voor dit medium zal hij steeds belangstelling blijven tonen, hetzij als romanschrijver, hetzij als criticus (*Filmatiek of De Film als Levenskunst*, 1956). Het huiselijk milieu en de vroegste indrukken moeten een sterke invloed hebben uitgeoefend op deze romantische, edelmoedige en geestdriftige natuur, die tot op volwassen leeftijd iets van de gevoeligheid van de puber heeft weten te bewaren. De voorkeur voor het irrationele gaat bij Daisne gepaard met liefde voor de wetenschap en met het verlangen naar een exacte en objectieve kennis die alle terreinen van de geest omvat. Als academicus beschikt hij over een helder verstand en een veelzijdige ontwikkeling, al is hij niet altijd van bepaalde pedante trekken vrij te pleiten: zijn romanfiguren spreken Russisch, Tsjechisch, Engels of Duits en zelf bedient hij zich soms van het Frans, waarbij hij graag jongleert met ideeën en zijn eruditie ten toon spreidt op het gebied van kunst, literatuur, psychologie, cybernetica, enz. Deze beschouwelijke inslag is ook kenmerkend voor zijn literair programma: Daisne is de enige Vlaamse schrijver die zich moeite heeft gegeven om een esthetisch stelsel op te bouwen op een filosofie.[4] In de geschiedenis van de Vlaamse letterkunde zal zijn naam voor altijd verbonden blijven aan het 'magisch-realisme', een formule waarvan de paradoxale benaming Daisnes eclecticisme en virtuositeit treffend weergeeft.

In alle genres geeft Daisne blijk van een wonderbaarlijke productiviteit. Hij publiceert enorm veel – men is geneigd te zeggen veel te veel –, want de literatuur fungeert bij hem als een veiligheidsklep ten opzichte van de in hem gistende gedachten en gevoelens. Hij wordt door een onweerstaanbare drang tot schrijven bezeten, waarbij hij niets verzwijgt en zich niet de tijd lijkt te gunnen het geschrevene zorgvuldig af te werken. Zijn uitermate omvangrijk oeuvre is dan ook van een zeer ongelijke kwaliteit.

Daisne is zijn literaire loopbaan begonnen als dichter. Laten wij onmiddellijk vaststellen dat hij dit ook is gebleven, daar het gedicht zijn meest spontane uitdrukkingsmiddel blijkt te zijn. Op dit gebied is hij voorstander geweest van een dagboek-poëzie, waarvan de stijl ternauwernood van het normale taalgebruik afwijkt. Onder het dubbele motto 'Poëzie uit en voor het Leven' en 'Populariseering der Poëzie'[5] heeft hij samen met Marcel Coole en Luc van Brabant het tijdschrift *Klaverendrie* (1937–1948) opgericht en een aantal bundels gepubliceerd waarin hij om zo te zeggen van dag tot dag vertelt over zijn bestaan (*Verzen*, 1935; *Het Boek der zeven Reizen*, 1946, etc.). Met het theater heeft hij zich slechts korte tijd beziggehouden. Zijn stukken (*De Charade van Advent*, 1942 en de trilogie *De Liefde is een Schepping van Vergoding*, 1945), waarin Plato wordt gecombineerd met Pirandello, ontlenen hun belang niet zozeer aan hun toneelmatige kwaliteiten als wel aan hun experimentele waarde.

Vast staat dat deze auteur een minder belangrijke rol in onze letterkunde zou hebben gespeeld als hij zich uitsluitend op het gebied van de poëzie en het toneel had bewogen. In onze ogen is hij in de eerste plaats een romanschrijver, ook al geeft hij bij voorkeur in een lyrische vorm uiting aan zijn ervaringen. Evenals aan zijn verzen en zijn theaterwerken ligt aan zijn verhalen een literaire theorie ten grondslag: men zou van dit magisch-realisme kunnen zeggen dat het ontstaat uit een spanning tussen twee polen, de pool van de droom en die van de werkelijkheid, waarna het in een flits een bovennatuurlijke waarheid openbaart. In de eerste werken (*De Trap van Steen en Wolken*, 1942; *Zes Domino's voor Vrouwen*, 1943) wordt deze spanning tot het uiterste opgevoerd, en worden de twee elementen, de verbeeldingskracht en het dagelijks leven, zo ver mogelijk van elkaar verwijderd. Deze boeken bevatten bepaalde romantische reminiscenties als platonische hartstocht, gevoel voor mysterie, estheticisme, ervaringen op het gebied van de droom en de telepathie. Het spiritualisme verenigt zich hier met het spiritisme. Er is in deze werken veel dat aan Hoffmann herinnert, waarnaast met name de uitbeelding van het gezinsleven en het voorname uiterlijk van de hoofdpersonen de invloed van Couperus verraden. Hoewel de schrijver ook het een en ander aan Vestdijk en Pierre Benoit heeft ontleend, tonen al deze elementen in hun samenhang toch een merkwaardige oorspronkelijkheid. Met *Schimmen om een Schermerlamp* (1946) en *De Man die zijn Haar kort liet knippen* (1947) begint een meer 'klassieke' periode in de loop waarvan Daisne geleidelijk aan het spanningsverschil tussen de polen vermindert. Van nu af aan legt hij de nadruk op de positieve kant van zijn kunst en tracht hij de magische vonk uitsluitend te verwekken door de samensmelting van verschillende facetten van de realiteit[6]. Naarmate het illusionistische en fantastische aandeel vermindert, neemt dat van de morele waarden in belangrijkheid toe: de Goedheid krijgt de overhand op de Schoonheid. En zo zien wij hoe Daisne in een tijd dat het existentialisme overal opgang maakt, in de tegenovergestelde richting evolueert door zijn aanprijzing van het optimisme en van het geloof in de mensheid en door zijn verheerlijking van de harmonie der schepping. Het toepassen van de droom en de hoogmoedige egocentriciteit van de jeugd worden vervangen door ethische beschouwingen over het bestaan en de boodschap aan de naaste. Deze vernieuwing wordt aangekondigd in *Met dertien aan Tafel* (1950) en bevestigd in *De vier Heilsgeliefden* (1955) en sterker nog in *Lago Maggiore* (1957), *Grüsz Gott* (1958), *De Neusvleugel der Muze* (1959), *Hoe Schoon was mijn School* (1961) en *Baratzeartea* (1962).

Doorgaans missen de wijdlopige romans van deze schrijver eenheid en strengheid. Het zijn vertellingen, wijsgerige vertogen, bekentenissen, karakterstudies en dit alles door elkaar. Men vindt er gedichten in, uitweidingen over de geschiedenis van de film en zelfs reisbeschrijvingen. Het is alsof de auteur alles opschrijft wat hem voor de geest komt zonder daarbij zijn materiaal te schiften, maar in werkelijkheid streeft hij met deze vreemdsoortige mengelmoes doelbewust naar een magisch effect. *De Man die zijn Haar kort liet knippen* is in dit opzicht een waar kunststuk. In geen andere roman van Daisne beantwoordt de veelsoortigheid van het materiaal zozeer aan het beoogde doel.

Zowel in zijn techniek als in zijn overtuigingen verzet deze schrijver zich tegen elke vaste formule. Zijn opvatting van de roman kan tot enkele eenvoudige voorschriften worden herleid: een verhaal van minstens 200 pagina's, dat belangstelling wekt en daarom niet aan regels is gebonden.[7] De fantasie wordt hier berekening, maar er zijn gevallen waarin haar vrijheid zich zo krachtig doet gelden dat zij aan de opbouw van het werk schade toebrengt. In de onderhavige roman is hiervan echter geen sprake. *De Man die zijn Haar kort liet knippen* bestaat uit drie gedeelten waarvan op het eerste gezicht de hoofdfiguur het enige gemeenschappelijke element vormt. De eerste episode handelt over een prijsuitreiking: de advocaat Miereveld, leraar op een meisjesschool en heimelijk verliefd op een van zijn leerlingen, is getuige van de triomf en het vertrek van het meisje. Het tweede gedeelte speelt zich tien jaar later af op een kerkhof, waar Miereveld aanwezig is bij een autopsie die wordt uitgevoerd door een medisch expert. Op deze macabere scène volgt het derde deel dat de toevallige ontmoeting beschrijft tussen Miereveld en zijn oudleerling Fran. Zij bekennen elkaar hun nederlagen, waarna Fran hem vraagt haar te doden. Het verhaal eindigt met het transport van de ontoerekeningsvatbaar verklaarde moordenaar naar een inrichting. Merkwaardig is dat deze drie eenvoudig naast elkaar geplaatste beeldenreeksen, waarin elke logische volgorde lijkt te zijn vermeden, toch wel degelijk een samenhangend geheel vormen. Wij dienen echter voor alles te beseffen dat deze eenheid niet door de feiten wordt veroorzaakt, maar door de geestelijke waarden die deze feiten beheersen. Aldus opgevat heeft datgene wat in de opeenvolging van de gebeurtenissen het resultaat van het toeval lijkt te zijn, niets willekeurigs of onverwachts. Achter de grillige loop van de feiten ontwaren wij de wijze maar ondoorgrondelijke plannen van een goddelijke noodzakelijkheid, een Voorzienigheid die persoonlijk in het leven van de mensen ingrijpt (pp. 125, 145, 273).[8] Zo onttrekt zich het onverwachte aan elke rationele verklaring en dient het tot bewijs van de aanwezigheid van het bovennatuurlijke op aarde. Aan de andere kant doet de laatste episode zich voor als een bekroning van de voorafgaande gedeelten: de auteur zinspeelt hierin voortdurend op beelden en gebeurtenissen uit het verleden. Dank zij deze steeds talrijker wordende herinneringen worden de eerste twee delen opgenomen in het derde, juist zoals bij Hegel de these en antithese worden overkoepeld door de synthese. In feite staan de eerste twee episoden wat de thema's betreft tegenover elkaar: de fysieke dood, de lichamelijke ontbinding, zoals deze met een obsederende nauwkeurigheid wordt beschreven in de scène van de autopsie, vertegenwoordigt de vernietiging en haast de loochening van de aardse liefde waaraan Miereveld zijn leven dankt (p. 221); het is de antithese van het thema dat in het begin is behandeld. Maar het slot, dat in dit opzicht aan de Hegeliaanse dialectiek herinnert, heft de tegenstelling op door de invoering van een verhevener ziens-wijze: het transponeert het voorafgaande van het tijdelijke naar het eeuwige. Liefde en dood, die hier op aarde met elkaar in te-genspraak zijn, worden verenigd in het hiernamaals, in een be-staan dat vrij zal zijn van alle fysieke toevalligheden en dat tegen het einde van het boek wordt aangekondigd. Bij Daisne is de vorm volledig onderworpen aan een immateriële en subjectieve werkelijkheid.[9] Zijn spiritualisme komt in de structuur van de intrige even helder tot uiting als in de psychologie en de beto-gende passages.

Deze passages, die zeer talrijk zijn, geven aan het werk een geestelijke rijkdom die men in Vlaanderen zelden tegenkomt. Van de liefde voor het geboorteland, zoals men deze aantreft bij een Teirlinck en een Van Aken, is hier overigens niets te be-speuren: de handeling zou zich overal elders kunnen afspelen. Een dergelijke geringschatting van de omstandigheden van plaats en van tijd wijst eens te meer op de onderwerping van de zintuiglijk waarneembare wereld aan de geest. *De Man die zijn Haar kort liet knippen* is een metafysische roman, waarvan de fei-ten op zichzelf onsamenhangend en onbegrijpelijk zijn en slechts kunnen worden uitgelegd in het licht van een bovenzin-nelijke waarheid. Wij hebben dus te doen met een ideeënroman, die doet denken aan Dostojefski, maar niet met een tendensro-man. Het zal ook duidelijk zijn dat Daisne evenmin als de schrijver van *Schuld en Boete* louter theoretiseert: hij brengt zijn filosofie tot uitdrukking in situaties, karaktertrekken, beelden en constructies, kortom in epische vormen. Overdenkingen, portretten, uitweidingen, beschrijvingen en analyses onder-breken telkens weer de loop van de handeling. Maar al mag dan de chaos tot een systeem zijn verheven,[10] toch is er sprake van ordening en wordt ieder element verklaarbaar zodra men er de sleutel toe bezit. Bovendien is deze wanorde wonderwel in overeenstemming met het karakter van de hoofdpersoon.

De roman heeft de vorm van een geschreven biecht, die ach-teraf door Miereveld is opgesteld en die zich uitstrekt over drie perioden van zijn leven: de prijsuitdeling, vervolgens – tien jaar later – de autopsie en de ontmoeting met Fran, en tot besluit de periode waarin de biecht wordt opgetekend. Het gebrek aan samenhang van de intrige en het heterogene karakter van het materiaal, die men in een verhaal in de derde persoon de auteur zou kunnen verwijten, krijgen hier psychologische betekenis, waardoor de compositie meewerkt aan de uitbeelding van het karakter. Miereveld kiest zijn onderwerpen zonder vooropgezet plan en springt van de hak op de tak, waarbij hij zich door associaties laat leiden. Daar hij de afloop kent, anticipeert hij juist zoveel op de gebeurtenissen dat hij onze nieuwsgierigheid opwekt. Het boek wemelt van raadsels en toespelingen die eerst na lange tijd duidelijk worden. Als om de aandacht te vestigen op zijn onvermogen tot logisch denken, begint Miereveld geen enkele maal een nieuwe alinea. Zijn biecht doet zich aan ons voor als een compact blok van 281 bladzijden met bijna geen dialogen. Zij lijkt op een slingerende stroom van gebeurtenissen, dichterlijke ontboezemingen, theorieën en sensaties die de zwakke dijken van paragrafen en hoofdstukken op zijn weg meesleurt. De hoofdpersoon beschrijft een curve in de tijd, maar op elk moment van zijn geschiedenis zou men hem kunnen vergelijken met een ster die stralen uitzendt in de duisternis. Deze ster volgt geen scherp omlijnde baan, maar neemt de gehele ruimte in beslag waarin zij haar licht verspreidt. In tegenstelling tot Walschaps Houtekiet, die recht op de ontknoping afgaat, stelt Miereveld deze steeds uit door zich in zijn Ik en via zichzelf in de hem omringende wereld te verdiepen. Hij heeft een 'stralende' manier van denken, die hem voortdurend van het onderwerp doet afdwalen (p. 29) om zich in een doolhof van onsamenhangende uitweidingen te verliezen. Dan wordt het uitgangspunt weer opgezocht, waarna het andermaal wordt vergeten. Op p. 210 zegt Miereveld tot Fran dat hij haar een vraag gaat stellen, maar hij raakt zozeer verward in zijn eigen denkbeelden (die 14 bladzijden tekst in beslag nemen!) dat hij zich de vraag op het moment waarop hij haar eindelijk wil uitspreken niet kan herinneren (p. 224). De opbouw van de intrige wijst ondubbelzinnig op de pathologische toestand waarin de hoofdpersoon verkeert, op zijn verbijsterde geest en op zijn 'folie raisonnante' (p. 172).

Miereveld is ongetwijfeld een grensgeval, maar Daisne beweert dat hij de zaken zo scherp heeft gesteld om aldus bepaalde algemeen-menselijke karaktertrekken beter te doen uitkomen.[11]

Evenals de meeste romanfiguren van Dostojefski is Miereveld een onder hoogspanning levende persoonlijkheid. Zijn overgevoeligheid, zijn nederigheid die soms grenst aan zelfgenoegzaamheid (p. 145), zijn vlagen van geestdrift en neerslachtigheid, het besef van zijn eenzaamheid, onmacht en onbeduidendheid, zijn verlangen om op te biechten en boete te doen, dit alles is ons uit de Russische romans reeds bekend. Wij wijzen er op dat Daisne het onderhavige boek korte tijd voor de publicatie van zijn geschiedenis van de Russische literatuur (*Van Nitsjevo tot Chorosjo*, 1948) heeft geschreven. In deze periode heeft hij blijkbaar met grote aandacht Gogol en vooral Dostojefski gelezen. Miereveld is een mislukkeling, minder dan de minsten (p. 215), een onbetekenende pennelikker als de Akakij Akakijewitsj uit *De Mantel* of de Dewoesjkin uit *Arme Mensen*. Hij behoort tot de naamloze massa die volgens Raskolnikof het materiaal voor de geschiedenis levert. Met dezelfde slaafsheid als de prostituée uit *Schuld en Boete* onderwerpt hij zich aan de raadsbesluiten van de Voorzienigheid, en evenals de Idioot is hij een zieke en kan hij aan het verlangen om een schandaal uit te lokken geen weerstand bieden. Hij is een krankzinnige die evenals de romanfiguur van Gogol een soort dagboek houdt, en ook hij – men denke aan Mysjkin – is daarbij een wijze en een profeet. Even paradoxaal is de dood van Fran – zijn 'zuster' (p. 250) –, want Miereveld begaat hier een filosofische moord die men kan vergelijken met de zelfmoord van Kirilof in *De Demonen*. De overeenkomsten zijn werkelijk ontelbaar en strekken zich uit van de nietigste details tot karaktertrekken, situaties en zelfs thema's als de verheerlijking van de liefde en het medelijden (pp. 208–209), de blinde aanvaarding van door God gewilde beproevingen (p. 209) en de behoudzucht waartoe deze houding leidt. Van al deze slavische romanfiguren is het wellicht de hoofdpersoon uit *Memoires uit het souterrain*, met wie Miereveld de meeste verwantschap toont en zulks vooral wegens de meedogenloze helderheid waarmee hij zichzelf onderzoekt.

Wezenlijk anders is hij echter in zijn optimisme, zijn liefde voor de mensheid, zijn verwerping van het absurde en zijn geloof in de wetenschap en de rede (pp. 130, 278).

De verwantschap met Dostojefski komt vooral tot uiting in zijn ziekte, in zijn overbewustheid, dit onbegrensd vermogen tot zelfinkeer dat hem verscheurt en verpulvert en hem in zijn eigen verwardheid doet vastlopen. Miereveld verklaart op een gegeven moment dat hij een microscoop in zijn hoofd heeft (pp. 207–208). In de analyse volleerd, is hij tot geen enkele synthese meer in staat. Hij lijdt aan de kwaal van de intellectueel die door een niet aflatend zelfonderzoek tenslotte zijn eigen automatismen vernietigt. Goed beschouwd begaat Miereveld dus het vergrijp waartegen het vitalisme ons waarschuwt: hij drijft de cultuur door tot een punt waarop deze de natuur elimineert.[12] Zijn geval doet ons de duizeling van het intellectualisme gevoelen, een gevaar waaraan Daisne door zijn beschouwelijke aard bijzonder was blootgesteld. Aan het einde van de analyse gaat het universum ten onder en valt de persoonlijkheid in stukken uiteen, zonder in staat te zijn de fragmenten weer samen te voegen. Voor Miereveld is de wereld opnieuw bij de eerste dag van de Schepping gekomen: de omtrekken van het geheel worden vervaagd in een chaos van mateloos uitgegroeide details: 'Kluwen, diffuusheid, nog iets anders, misschien het meest, heeft altoos mijn noodlottige bestaan tegelijk doorschitterd en verduisterd: nu eens een gouden en dan een assen stofwolk, een soort van mist, niet over alles, maar *door* alles, een nevel die minder onsluiert dan hij alles reddeloos dooreenwart' (p. 20). Deze verwarring des geestes, of liever van de ziel komt zowel in fysieke stoornissen als in een ziekelijke denkwijze tot uiting. Ziel en lichaam zijn hier op aarde onafscheidelijk en daarom zou men door het lichaam te veranderen ook de ziel kunnen beïnvloeden (p. 13). Niettemin weigert Miereveld voor zijn genezing een beroep te doen op de wetenschap: dat wat is, is goed, en het zou heiligschennis zijn zich te willen verzetten tegen Gods wil (p. 91). Hoogstens stemt hij er in toe zijn haar kort te laten knippen en wel uit geestelijke hygiëne, uit verlangen naar orde en harmonie en om aldus zijn gekwelde hoofd bloot te stellen aan de heilzame invloed van weer en wind (p. 202). Het gaat er hem niet alleen om de relatie met de natuur te herstellen, maar ook om boven de aardse dingen uit contact te krijgen met een transcendente werkelijkheid (p. 202). Zijn lijden is derhalve drievoudig: het is tegelijk lichamelijk, verstandelijk en geestelijk. De ziel van Miereveld lijkt inderdaad in zijn lichaam te dobberen (p. 21); terwijl zij nog de gevangene is van haar stoffelijk omhulsel, tracht zij los te komen om de weg terug te vinden 'naar haar planeet van herkomst en belofte' (p. 278). Hieruit blijkt dat het karakter van de hoofdpersoon op dezelfde spiritualistische principes berust als de drievoudigheid van de episoden.

Wij willen deze principes thans nader omschrijven, daar zij de grondslag van de roman vormen en hun betekenis volgens Daisne veel verder reikt dan het bijzondere geval van Miereveld.

Zoals de wereld hier wordt beschouwd, bestaat zij uit tegenstellingen: het schone en het lelijke, ziel en lichaam, geest en stof, leven en dood, werkelijkheid en schijn, hemel en aarde. Overtuigd dat alles zijn bestaansreden heeft, wil Miereveld deze tegenstrijdigheden opheffen, waarbij hij niet een van beide termen elimineert, maar ze met elkaar verzoent. Zijn devies is gematigdheid en evenwicht (p. 14),[13] met andere woorden: datgene wat hem het meest ontbreekt. Dit gevoel voor het complementaire, dat tot het wezenlijke van Daisnes filosofie behoort,[14] komt zoals wij hebben gezien tot uitdrukking in het naast elkaar plaatsen van de eerste twee taferelen: op de prijsuitreiking, die een visioen van schoonheid en liefde is, volgt de nachtmerrie van de autopsie–reeds Hegel heeft vastgesteld dat de tegendelen onafscheidbaar zijn. Daisne gelooft in de harmonie en de eenheid van het heelal.[15] Zo rechtvaardigt hij zijn encyclopedische weetgierigheid met de bewering dat alle takken van wetenschap betrekking hebben op een en dezelfde werkelijkheid.[16] Al deze polariteiten nu worden beheerst door het samenstel van krachten dat gevormd wordt door de bovennatuurlijke en de zintuiglijk waarneembare wereld (waarbij Miereveld als zuiver spiritualist de laatste ondergeschikt maakt aan de eerste). De overeenkomsten en betrekkingen tussen deze werelden zijn veelvuldig. De hoofdpersoon ontwaart in het dagelijks leven voortdurend geheimzinnige coïncidenties, en de voorwerpen vertonen zodra hij ze benadert een bizarre geneigdheid om in symbolen te veranderen. Het kadaver van de onbekende blijkt juist dat van Frans vader te zijn, en als bij toeval ontmoet Miereveld Fran enige uren na de autopsie. Daarenboven zijn Miereveld en Fran als gevoelsmensen aan de dingen gehecht en geven zij er een diepere zin aan: liever dan van zijn leerling afscheid te nemen, klemt Miereveld zich vast aan de haak waaraan Fran op school haar baret en mantel ophangt (p. 84), waardoor dit bescheiden voorwerp de – denkbeeldige – plaats wordt van een gemiste afspraak (p. 257); als zij hem tien jaar later haar levensverhaal vertelt, doet zij dit aan de hand van vier voorwerpen die zij uit haar koffer te voorschijn haalt (p. 234). Zelfs de getallen spreken een geheime taal (pp. 33, 201): de klas van Fran telt zeven leerlingen, van wie er drie mooier zijn dan de anderen; de hotelkamer waar hij haar doodt is nummer 21 (p. 183); de roman bestaat uit drie delen; van dit pythagoreïsch gevoel voor de magie der getallen getuigt Daisne ook in zijn titels: *Zes Domino's voor Vrouwen, Met dertien aan Tafel, De vier Heilsgeliefden.* Tenslotte zijn ook de namen van de personages niet willekeurig gekozen. Voor Miereveld geldt het nomen est omen (p. 199), en de vergelijkingen die hij trekt tussen persoonsnamen en het menselijk lot zouden in Plato's *Kratylos* niet hebben misstaan. 'Miereveld' slaat op de kwaal die in dit aardse leven aan hem knaagt, terwijl zijn voornaam Godfried uitdrukking geeft aan zijn heimwee naar de vrede Gods (p. 148); met 'Fran', afkorting van Eufrazia, wordt zowel de blijde boodschapster aangeduid als het plantje dat een geneeskrachtige uitwerking op ontstoken ogen heeft (pp. 218–220). Men denkt hier aan de heldinnen van Pierre Benoit, wier voornamen variaties vormen op de letter A, of aan Novalis die de naam van Sophie von Kühn in verband brengt met de eeuwige wijsheid. Kortom, het aardse leven ontleent zijn betekenis niet aan zichzelf, maar fungeert als symbool, als allegorie. Tegenover de zaak waarnaar het verwijst, bevindt Miereveld zich in dezelfde situatie als de gevangenen van wie Plato spreekt in de mythe van de grot: van de realiteit bespeurt hij slechts de schaduwen: 'beuzelarijen'. Men moet dit vooral niet als een toevallige vergelijking opvatten: Daisnes denkwijze is gevormd door Plato, ook al wekken de passages waarin hij op Plato zinspeelt [17] de indruk dat hij de filosoof vooral kent via zijn bewonderde leermeester Gaston Colle, de auteur van *Les Eternels*.[18] Hiermee is tevens zijn vijandige houding tegenover het existentialisme verklaard: Daisne is een vurig 'essentialist" voor wie de Ideeën [19] belangrijker zijn dan de objecten die er aan deelnemen.

Zijn ontleningen aan Plato zijn ontelbaar. Zo hebben wij reeds gewezen op het veelvoudige, door tegenstellingen bepaalde karakter van het zintuiglijk waarneembare. Dan is er zijn geloof in de Ideeën, die van de Schoonheid (p. 16), die verbonden is aan de idee van de Goedheid (p. 231) als soevereine waarde.[20] In dit opzicht blijft Miereveld veel meer estheet dan Fran: het kost hem moeite om het Goede met het Schone te identificeren, dat vertegenwoordigd wordt door de geliefde vrouw, het wezen dat hem als het ware een voorproef geeft van het hemelse geluk (p. 212): 'Je bent zó schoon, dat je waarschijnlijk niet meer "goed" hoeft te wezen' (p. 220). Inderdaad heeft Miereveld louter geleefd in de herinnering aan de volmaaktheden van de uitverkorene, en geen wonder dan ook dat hij het ethische aan het esthetische ondergeschikt maakt (pp. 220–221). Maar Fran neemt de rol van Dantes Beatrice op zich en leert hem dat de vrouwelijke schoonheid een herkenningsteken is, een merk Gods waaraan de man de ziel herkent die de hemelpoort voor hem zal openen: de Goedheid draagt het masker van de vrouw (p. 231). En verzekert zij hem al niet bij het begin van haar bekentenissen dat in elke liefde, zelfs in de lichamelijke, een onbewust verlangen naar heiligheid schuilt (p. 229)? Het is duidelijk dat van deze twee Miereveld het zuiverst beantwoordt aan het devies van de jonge Daisne – 'Het schoone moet gedroomd, het Goed gedaan' [21] – en aan diens doctrine van het op deze aarde gescheiden zijn van de esthetische en de morele waarden. Fran daarentegen houdt vol dat deze waarden reeds in dit leven kunnen worden verenigd, en voorspelt de totale overwinning van het Goede in de werken die volgen. In Daisnes filosofische evolutie is *De Man die zijn Haar kort liet knippen* een keerpunt dat de overgang van het esthetische naar het ethische aangeeft.

Overigens ontbreekt aan Mierevelds vervoeringen iedere sensualiteit: men herkent er de 'de ware liefde' van Plato in of, om met Daisne te spreken, 'een Schepping van Vergoding': een drang van de ene ziel naar de andere, een extatische verering, een dwepen (p. 213) met de Schoonheid die eist dat men haar aanbidt om haarzelfs wille, en waarvan Plato heeft geschreven dat haar weerkaatsing in een gelaat voldoende is om in een edele ziel een innige vroomheid op te wekken.[22] Evenals in de *Phaidros* en bij de mystici streeft ook hier de liefde naar het absolute, wat neerkomt op een bekennen van de pijnlijke onmacht ervan: sprekend over haar liefdesavonturen bekent Fran haar teleurstelling, haar onvermogen om het doel te bereiken (pp. 254–255). Het is daarom beter om, zoals Miereveld doet, het leven de rug toe te keren en zich in zijn dromen op te sluiten. Door deze te willen verwezenlijken zou men zich immers van zijn eigen beperktheid bewust worden (p. 259). De verachting voor het zinnelijke, waarvan Daisnes vroege werken getuigen, treedt hier zo geregeld op de voorgrond dat zij niet louter het gevolg kan zijn van een verstandelijke bewondering voor Plato's spiritualisme. De *Minnedienst* van deze schrijver lijkt in laatste instantie voort te komen uit een ondanks de jaren nimmer verloren heimwee naar de kindertijd, naar een oorspronkelijke zuiverheid en geluk (pp. 141–142). In de vrouw ziet hij altijd de moeder, de zuster, de metgezellin of een van die onstoffelijke gestalten die rondwaren in de dromen van jongemannen. Miereveld, die in de verleidingskunst een verbijsterende onwetendheid aan de dag legt, doet geen enkele poging tot toenadering en geeft zich over aan een romantische exaltatie die men eerder van een gymnasiast dan van een rechtsgeleerde zou verwachten. Er zij in dit verband op gewezen dat de herinneringen aan de kinderjaren reeds door Gaston Colle tot een categorie van de Schoonheid werden verheven [23]: zowel in dit opzicht als in de overige heeft Daisne zich een oplettende leerling getoond. 'De toekomst des dichters', schrijft hij,[24] 'bestaat

in een taak van wederoproeping en vastlegging der jeugd'.
Tenslotte blijkt de invloed van Plato uit de wijze waarop het
probleem van de dood en van het voortbestaan na de dood wordt
opgelost. In grote lijnen herhaalt Daisne hier het bewijs uit de
tegendelen, zoals dit in *Phaidon* wordt uiteengezet: als het leven
de dood voortbrengt, dan moet men ook erkennen dat de dood
tot het leven leidt. Als man van de twintigste eeuw fundeert hij
het oude socratische argument echter op de bevindingen van
de moderne wetenschap. Deze nu voegt zich naar Plato door
aan te tonen dat de lichamelijke dood allerminst het eindpunt
van de evolutie vormt en in werkelijkheid wijst op 'een ver-
schuiving van het leven naar andere, nieuwe vormen van leven'
(p. 130). Het besef van het voortbestaan van het leven: dit is
de grote les van de autopsie-scène, een les in biologie die Miereveld onmiddellijk toepast op het zieleleven om met Socrates tot
het besluit te komen dat 'de levenden worden uit de doden niets
minder dan de doden uit de levenden'. Hij gaat zelfs verder door
zijn ziekte, de vermoeidheid en de verwarring van zijn ziel te
beschouwen als het begin van zijn vrijmaking van het lichaam
en zijn reis naar het hiernamaals (pp. 174–175). Zo is dus de
dood een terugkeer naar het Leven (p. 278): voor Daisne bestaat er geen kloof tussen hemel en aarde. Het bovennatuurlijke
spreekt tot ons door middel van een groot aantal tekens, en ook
al blijft God zolang wij in het tijdelijke verblijven ontoeganke-
lijk, toch belet niets ons zijn aanwezigheid te vermoeden (p.
276). Daarom verkondigt deze sombere roman met zijn vaak
macabere beelden – bloed en ontbonden lichamen –, deze
gruwzame monoloog van een moordenaar of krankzinnige in
wezen niets anders dan de zekerheid van ons heil, van deze Dageraad (p. 255), waarnaar Fran zozeer verlangt dat zij zich laat
doden. Dit is de reden waarom wij van een filosofische moord
hebben gesproken. In tegenstellling tot de kuise Miereveld, die
in haar zijn ideaal vindt, heeft Fran gedurende haar hele liefde-
leven tevergeefs gestreefd naar het absolute: zij is letterlijk op,
en daardoor rijp voor de dood (p. 260). Zij heeft te veel geleefd
om niet te beseffen dat haar droom geen menselijk gelaat zou
kunnen tonen (p. 259) tenzij misschien dat van Miereveld, en

hij is het dan ook aan wie zij de dood vraagt. Want dèze liefde is niet alleen de laatste waarvan Fran de eerbewijzen in ontvangst zal nemen, maar ook de zuiverste gezien de persoonlijkheid van Miereveld en haar doodsverlangen: immers, dèze liefde zal onvervuld blijven. Door op deze wijze te sterven kan zij zich overgeven zonder teleurstellingen te riskeren, want tegelijkertijd maakt zij van Mierevelds liefde een ongebruikte mogelijkheid, een potentiële volmaaktheid die haar op het laatste moment schadeloos stelt voor haar verloren illusies (p. 261). Uiteindelijk is het om haar het Leven te geven dat Miereveld haar doodt, of liever – hij laat op dat punt geen enkele onzekerheid bestaan – dat God haar laat sterven door zijn tussenkomst (p. 262–263). Dostojefski zou door deze ogenschijnlijk absurde situatie zonder twijfel zijn bekoord. Zo zien wij hoe God de ziel van Fran, die haar aardse ballingschap moe is geworden, tot zich roept. Wat de moordenaar betreft: ook deze begint, nadat hij gelouterd uit zijn beproevingen te voorschijn is gekomen, zijn tocht naar het hiernamaals. Daisne heeft *De Man die zijn Haar kort liet knippen* gekenschetst als een psychomachische roman, een genre waarvan hij al in 1948 vaststelde dat het de psychologische roman in de schaduw stelde: de analyse van de karakters, zo merkte hij op, is in de psychomachische roman onderworpen aan de onmiddellijke uitdrukking van een innerlijke strijd, een gevecht (μάχη) waarin de beginselen van leven en dood tegenover elkaar staan, en dat resulteert in een katharsis die tevens een heilsboodschap inhoudt [25].Volgens de auteur overschrijdt de ware 'psychomachie' het vertrouwde terrein van de psychologie om door te dringen tot het gebied van de metafysica en de theologie: zij verschaft de sleutel tot het paradijs, 'dat paleis van het leven in het rijk van de dood'.[26] Wij hebben gezien dat voor Miereveld deze opstijging naar God reeds in dit leven begint (p. 170). Ons verblijf op aarde is in zijn ogen slechts een 'leerschool van beproeving' (p. 91), een voorbereiding op het hiernamaals. Hij behoort tot hen die de hemel via de enge poort trachten te bereiken (p. 276) en dat is de reden van zijn passiviteit, van zijn onwil om te genezen, van het welbehagen waarmee hij boet voor een misdaad waaraan hij per slot van rekening geen schuld heeft. Zijn kwellingen beschouwt hij als penitenties, als verstervingen, en naarmate zij zich opeenstapelen nadert hij meer tot de staat van zuiverheid en onthechting die noodzakelijk is om het heil te verwerven: de epiloog toont hoe Miereveld in de inrichting het leven van een monnik leidt. Deze leer van de ascese, van de loutering door de beproeving, de hoop op onsterfelijkheid, de zekerheid van Gods bestaan, dit alles verleent aan Daisnes spiritualisme een openlijk religieus en zelfs christelijk karakter, al is dan de moord op Fran met de geboden van de kerk onverenigbaar. Maar hoe dicht de auteur ook bij het katholicisme staat, toch blijft hij elke vorm van orthodoxie afwijzen: hij is een buitenstaander die op zijn eigen manier wil geloven en wiens eclecticisme verwarring zaait bij hen die vertrouwd zijn met de wat simplistische opvattingen die in ons land opgeld doen. Want Daisne is noch katholiek, noch een scepticus, niet conservatief en niet progressief, geen flamingant en geen franskiljon. Soms is hij dit alles tegelijk, maar steeds staat hij boven alle partijen.[27]

De kunst van Daisne is gericht op de metafysica en verrijkt deze met een moraal: Miereveld schrijft omdat hij hoopt dat zijn 'geval' een les kan zijn voor anderen (p. 173). Deze roman is daarom een 'voorbeeld', een gebaar van solidariteit (p. 155), een bijdrage tot de menselijke wijsheid. Voor Daisne is kunst een daad van liefde die het bovennatuurlijke verheerlijkt, de vrouw bezingt en de medemens geestelijk verheft. Scheppen is hetzelfde als dienen, of beter nog, als het zoeken naar God die het beginsel is van de Schoonheid en de verklaring van de mens.[28] De kunst mondt uit in het goddelijke. Deze opvattingen stellen ons in staat Daisnes afkeer van immorele en obscene onderwerpen beter te begrijpen. De kunst, zegt hij, mag de werkelijkheid niet verminken; zij dient ons de kern van de dingen te tonen en ons daarmee te sterken.[29] De waarheidsliefde leidt hier tot een decanteringsproces, tot een beweging van het 'lage' naar het 'hoge'; zij verheft zich van het object naar de idee, van het lelijke naar het schone, van het kwade naar het goede, van de aarde naar de hemel. De vervorming van de zintuiglijk waarneembare werkelijkheid, die aan elke kunst ten grondslag ligt, voltrekt zich bij Daisne in de optimistische zin van een esthetische en morele idealisering: zelfs de kadavers doen ons denken aan de schoonheid en de wijsheid van de schepping. Zijn 'reële' bouwstoffen opeenstapelend verheft Daisne zich tot het koninkrijk Gods en bereikt hij een gebied dat volkomen tegengesteld is aan dat van Sartre of Hugo Claus. Maar de brug die hij tussen het leven en de eeuwigheid slaat, is een brug met twee richtingen, want nadat hij een glimp van het goddelijke heeft opgevangen daalt hij weer tot ons af. Daisnes aard is zeker niet contemplatief: na de aarde te hebben verlaten, keert hij weer op aarde terug om ons te troosten met beelden uit een beter leven.[30] Dit nu is de eigenaardige gang van het magisch-realisme, zowel in de poëzie als in de roman. Aan de literatuur wordt aldus een zeer voorname rol toegekend: zij maakt niet alleen een sublimering van de ervaring mogelijk, maar kan, nadat dit doel is bereikt, bovendien leiding geven aan onze daden. Daisne heeft bij herhaling de roman gekarakteriseerd als 'levensaanvulling'[31] of, nog juister, als het leven dat door zichzelf is verveelvoudigd: 'leven maal leven'[32]; de roman verheldert en leidt de werkelijkheid waaruit hij is voortgekomen, doordat hij de onzichtbare dimensie herstelt die aan de werkelijkheid inherent is: de dimensie van het bovennatuurlijke.

Waaruit bestaat nu deze witte magie? Vooreerst zij opgemerkt dat men deze niet mag verwarren met de visioenen van de mystici: Daisne toont God niet, maar suggereert hem (pp. 94–95). De onsterfelijkheid is bij hem minder een onwankelbare zekerheid dan wel het object van een verlangen,[33] van een Sehnsucht. Terwijl hij in zijn vroege werken vaak een werkwijze toepast die aan Mesmer en Hoffmann herinnert, speelt *De Man die zijn Haar kort liet knippen* zich uitsluitend af op het vlak van de realiteit. De magie is van elke fantasmagorie ontdaan en komt ditmaal rechtstreeks voort uit de psychologie, de ideeën en de montage van de episoden. Hoewel het boek vol staat met symbolen, waakdromen (pp. 102–103, 179) en voorspellingen die de feiten met een waas van mysterie en irrealiteit omgeven, is er in dit alles toch niets dat niet strookt met de verbeelding, de overbewuste instelling en de overtuigingen van de verteller of met de vorm van de achteraf opgestelde biecht. Zelfs de onverwachte wending aan het einde, het vraagteken waarmee de roman besluit, is met de persoonlijkheid van de hoofdfiguur volledig in overeenstemming. Lange tijd na de dood van Fran raapt Miereveld in de tuin van de inrichting toevallig een stuk van een krant op, waarin haar naam wordt genoemd. Het bericht vermeldt geen datum en vandaar de verwarring bij Miereveld en . . . bij de lezer. Is het een oude krant of is Fran nog in leven? Heeft Miereveld haar dan alleen maar gewond, of heeft hij zich eenvoudig maar ingebeeld dat hij haar heeft gedood? Is zij op aarde of in de hemel? Is hij krankzinnig? En zo ja, in hoeverre is zijn biecht dan geloofwaardig? Al deze vragen laat de auteur, die zich achter zijn romanfiguur verschuilt, onbeantwoord. Door alles in twijfel te trekken, stelt de epiloog het probleem van de natuur van de werkelijkheid en de waarheid: deze beide, zo wordt ons te verstaan gegeven, zouden wel eens buiten het kader van de empirische kennis kunnen vallen.

'Ik ben toen dadelijk naar de directeur gesneld, om hem te smeken, mij te willen verzekeren, dat hier toch geen vergissing mee gemoeid kon zijn; dat het alles wel zo was, en geen mededeling uit een oude krant, van vóór de vreselijke gebeurtenis, die me hierheen heeft gebracht. De directeur heeft me, vrij lang, peinzend aangezien, en toen heeft hij voorzichtig, glimlachend, gezegd: "Het is *geen* vergissing". – "Dus, heb ik haar niét vermoord?" heb ik, ijlend van blijdschap, nog gevraagd, "of, in elk geval, heeft het schot haar niet gedood, en is ze tans hersteld?" De directeur heeft me nogmaals, vriendelijk nadenkend, aangekeken; en toen, na een poos, toén heeft hij het bevrijdende woord losgelaten: "Inderdaad, Godfried..." heeft hij gezegd! Eén woord, één doodschamel, doordeweeks woord maar, dat ik duizenden keren had gehoord, en zelf had gebruikt, maar dat tans, hoe zacht het ook over die rustige, welbesneden lippen is gekomen, als een gouden bazuinstoot in mijn suizeloren heeft geklonken! Eén woord, maar waardoor de gruwelijke vracht van tien, van twintig jaren, gelijk een nachtmerrie van mijn stikkende ziel af is gevallen; waardoor de ellende, de angst, de vergissingen van een hopeloos mislukt mensebestaan, weer ongedaan werden gemaakt, zoals een hatelijke bladzijde in een boek door zijn schepper wordt doorgehaald, uitgescheurd, verbrand, en, als een snuifje asse en een krulle rooks, aan de werveling der twee en dertig luchtstreken op de windroos prijs wordt gegeven; één woord, waarbij de benarrendste spoken gaan verschimmen, door de rose ramen der Dageraad tuimelen, en in het verfrissende water van grachten, waarin de stille zijgevels van schone hotels baden, gaan rusten, bij de modderige bezinkingen van natuur en samenleving, in de slijkerige neerslag van alle leven van steen, plant, of dier, onder rottende bloeiwijzen van platanus occidentalis, krengjes van verdwaalde huisdieren, bezoedelde schoenen, en verroeste dienstpistolen! [34] Eén toverwoord, "inderdaad',' waarvan, in-der-daad, de luisterrijke daad is geweest, de schoonste der slaapsters, de aanbiddelijkste der vrouwen, het goudenste aller blonde hoofden, weer tot het leven te wekken! "Godfried", heeft de directeur me toen ook genoemd; "Godfried", zoals *zij* me in haar bloederige afscheidskus heeft geheten! Maar 't wàs dus geen afscheid; het was wel een tot-weerziens, gelijk ik haar haastig nog heb kunnen toefluisteren, aangezien die naam, dat laatste woord van mijn vroegere bestaan, nu het eerste van mijn nieuwe leven is geworden! "*Godfried*" – ja, almachtige, altoos verrassende en hoogheerlijke Heer, in die vrede met U, vàn U, ben ik sedert gaan leven.' (pp. 274–275)

Uit dit fragment blijkt dat er maar een kleinigheid nodig is om Mierevelds verbeelding op gang te brengen. Toch mag men dergelijke passages, waarin de magische vonk ontstaat, niet toeschrijven aan een willekeurig ingrijpen van de schrijver, aan een enigszins kunstmatige confrontatie van de polen van werkelijkheid en droom, zoals dit wel het geval was in *De Trap van Steen en Wolken*. Vanuit realistisch standpunt bezien zijn deze uitwijkingen van de verbeelding volkomen aanvaardbaar, daar de verteller er krachtens het gebruik van de ik-vorm volledig verantwoordelijk voor is: zij maken een integrerend deel uit van zijn persoonlijkheid. Er is geen twijfel aan dat Daisne juist dit onderwerp (een pathologisch geval) en deze vorm (de roman in de eerste persoon) moest kiezen om zijn verkenningen in het bovennatuurlijke geheel te kunnen rechtvaardigen. De lezer ziet geen breuk tussen de uiterlijk waarneembare en de geestelijke werkelijkheid: door de laatste te enten op de eerste en door het wonderbaarlijke waarschijnlijk te maken heeft Daisne een ware krachttoer verricht.

Het magisch-realisme vertegenwoordigt als zodanig niet een nieuwe esthetiek. Franz Hellens en Robert Poulet hadden het reeds in België geïntroduceerd, al ontbreekt het Daisne dan niet aan oorspronkelijke denkbeelden op dit gebied. In *Letterkunde en Magie* (1958) doet hij een willekeurige greep uit de werken en schrijvers die tot deze richting behoren: Massimo Bontempelli, Pirandello (*Enrico IV*), Oscar Wilde (*The Picture of Dorian Gray*), R. L. Stevenson (*The Strange Case of Dr. Jekyll and Mr. Hyde*), Alain-Fournier (*Le grand Meaulnes*), Pierre Benoit (*L'Atlantide*), films als *Miracolo a Milano* en *Marguerite de la nuit* en zelfs de oude legenden van de Nibelungen en Tristan en Isolde. Maar het best wordt deze literaire alchemie misschien toch beoefend door Hoffmann, een schrijver die Daisne volgens zijn zeggen van jongs af aan heeft gelezen en bewonderd. Niettemin vormt in dit opzicht *De Man die zijn Haar kort liet knippen* een scherpe tegenstelling met *Zes Domino's voor Vrouwen*: zonder dat er een beroep wordt gedaan op occultisme of welke kunstgrepen ook voegt zich de droom bij de wezenstrekken van de hoofdpersoon; hoogstens is er een enkele maal sprake van een soort telepathie (pp. 194–196). Toch dient naast Dostojefski en Plato ook de romantiek tot de bronnen van het werk te worden gerekend. Hiervan getuigt in de eerste plaats de belangstelling voor het gruwelijke, het macabere en unheimliche, die haar hoogtepunt vindt in de autopsie-scène en doet denken aan de kerkhofliteratuur uit het einde van de 18de eeuw, aan de *Gothic Novel*, de thrillers van M. G. Lewis, Maturin en Mrs. Shelley, aan bepaalde novellen van Hoffmann en vooral aan Poe, met wie Daisne de wetenschappelijke objectiviteit en systematische werkwijze gemeen heeft. Afgezien van dit element van gruwelijkheid herinneren de opvattingen die de hoofdpersoon over het hiernamaals koestert aan de voorliefde van Duitse romantici als Novalis en G. H. von Schubert voor de nachtzijde van de dingen. Miereveld vreest het licht (p. 109) en zijn kwellingen, die in de eerste twee e-pisoden worden weergegeven, hebben een smoorhete zomermid-dag als achtergrond. Daarentegen is het in de vroege ochtend dat hij Fran vermoordt en dat zijn wederopstanding begint. De hemel valt samen met de nacht en is voor hem een 'avondpla-neet' (p. 21). Kenmerkend is ook dat hij spreekt van het 'ziels-heldere van de nacht' (p. 21). Wat de 'intimations of immor-tality' betreft, zoals Wordsworth ze noemt, deze geven voedsel aan een zuiver romantische Sehnsucht (p. 251) welke bestaat uit het smartelijk besef van de onvolmaaktheid van deze we-reld, de neiging tot escapisme en het verlangen naar het onein-dige. Van de talrijke romantische aspecten van het boek noemen wij nog de ongebreidelde verbeeldingskracht van de hoofdper-soon waardoor deze in staat is de kloof tussen realiteit en fantasie zonder moeite te overbruggen (pp. 44, 50), voorts het beeld van de vrouw als beschermengel, leidster en troosteres van de min-naar en, ondanks haar bewogen verleden, als boodschapster Gods, en tenslotte de lyrische, beeldrijke en gepassioneerde stijl van de epiloog.

Daisnes belezenheid verleent aan zijn romans een erudiet karakter. De kunst mag dan een voortzetting van het leven zijn, maar in dit geval is het leven reeds van kunst doordrongen: lite-ratuur en film doen hun invloed gelden op gedachten en gevoe-lens en wekken deze zelfs op. Cultuur, waarneming en verbeel-ding vormen hier een ondeelbaar geheel. Miereveld ziet zich-zelf afwisselend als de hoofdpersoon uit *L'Atlantide* (p. 179) en als Jean Valjean (p. 201); op het einde van zijn biecht citeert hij het gedicht *La bouteille à la mer*, waarvan hij de tekst enigs-zins verminkt (p. 280); Fran vergelijkt het verkleurde etiket dat eens haar haak op de klassekapstok aanduidde en dat haar naam draagt, met het portret van Dorian Gray (p. 257). Aan de an-dere kant toont de verliefde pedagoog Miereveld een treffende overeenkomst met professor Unrat uit de *Blaue Engel* (pp. 83–85; 213); er wordt meer dan eens gezinspeeld op de film (pp. 11, 223, 225, 279) als surrogaat van de werkelijkheid, als een 'reali-teit van de tweede graad',[35] wat overigens ook voor de roman geldt.[36]

Voor Daisne is de kunst een symbiose van de natuur en de cultuur, een gebied dat grenst aan dat van de wetenschap en de filosofie.[37] Zo heeft het magisch-realisme iets van de scheikunde in de wijze waarop het gebruik maakt van een proefondervindelijke techniek en het elementen als de stof en de ziel verbindt. Maar het is ook verwant met de filosofie en wel door het speculatieve object van zijn bewerkingen. Het onderscheidt zich zowel van het een als van het ander in zijn taal die een zuiver allusief karakter bezit.[38] Een dergelijke kunstbeschouwing is in België zo ongewoon en is zelfs in bepaalde opzichten zo anachronistisch dat men zich er verder in zou willen verdiepen, te meer omdat zij ook internationaal gezien een onmiskenbare originaliteit vertoont. Wat het onderhavige werk betreft: dit is een van de weinige romans waarvan men kan zeggen dat zij de volmaaktheid benaderen. Het belang van de metafysische en morele problemen, het raffinement van de structuur en de psychologie, de diepzinnigheid van de geuite zienswijzen, de poëtische verfijning waarmee de naturalistische kracht gepaard gaat, de met de sfeer van Dostojefski doordrongen reminiscenties aan Plato, deze overbluffende vermenging van wetenschap en romantisch idealisme, literatuur en filmkunst, feiten en mysterie, lelijkheid en schoonheid, en daarnaast de verscheidenheid en plooibaarheid van de afwisselend geëxalteerde, objectieve en gemoedelijke stijl: dit alles verrast, boeit, ontroert en verbijstert zelfs door zijn virtuositeit, maar vertoont daarbij ontegenzeglijk het merkteken van het genie.

Hubert Lampo

Terugkeer naar Atlantis (1953)

De journalist en criticus Hubert Lampo (1920) is uitgegaan van de psychologische roman met zijn onuitputtelijke thema's van liefde en geluk. *Hélène Defraye* (1944) en *De Ruiter op de Wolken* (1949) bevatten overtuigende portretten, al zijn zij dan geschetst door een wat weke en nog onervaren hand en verraden zij een te duidelijke invloed van Charles Morgan en Aldous Huxley. Wij raken hier wellicht een van de zwakke kanten van deze schrijver: zijn aandacht voor het literaire leven zal Lampo meer dan eens tot slachtoffer maken van zijn opnemingsvermogen en zijn eruditie. *De Belofte aan Rachel* (1952) vertoont dezelfde intellectuele preoccupaties, maar de analyse van individuele gevallen is hier opgenomen in een weids panorama van de hedendaagse politiek. Om de strijd tussen de dictatuur en de vrijheid weer te geven, past Lampo een werkwijze toe die met *Joachim van Babylon* (1948) in zwang is gekomen en die bestaat in de nauwelijks verhulde transpositie van moderne toestanden naar een historisch verhaal, waarin de verteller de bedriegerijen van een zogenaamde held ontmaskert. Dat in Vlaanderen de bloeitijd van de 'antieke' roman is aangebroken, bewijst reeds *Idomeneia en de Kentaur* (1951), een fantasie over de liefde en de zeden.

In zijn behoefte om zich te vernieuwen beperkt Lampo zich niet tot de behandeling van gevoelsproblemen en zedelijke of politieke conflicten. Twee van de drie novellen van de *Triptiek van de onvervulde Liefde* (1947) zijn reeds gebaseerd op de formules van Daisne, en ook zijn beste romans – *Terugkeer naar Atlantis* (1953) en *De Komst van Joachim Stiller* (1960) – spelen zich af op de grens van het bovennatuurlijke. In het niemandsland tussen de psychologische roman en het magisch-realisme vermelden wij nog *De Duivel en de Maagd* (1955), een geromantiseerde biografie van Gilles de Rais, waarin de auteur blijk geeft van zijn belangstelling voor geschiedenis, occultisme en het probleem van goed en kwaad.

Lampo is in tegenstelling tot Daisne geen theoreticus en in zijn opvatting van de roman toont hij zich al evenmin een systematicus als een vernieuwer. De schrijver, zo zegt hij, heeft een dienende taak: hij moet de mens inzicht geven in zichzelf, en hij dient de rechtvaardigheid, de menselijke waardigheid en de vrijheid boven alles te stellen, waarbij hij niet mag vergeten dat deze laatste haar uitgangspunt vindt in het individu.[1] De kunstenaar moet zich solidair voelen met de maatschappij, want evenals voor *Van Nu en Straks* staat ook voor Lampo het ideaal even ver af van het l'art pour l'art als van de politieke propaganda. Ook in zijn verkondiging van een op intellectuele problemen[2] en op 'den innerlijken mensch'[3] afgestemde literatuur herhaalt Lampo in wezen slechts een wens van Vermeylen, zij het dat hij deze wens op een persoonlijke manier interpreteert door er Daisnes 'magie' aan toe te voegen: naast de denkbeelden, gevoelens en verschijningsvormen van de Geschiedenis wil hij het mysterie ter sprake brengen waarmee het menselijk lot is verweven. 'De haast magisch te noemen kracht van de kunst', schrijft hij, 'schuilt immers hierin dat zij, ofschoon niet bij machte een afdoend antwoord te verstrekken op de essentiële vragen: van waar komen wij, waarheen gaan wij en wat is het doel van onze doortocht op aarde, ons niettemin in staat stelt, zij het dan ook vaag, een glimp op te vangen van het wezen van leven en dood, van de mens en de dingen, die hem omringen, kortom, even in een vreemde rimpeling langsheen onze ziel die mysterieuze vierde dimensie te voelen trekken, waarin het misschien alles gelegen is'.[4] Dit is de grote lijn die Lampo volgt, al mag hij er dan ook vaak van afwijken. De ideale roman, zo verduidelijkt hij, zou een poort tot het bovennatuurlijke moeten openen, de lezer helpen zichzelf beter te begrijpen en aan de liefde een uitgelezen rol toekennen; het betreft hier de liefde voor de naaste en vooral die voor de vrouw, wier aanwezigheid, hoe vluchtig deze ook mag zijn, voldoende is om het leven draaglijk te maken.[5]

Van al zijn boeken beantwoorden *Terugkeer naar Atlantis, De Komst van Joachim Stiller* en *Hermione betrapt* (1962) het meest aan deze formule. Ongetwijfeld brengt de schrijver er zijn meest persoonlijke opvattingen in tot uiting. Met name het eerstgenoemde werk is vervuld van een onbestemde onrust en van een berustende melancholie die uit de diepste lagen van het zieleleven lijken voort te komen; de stijl en de toestanden missen de feilen en de knipoogjes naar het publiek die de verhalen van deze auteur soms de kant van het feuilleton en de reportage doen uitgaan. Later zal blijken in hoeverre Lampo door Daisne is beïnvloed, maar reeds nu zij geconstateerd dat, terwijl *Triptiek* nog herinnert aan de fantastische kant van het magisch-realisme, *Terugkeer naar Atlantis* zich evenals *De Man die zijn Haar kort liet knippen* beperkt tot het gebied van de realiteit die volgens de schrijver het specifieke onderwerp van de roman is. Lampo heeft zichzelf gekenschetst als een 'realist op de grens van droom en daad'.[6] Uitgaand van de zintuiglijk waarneembare wereld wil hij ons slechts een glimp tonen van het mysterie dat hem vervult, waarbij hij overigens nooit de allure van een magiër aanneemt: op de drempel van het onbekende blijft Lampo staan.[7]

Terugkeer naar Atlantis [8] heeft als hoofdpersoon een arts die zich buiten de stad heeft gevestigd, tussen een fabriek, een spoorweg en een woonwagenkamp. Bij de dood van zijn moeder ontdekt Christiaan bij toeval dat zijn vader, die hij gestorven waande, dertig jaar geleden spoorloos is verdwenen. Nieuwsgierig geworden raadpleegt hij een oude vriend van zijn vader en de politieman die destijds met de opsporing belast is geweest. Maar noch hun verklaringen, noch zijn onderzoek van de papieren van de 'overledene' geven opheldering. Hij komt slechts te weten dat zijn vader een intense belangstelling had voor werken over Atlantis en dat hij, na op een avond het huis uit te zijn gegaan om tabak te kopen, nooit is teruggekomen. Ondertussen keren in Christiaans leven onverwacht twee vrouwen terug:

eerst de onbekende die hij als student eens heeft ontmoet op een ontgroeningsbijeenkomst en die nu getrouwd is en hem haar harteleed komt toevertrouwen; vervolgens Eveline, het meisje van wie hij in zijn jongensjaren heeft gehouden. Eveline heeft op het punt gestaan zich te verdrinken, en daar zij aan geheugenverlies lijdt, weet zij niet wie zij is tot de dag waarop zij toevallig verneemt dat zij wel eens Christiaans zuster zou kunnen zijn; daarop vlucht zij van hem weg en werpt zij zich onder een trein.

Ziehier de voornaamste feiten van dit bizarre verhaal, waarvan de betekenis gemakkelijker uit de opbouw van de intrige kan worden afgeleid dan uit de schaarse passages waarin de hoofdpersoon – het betreft hier wederom een ik-verhaal – hypothesen over de zin van de gebeurtenissen te berde brengt.

Een zeer belangrijke rol speelt in dit werk de omgeving: de armzalige wanorde van de buurt, de triestige najaarsluchten, de stank van de fabrieken, maar ook de mildheid van de schemering, de romantiek van besneeuwde barakken en de charme van verwaarloosde tuinen. Drie beelden, die voortdurend als leidmotieven worden herhaald, bepalen de grondtoon van de roman: het onbestemde licht van de gaslantaarns, het weldadig geluid van de regen [9] en het fluiten van de trein dat elke avond te horen is en een bijzondere rol speelt bij de dood van Christiaans moeder (p. 28), bij de eerste verdwijning van Eveline (p. 44) en op het moment dat de laatste zelfmoord pleegt (p. 218); bovendien is het passeren van de trein min of meer verbonden met het vreemde lot van de vader (pp. 71, 156). Deze knap gecombineerde beelden scheppen een subtiele atmosfeer waarin het beseffen van het mysterie samengaat met de vage weemoed die men bij bepaalde gevoelsmensen aantreft (p. 10), maar die hier wordt getemperd door vreugde over kleine dingen. Lampo munt uit in het weergeven van de poëzie van het lelijke, in het suggereren van de schoonheid (p. 10) die plotseling uit kan gaan van een ogenschijnlijk luguber tafereel en van allerlei stille getuigen van een middelmatig bestaan. Het is hem er niet alleen om te doen rondom de dingen een poëtisch waas te scheppen, maar hij wil hiermee bovendien de dimensie van het bovennatuurlijke oproepen. Zo draagt het decor bij tot de uitbeelding van het eenzelvige, weemoedig dromerige karakter van de verteller, terwijl het daarnaast het doodsthema accentueert en dit verrijkt met een ondefinieerbare huivering (p. 30). Voor Lampo is de buurt min of meer wat het 'Domaine mystérieux' was voor Alain-Fournier .[10] *Le grand Meaulnes* is overigens het lievelingsboek van zijn jeugd geweest; later heeft hij er een fraaie studie aan gewijd (*De Roman van een Roman*, 1951). Toch lijken de overeenkomsten hier eerder voort te komen uit geestverwantschap dan uit een bepaalde invloed. Daarentegen herinneren de nauwe banden tussen de mens en zijn milieu en tussen het karakter en de atmosfeer (p. 124), alsook de poëzie van de kanalen en de vochtige straatstenen aan het werk van Simenon, voor wie Lampo een grote bewondering koestert.[11]

Wat de bouwstoffen van de intrige betreft: deze zijn zeer verschillend van aard. *Terugkeer naar Atlantis* bestaat uit een vermenging van zich in het heden of in het verleden afspelende gebeurtenissen en korte overdenkingen; het leven van alledag wordt er in verbonden met de droom en met de kunst. Een dergelijke synthese doet sterk denken aan Johan Daisne. Hetzelfde kan men zeggen van het soms angstwekkende decor, van de talrijke toevalligheden en herhalingen, van de platonische liefde van Christiaan voor Eveline, van de symboliek der getallen (p. 26), en van het geheimzinnige karakter van bepaalde bloemen (p. 34).[11] Het is echter het naast elkander plaatsen van ongelijksoortige elementen dat de meeste aandacht verdient, want evenals dit in *De Man die zijn Haar kort liet knippen* het geval is, zijn de compositie van het werk en het verkrijgen van magische effecten hier rechtstreeks afhankelijk van gemaakt. Zo bestaat het eerste hoofdstuk uit drie delen die op het eerste gezicht geen enkele samenhang vertonen. Na een snelle schets van het milieu en van de hoofdpersoon (pp. 7–14) volgt een voorval uit diens studententijd (pp. 14–21), waarna de verteller een sprong van ongeveer twintig jaar maakt naar de dood van zijn moeder; daarenboven is de beschrijving van deze recente gebeurtenis gecombineerd met allerlei beschouwingen over het beroep van arts in een armoedige buurt (pp. 21–29). Lampo streeft er echter niet naar de contrasten te verscherpen, maar tracht deze juist te verdoezelen. In plaats van de spanning tussen de verschillende lagen van de realiteit zo hoog mogelijk op te voeren, vermindert hij haar door deze lagen aan de hand van een overgang (pp. 14–15) met elkaar te verbinden en vooral door ze te doordrenken met een sfeer die de eenheid van toon waarborgt. In dit opzicht slaat hij een andere weg in dan Daisne. Minder stoutmoedig en gematigder dan zijn voorganger dempt hij de schokken en lost hij de tegenstellingen op. Het realisme krijgt bij hem de overhand op de magie: waar Daisne door middel van een kettingreactie vonken verwekt, weet Lampo slechts nu en dan een zwak schijnsel te doen ontstaan. Een groter contrast dan tussen het kleurloze bestaan van de rechtschapen Christiaan en de hevige kwellingen van Miereveld is niet denkbaar. Op dezelfde wijze herleidt Lampo Daisnes wijsgerige uiteenzettingen tot eenvoudige, voorzichtig gestelde hypothesen. *Terugkeer naar Atlantis* is dus geen ideeënroman, want terwijl Daisne voortbouwt op een zekerheid, een waarachtig geloof waaruit hij de zedelijke, esthetische en metafysische consequenties kan trekken, bepaalt Lampo zich tot het suggereren van een voorgevoel van het mysterie. Zijn domein is dat van de voorkennis waarvan het nog onbepaalde object zich aan elke vorm van definitie en analyse onttrekt, en derhalve slechts op indirecte wijze door suggestie en sfeer kan worden weergegeven. Van het filosofisch-religieuze stelsel van *De Man die zijn Haar kort liet knippen* is bij Christiaan niet meer dan een vaag moreel idealisme overgebleven, een soort ascetisme dat voorbereidt op de toelating tot de 'andere' werkelijkheid (p. 151). De schrijver stelt eerder een probleem dan dat hij er de oplossing van tracht te geven.

Van de tegenover elkaar gestelde polen zijn er twee die bijzondere aandacht verdienen: het verleden en het heden. De verteller wisselt de volwassen leeftijd en de kinderjaren voortdurend met elkaar af, waarbij hij in zijn verlangen om de verloren tijd terug te winnen deze gewoonlijk weergeeft alsof hij hem in werkelijkheid opnieuw beleeft. Wij hebben hier te doen met een procédé dat vaak in de film wordt toegepast (p. 76).

Ook wordt men in het werk herinnerd aan de beeldovergangen (pp. 71, 87, 128) die de toeschouwer onmerkbaar van de ene periode in de andere verplaatsen. Lampo, die een minder traditioneel romanschrijver is dan soms wordt beweerd, heeft zich bij de algemene evolutie aangesloten door de psychologische techniek te vernieuwen door middel van ontleningen aan de film en de detectiveroman. De jeugdherinneringen hebben voornamelijk betrekking op Christiaans eerste liefde. Het is een maagdelijke, maar tevens kortstondige, gefrustreerde en onmogelijke liefde – een hoofdthema bij deze schrijver –, daar de kleine Eveline plotseling verdwijnt, Christiaan alleen achterlatend met zijn verdriet. Deze zuiverheid en volmaaktheid zijn ten ondergang gedoemd. De aan deze episode gewijde passage (pp. 36–49) getuigt van een delicate ontroering die het authentieke karakter ervan verraadt. Zonder twijfel vertegenwoordigt deze neoromantiek, dit heimwee naar de paradijselijke kinderwereld, waarvan kleine vlasharige meisjes, aftelrijmpjes en steelse zoentjes de hoofdbestanddelen vormen, een wezenlijke trek van Lampo's literaire persoonlijkheid. Hieraan zij toegevoegd dat deze eerste liefde, die tevens de laatste zal zijn, het lot van de hoofdpersoon bepaalt, daar deze het verdwenen meisje trouw blijft (pp. 39–40). En als hij haar tenslotte terugvindt, herhaalt de geschiedenis zich... Door zich zijn jeugd voor de geest te brengen en deze te vergelijken met de volwassenheid kan de mens het patroon reconstrueren waarop zijn bestaan is gegrondvest. Heeft Alain-Fournier niet geschreven: 'Mon credo en art et en littérature: l'enfance. Arriver à la rendre sans aucune puérilité, avec sa profondeur qui touche les mystères. (...) l'immense et imprécise vie enfantine planant au-dessus de l'autre et sans cesse mise en rumeur par les échos de l'autre'? [12] Christiaan is op zoek naar de betekenis van het leven en om hem deze te verschaffen schieten zijn zintuigen en zijn rede tekort. De grote vraag is niet waarom er een vader is verdwenen en hoe deze er heeft uit gezien; Christiaan zegt niet: 'wie was deze man?', maar 'wat is de mens?' (p. 102). Het gegeven van de Vatersuche, dat in verband staat met het verleden en in de vorm van een politieel onderzoek wordt uitgewerkt (III, IV, V, VII, XI), wint aan duidelijkheid en dimensie door de toevoeging van nieuwe gebeurtenissen (VI, VIII, IX) die zich in het heden voltrekken en de hoofdpersoon in aanraking brengen met metafysische problemen (p. 147). Op de invloed van het detectivegenre wijst niet alleen de inkleding in de vorm van een vraag als 'Wie is de dader?', waarbij onze belangstelling wordt gewekt voor hypothesen die achteraf weinig om het lijf blijken te hebben, maar tevens de nauwe relatie tussen het mysterie en het dagelijks leven. Bovendien hebben Simenon en andere schrijvers van moordverhalen Lampo doordrongen van de belangrijkheid van de kleine gebaren (p. 84), die van de romanhelden mensen van vlees en bloed maken. Deze overtollige, maar realistische details zullen in *De Komst van Joachim Stiller* nog talrijker zijn.

De aanvankelijk losse draden van de intrige – de studente van de ontgroeningsbijeenkomst, Eveline, de vader van Christiaan, het verleden en het heden – komen tenslotte bij elkaar in de vorm van een patroon. Alles houdt verband; zo luidt tevens de titel van een van de hoofdstukken (XI). De samenhang van de roman wordt in de eerste plaats gewaarborgd door herhalingen. Op het gebruik van het leidmotief, dat van oorsprong een muzikaal en poëtisch procédé is, hebben wij al gewezen. Daarnaast maakt Lampo gebruik van 'herkenningen': de studente, wier ruwe zinnelijkheid Christiaan vroeger heeft gechoqueerd, keert terug in de gedaante van de vrouw van een procureur; de drenkelinge vertoont de trekken van Eveline. Ook situaties worden herhaald: de vrouw van de procureur wil zich tweemaal aan Christiaan geven en tweemaal stoot hij haar terug (pp. 20, 118); tweemaal laat Eveline hem in de steek en verwoest zij hun liefde (pp. 48, 213). Het is duidelijk dat hier geen sprake is van toeval, maar van predestinatie (pp. 13, 21, 198–199), van een ondoorgrondelijke werking van krachten die Lampo, in tegenstelling tot Daisne, niet gelijkstelt met de goddelijke voorzienigheid. Deze fataliteitsgedachte, die in het werk van de auteur voortdurend opduikt,[13] gaat gepaard met een merkwaardig geloof in het herinneringsvermogen, dat de leer van de *Menon* en de theorie van Jung over het collectief onbewuste en de archetypen in zich verenigt. Voor Christiaan is iedere ervaring herinnering (pp. 130–131): niet de herinnering aan een vorig bestaan van de ziel zoals bij Plato, maar een herinnering die van het begin van de mensheid af wordt bewaard en van generatie op generatie doorgegeven.[14] Zo 'herkent' hij het fantastische, door Delvaux [11] geïnspireerde landschap van een schilderij dat hij voor de eerste maal ziet (pp. 108–109). De overgeërfde herinneringen der voorouders verklaren met name zijn voorstellingen van Atlantis als een realiteit die afwijkt van de door ons waargenomen werkelijkheid en die 'wij in de voortijd van ons bestaan gekend hebben' (p. 226).[15] Wij hebben hier te doen met een archetype, een oerbeeld. Op dezelfde wijze vindt Christiaan zijn vader terug in zichzelf: het verleden herleeft en herhaalt zich in het heden (p. 117). Als hij de leeftijd bereikt die zijn vader had op het moment van diens verdwijning (p. 130), ervaart ook hij de onrust die aan de roep van het onbekende voorafgaat (p. 228). Het lot van de een is onafscheidelijk aan dat van de ander verbonden en stelt hetzelfde raadsel.

De manier waarop Lampo de aandacht vestigt op overeenkomsten en herhalingen is soms geforceerd, en misschien is zijn boodschap ook niet gewichtig genoeg om een dergelijke gecompliceerde constructie te rechtvaardigen. De roman eindigt inderdaad in een vraagteken: weliswaar is Christiaan aan het slot van de intrige overtuigd van het bestaan van een mysterie, maar de aard hiervan is ons evenmin bekend als hem.

Men zou zich kunnen afvragen of de auteur de belangrijkheid van de vrouw van de procureur niet heeft overdreven, welke rol deze vrouw vervult ten opzichte van de intrige en waarom hij te verstaan geeft dat Eveline wel eens de halfzuster van Christiaan zou kunnen zijn. Had Lampo al deze middelen nodig om per slot van rekening niets anders te openbaren dan het ascetisme van de hoofdpersoon en diens eenzaamheid op het gebied van de liefde? Ook kan men zich afvragen waarom de vriend van de vader zich eerst op het einde van het verhaal (p. 225) herinnert dat de vermiste geobsedeerd werd door zijn boeken over Atlantis, terwijl hij deze toch altijd in verband heeft gebracht met zijn vlucht (p. 227). In zijn streven naar subtiliteit raakt Lampo verdwaald in zijn eigen labyrint. Men kan dus zeggen dat er tussen het samengestelde karakter van de structuur en de eenvoud van het thema een wanverhouding bestaat en dat het materiaal met betrekking tot de bescheidenheid der intenties te overvloedig, te robuust is. Sommigen zullen van oordeel zijn dat de epiloog niet vrij is van gebreken. Men mist hierin de overgang van de duisternis naar het licht, van de verwarring naar de harmonie. Uitgaand van de wanorde der verschijnselen, waarvan hij zich met zijn rede geen rekenschap kan geven, komt Christiaan er tenslotte toe de orde te vermoeden die er aan ten grondslag ligt. Deze orde is de 'andere' werkelijkheid, het verdronken continent, diep in het onbewuste,[16] een raadselachtige aanwezigheid die het terrein van de zintuigen omringt en binnendringt, tegelijk dichtbij en ver af is, en een vage overeenkomst vertoont met de dood (pp. 109, 226). Of deze werkelijkheid immanent of transcendent is, daarover spreekt Christiaan zich niet uit. Daarnaast stellen de terugkeer van bepaalde gebeurtenissen en het besef van Atlantis het probleem van de tijd (pp. 110, 162); is de Geschiedenis opgebouwd uit kringprocessen en heeft de vader van de hoofdpersoon zich evenals Eveline, wier verleden is vernietigd, uit de tijd teruggetrokken (p. 193)? Zo goed als bepaalde elementen van de intrige aan geen enkele vast omlijnde bedoeling lijken te beantwoorden, zo wordt ook aan al deze filosofische implicaties stilzwijgend voorbijgegaan. *Terugkeer naar Atlantis* is vol vaagheid en onzekerheid. Moet men dit nu als een tekortkoming zien? Vast staat dat Lampo het mysterie niet heeft willen oplossen, maar dat hij er slechts mee in aanraking wilde komen. Want Christiaan mag dan een dromer zijn, hij is tenslotte arts, een wetenschapsman die gewend is uitsluitend datgene te accepteren wat door het verstand kan worden gecontroleerd. Vandaar zijn scepticisme, zijn terughoudendheid, zijn weigering om zich anders dan in veronderstellingen te uiten. 'Vaag' is een van zijn geliefkoosde uitdrukkingen (pp. 14, 30, 130, 133, 196) en voortdurend maakt hij gebruik van de vragende vorm. Hieruit blijkt de verwarring van de rationalist tegenover het irrationele. Miereveld zou dank zij zijn Dostojefski-achtige karakter oneindig meer mogelijkheden hebben geboden dan Christiaan, die het stadium van het agnosticisme niet zou kunnen overschrijden zonder zijn eigen aard te verloochenen. Dit is de grens die Lampo zichzelf stelt. Weliswaar erkent hij de mogelijkheid van een realiteit die voor de rede ontoegankelijk is, maar dat weerhoudt hem er geenszins van in zijn realisme te volharden: het irrationele blijft onkenbaar. Men zou ongelijk hebben hem in dit opzicht te verwijten dat hij niet verder is gegaan. Dit neemt niet weg dat *Terugkeer naar Atlantis* ons evenals *De Komst van Joachim Stiller* enigszins teleurstelt. Hoewel Lampo's hypothesen hem een nog grotere bewegingsvrijheid veroorloven dan zekerheden zouden doen, maakt hij hiervan nimmer volledig gebruik. De overvloed van premissen in aanmerking genomen had men een minder povere conclusie mogen verwachten. Het is alsof de auteur, nadat hij zich een eindweegs op het terrein van de speculatie heeft begeven, plotseling op zijn schreden is teruggekeerd zonder van zijn droombeelden profijt te durven trekken of zijn voorgevoelens te objectiveren; zo eindigt *Hermione betrapt* met een ware ontmaskering van de magie. Met wat meer geestelijke moed en verbeeldingskracht zou Lampo in staat zijn geweest de meeslepende roman over de grote gissingen te schrijven, al had hij in dat geval zijn opvattingen over de kunst moeten wijzigen: zijn realisme dwong hem te blijven staan op de drempel van het avontuur.

Piet van Aken
Klinkaart (1954)

Piet van Aken, die in 1920 in Terhagen is geboren, is in navolging van veel andere romanschrijvers begonnen met te vertellen over zijn geboortestreek: het industriebekken van de Rupel. Hij beschrijft hiervan het landschap met zijn leemputten, steenovens en fabrieken, de stugge, werkzame bewoners en de ruwe hartstochten die de bevolking troost bieden in haar slavenbestaan. Als regionalistisch schrijver in de trant van Faulkner en Thomas Hardy versmaadt hij de folklore en de idyllische vertekening, wat overigens niet wil zeggen dat hij het leven wil uitbeelden 'zoals het is', op de manier van de realisten. Integendeel: hij vervormt de werkelijkheid wetens en willens, waarbij hij zonder enig gewetensbezwaar de historische waarheid opoffert aan de verbeelding die, volgens hem, de grondstof van de roman is.[1] De realiteit en de verbeelding, zo verklaart hij verder, zijn in de roman onafscheidelijk met elkaar verbonden [2] en wel zodanig dat de kunst in vergelijking met het leven niets anders dan gezichtsbedrog en leugen is.[3] Een dergelijke omschrijving zou evenzeer op Ernest Claes als op Van Aken van toepassing kunnen zijn, en het is dan ook uitsluitend uit de aard van het zinsbedrog dat de grootheid van de kunstenaar kan worden afgeleid. Tenslotte is dit alles afhankelijk van de mogelijkheden van de fantasie en van de veranderingen die de scheppende kracht de werkelijkheid doet ondergaan. Het epische, vergrotende karakter van deze vervorming wordt door Van Aken zelf vastgesteld als hij erkent van de vredige Rupel een woeste Mississippi te hebben gemaakt.[3] Zijn eerste twee boeken, *De falende God* (1942) en *Het Hart en de Klok* (1944) verplaatsen de geboortestreek naar het rijk van de mythe. Deze historische romans, waarin de stichting van de steenfabrieken aan de Rupel wordt beschreven, vormen een legende die, al is zij eenvoudiger van opzet, vergeleken kan worden met de legende van het graafschap Yoknapatawpha bij Faulkner. Bovendien verraden beide werken reeds de sympathie van de auteur voor de Übermensch als de incarnatie van de levensdrang en als het wezen dat lichaamskracht, wilskracht en intelligentie in zich verenigt. De invloed van Filip de Pillecyn, van wie Van Aken op het Atheneum van Mechelen leerling is geweest, komt tot uiting in het trage ritme van de intrige, het heimwee naar het verleden, de weemoedige en mysterieuze sfeer, de voorkeur voor een vage woordkeus en het overheersen van dichterlijkheid en sensualiteit.[4] Spoedig echter zou Van Aken zich een persoonlijker stijl eigen maken. Reeds in *De Duivel vaart in ons* (1946) volgen de gebeurtenissen elkaar snel op en wint de schrijfwijze aan hardheid, soberheid en precisie, terwijl de sociale opvattingen van de schrijver duidelijker naar voren treden. Als leerling van Walschap fundeert Van Aken in het vervolg de roman op de vertelling [5] en verwerpt hij de woordkunst ten gunste van de spreektaal.[6] Tenslotte voelt hij zich als overtuigd socialist er toe geroepen de mensheid te verheffen,[7] waarbij hij er zorg voor draagt zijn humanitaire idealen in de vorm van een psychologisch drama tot uiting te brengen en zich steeds van propaganda te onthouden.[8] Zijn grote thema's zijn de liefde en de haat (*De Duivel vaart in ons, Het Begeren*, 1952), de arbeid (*Klinkaart*, 1954), de persoonlijke verhoudingen binnen maatschappelijke groeperingen als het gezin (*Het Hart en de Klok, Het Begeren*), het proletariaat, het verzet (*Alleen de Doden ontkomen*, 1947), de ontspoorde jeugd (*De wilde Jaren*, 1958) of het koloniaal bestuur (*De Nikkers*, 1959). Van Aken, die eerder een bedreven vakman is dan een filosoof, heeft zonder twijfel dankbaar gebruik gemaakt van de lessen van de Amerikaanse romanschrijvers, met name van Faulkner en Caldwell, die hij door en door kent. Dit blijkt vooral uit zijn naturalistische stijl, uit zijn belangstelling voor sociale kwesties en in het bijzonder die van het gezin, en uit een regionalisme dat in de eerste plaats wordt gekenmerkt door het overbrengen van algemeen menselijke problemen naar het vertrouwde milieu van de geboortestreek.

De novelle *Klinkaart* [9] maakt deel uit van de legende van de Rupel, waaraan de auteur sedert zijn debuut onafgebroken heeft gewerkt. Zij vertelt een episode uit dit epos van de arbeid dat zich uitstrekt van de opkomst van het socialisme tot in onze dagen. In dit machtige, maar zeer ongelijke fresco vormen *Het Begeren* en *Klinkaart* de hoogtepunten.

Het verhaal is gesitueerd in een arbeidersmilieu tegen het einde van de 19de eeuw. Een klein meisje staat 's morgens vroeg op om voor het eerst te gaan werken in de steenfabriek. Zij wordt vergezeld door haar zuster Nel. Het moment is beslissend, want het betekent zowel het afscheid van de kinderjaren als de 'inwijding' in het leven van de volwassenen, in een slopende arbeid, maar ook en vooral in de brutaliteit van het werkvolk en de tirannie van Krevelt, de werkgever. De inwijding voltrekt zich in twee fasen: de eerste proef, die eerder vernederend dan onterend is, bestaat in een soort ontgroening, het 'keizer maken', waaraan de arbeiders de nieuweling onderwerpen; de tweede proef wordt haar opgelegd door de werkgever die het ius primae noctis voor zich opeist. De bedreiging is van het begin af merkbaar en wordt naarmate de uren verstrijken steeds duidelijker. Bij het vallen van de avond, als het verhaal ten einde loopt, zien wij het meisje het kantoor van Krevelt binnengaan. Naast dit hoofdgegeven treedt een tweede thema op: de ontdekking van de liefde. Tussen het meisje en een leerjongen ontluikt een idylle die als tegenwicht fungeert ten opzichte van het gevaar, waar het lot haar onverbiddelijk naar toe drijft.

De handeling speelt zich dus binnen enkele uren af en is bovendien nauw verbonden met de tijd: zij voltrekt zich in een strikt chronologische volgorde en de episoden gaan zonder een enkele hiaat in elkaar over. Hoewel de ontwikkeling van de intrige door de opeenvolging van de ogenblikken wordt bepaald, weet Van Aken elke monotonie te vermijden door het tempo van het verhaal naar de belangrijkheid van deze ogenblikken te regelen. Anderzijds doet hij hier en daar de chronologie geweld aan om ons in een terugblik onmisbare gegevens te verschaffen.

Het accent ligt echter op het heden en vooral op de toekomst, die des te afschrikwekkender is omdat het onheil dat zij met zich mee zal brengen tot het einde, althans voor de ogen van het meisje, onzichtbaar blijft. Van Aken noemt dit een 'horizontale' structuur [10]: aangezien de vorm wordt bepaald door het voortschrijden van de uren en door een opeenvolging van fasen welke het kind van de ochtend naar de avond en tegelijkertijd van de onschuld naar de ervaring voeren, zou men hem kunnen vergelijken met een stuk van een rechte lijn. Dit maakt het mogelijk de waarde van de tijd in de wereldbeschouwing van de schrijver nader te definiëren. De tijd staat hier voor het noodlot, voor iets dat noodzakelijk en almachtig is en waaraan de mens blindelings gehoorzaamt. In *Het Begeren* legt Van Aken de nadruk op de fataliteit van de Geschiedenis die naar zijn mening de komst van het socialisme onvermijdelijk maakt.[11] Ook in de voorafgaande werken komt zijn geloof in het noodlot duidelijk tot uiting, terwijl in *Klinkaart* alles zich buiten de hoofdpersoon om afspeelt alsof haar lot eens en voor altijd is bepaald en zij geen andere rol dan die van slachtoffer heeft te vervullen. De intrige leidt onafwendbaar en logisch, zonder omwegen, onverwachte wendingen of kans op behoud naar de catastrofe, wat mede tot gevolg heeft dat het belang van de feiten beperkt is: de lezer weet van te voren wat er gaat gebeuren en de novelle dankt haar betekenis dan ook geheel aan de knapheid waarmee de auteur de spanning verhoogt en hij de bijna onbewuste prooi in zijn net sluit.

De mens wordt door een afschrikwekkende predestinatie bedreigd. Zijn ondergang staat bij voorbaat vast en lijkt door niets te kunnen worden tegengehouden. De hoofdpersoon doet zelf niets: zij is het dier dat naar de slachtbank wordt geleid. Zij heeft zelfs geen naam. Haar onderworpenheid blijkt verder uit de manier waarop de schrijver de macht over het verhaal in handen houdt. Van Aken gebruikt vaak de ik-vorm (*Het Hart en de Klok*, *De Duivel vaart in ons*, *Het Begeren*, *De Nikkers*), maar in *Klinkaart* heeft hij zich daarentegen moeite gegeven de afhankelijkheid van de personages ten opzichte van hun schepper te doen uitkomen. Deze verschijnt hier en daar als een alwetende getuige die de aandacht wil vestigen op zijn aanwezigheid. Zo is de dialoog nooit werkelijk dramatisch; Van Aken laat zijn personages niet spreken zoals hij hen op het toneel zou laten doen: door toevoeging van een 'zei hij' of 'zei ze' [12] geeft hij te kennen dat hij hen observeert en hun woorden overbrengt. Terwijl het ik-verhaal de verteller – die ook acteur is – althans schijnbaar vrij laat, toont *Klinkaart* ons personages in een toestand van volledige onderwerping. Van Aken gebruikt deze macht overigens eerder op de manier van een vader dan van een tiran. De onderworpenheid van het proletariaat is een feit dat hij objectief vaststelt en in alle oprechtheid wil weergeven, maar waarvan hij niet kan verzwijgen dat het hem met afgrijzen vervult. Daar de beknoptheid van de novelle (58 bladzijden) hem er toe dwong al zijn krachten aan het karakter van de hoofdpersoon te wijden, beperkt hij zich doorgaans tot een beschrijving van de reacties van het meisje: het is door haar dat wij worden ingelicht over het landschap, de mensen en hun woorden. Door de afstand die hem van het kind scheidt te vergroten of te verminderen confronteert Van Aken de lezer afwisselend met het drukkende lot dat het meisje zal verpletteren of met haar angst en, op indirecte wijze, met zijn medelijden met haar:

'Ze bleef op de kamerdrempel staan, de deur wijd open latend, alsof op die manier Nel dichter bij haar was. Ze keek naar de lange, magere man die achter de tafel zat te schrijven, het beenderig, paarsachtig gelaat met de grove wenkbrauwen waarvan de uiteinden van zijn gezicht weg schenen te springen, de lange, gebogen neus, de grote mond met de smalle, wrede lippen. Toen de man het hoofd ophief zag ze zijn donkere ogen oplichten. Ze keek van hem weg en zag de schaal met sinaasappels die op de tafel stond. Het waren mooie, grote sinaasappels, fris en scherp van kleur. Ze zag opeens weer die andere sinaasappel voor zich, de eerste en de enige die niet ongenaakbaar buiten haar bereik was geweest, in gedachten opnieuw belevend hoe zij deze laatste voorbije zomer aangespoeld hout aan het rapen waren en hoe die sinaasappel, vlak tegen de oever aan, was komen aandrijven, langzaam en rustig op zichzelf draaiend, vlakbij en

toch vreemd en onaantastbaar in het lichtjes van slijk doorde-
semd oeverwater der rivier.

"Doe de deur dicht en kom hier", zei Krevelt. "Je hoeft niet
bang te zijn, kleine. Je hoeft helemaal niet bang te zijn."

Ze draaide zich om en deed de deur dicht. Terwijl ze de kamer inliep probeerde ze de blik uit die donkere ogen te ontwij-
ken, hard naar de sinaasappels starend, in de redeloze, wilde
hoop dat hun aanblik haar aan die verlammende angst ont-
heffen zou. Ze had plotseling, helder en schrijnend, het gevoel
alsof die ene zomerse dag aan de rivier een eeuwigheid geleden
door een vreemde was beleefd.' (pp. 57–58)

Het portret van het jonge meisje is een wonder van fijnzin-
nigheid als men bedenkt welke beproevingen zij heeft te door-
staan. Dit naamloze wezen is heel wat meer dan een symbool
van het kind als slachtoffer van het kapitalisme: onder Van
Akens talrijke personages neemt het een uitzonderlijke plaats
in en krijgt het een reliëf dat door levensdrift bezeten woeste-
lingen als een Balten en een Joker haar kunnen benijden. De
overgang van *Het Begeren* naar *Klinkaart* toont enige overeenkomst met die van *Germinal* naar *Le Rêve* en Van Aken heeft hiermee bewezen dat hij in de aquarel even bedreven is als in het
epos. Het karakter van de hoofdpersoon bestaat louter uit half-
tinten, nuances, gewassen kleuren en lichttrillingen, en men is
dan ook geneigd het met een impressionistisch schilderij te vergelijken. De hoofdpersoon is een dromerig, zuiver en gevoelig
kind, dat ontvankelijk is voor de schoonheid van de dingen en
er graag een dichterlijk karakter aan geeft. Niets zou dit meisje
kunnen bezoedelen: haar zuiverheid en onbekendheid met het
kwaad maken haar onaantastbaar en geven haar een geest-
kracht die de lichamelijke vernederingen zonder moeite overwint (p. 33 en p. 56). Op het moment van de verkrachting
klampt zij zich vast aan het beeld van een sinaasappel die zij in
de afgelopen zomer op het water van de rivier heeft zien drijven:
zo verzacht de schoonheid de eenzaamheid van haar lot, door
haar een laatste toevlucht te bieden (p. 58). In de gemeenschap
die Van Aken beschrijft zijn de aan willekeur overgeleverde
verdrukten in hun pogingen om de dans te ontspringen slechts

op zichzelf aangewezen. Het is in haar onschuld dat het van alle kanten bedreigde meisje haar betrouwbaarste bondgenoot vindt. Toch heeft het haar tot op dat moment aan morele steun niet ontbroken. In de loop van het verhaal zien wij hoe zij instinctief contact zoekt met mensen die goed en vriendelijk zijn. Van de jongen met wie zij werkt en die evenals zij naamloos is gebleven, beschrijft de auteur alleen de glimlach, want het is juist deze bijzonderheid die haar ontroert (p. 31). Hun schuchtere liefdeblijken zijn in volstrekte harmonie met de sfeer van zachtheid en poëzie waarmee het meisje is omgeven, een sfeer die overigens niets afdoet aan de veelzijdigheid van haar karakter: dit kind van nog geen twaalf jaar is al een vrouw die zich van haar macht bewust is (p. 36).

Dit brengt ons bij een van de twee polen van Van Akens talent, te weten diens bekwaamheid om zaken in bedekte termen of stilzwijgend te verstaan te geven. Zo is de idylle tussen de kinderen een meesterstukje van understatement (p. 43). Hetzelfde geldt voor het decor, het slavenleven van de arbeiders, hun solidariteit, de bezorgdheid van de vader, de toenemende dreiging van het noodlot dat zich gaat voltrekken; dit alles wordt ternauwernood gesuggereerd of hoogstens in enkele lijnen geschetst. Nog belangrijker is dat Van Aken, hoewel hij het domein van de kunst nimmer verlaat, er in slaagt om met indirecte middelen bij de lezer reacties van morele en zelfs van politieke aard op te wekken. Door deze allusieve methode wordt zijn sociale boodschap veel doeltreffender weergegeven dan in een tendensroman het geval zou zijn geweest. Van uiteenzettingen of beschuldigingen is hier geen sprake: de misstanden worden zakelijk genoteerd alsof zij volkomen natuurlijk en onvermijdelijk zijn. In een groot gedeelte van de vertelling blijkt de suggestie te overheersen. Deze werkwijze is ongetwijfeld in Van Akens romans weinig gebruikelijk, maar men moet niet vergeten dat zij in de novelle gemeengoed is. Men krijgt de indruk dat Van Aken er een middel in heeft gezien om afwisseling te brengen in de naturalistische passages en de tragedie van de onschuld te doen uitkomen.

De gevoeligheid van deze auteur heeft niets gekunstelds of

sentimenteels; zij is, zoals Hubert Lampo heeft vastgesteld,[13] volstrekt mannelijk en geenszins in strijd met de rauwe scènes waarmee zijn romans vol staan. Van Akens kunst mag er dan een van contrasten zijn, maar deze ontaarden nimmer in dissonanten: de tegenstelling sluit de gematigdheid niet uit en de verscheidenheid doet aan de eenheid van toon geen afbreuk. *Klinkaart* berust op een reeks contrasten: de zachtheid van het meisje en de ruwheid van de volwassenen, haar naïeveteit en de obsceniteit van hun taal, het verloren geluk en de slavernij die haar wacht, de door de titel gesuggereerde ellende van de arbeid, maar ook de verborgen vreugde daarvan, de wreedheid van het lot en de tederheid van de jongen, de verkrachting en de idylle. Wat de bouw van de intrige betreft is er dan nog de met overleg toegepaste afwisseling van verhoogde (pp. 32–33, 41) en verminderde spanning (pp. 35–36, pp. 42–43) en in maatschappelijk opzicht de scheiding tussen de uitbuiters en hun slachtoffers. Ook in de manier waarop de personages worden gegroepeerd en in de stijl vindt men deze contrastwerking terug. Het meisje en de jongen onderscheiden zich duidelijk van de overige figuren. Daar is Nel, een 'taaie', die doet waar zij zin in heeft, een ruwe bolster met blanke pit, sensueel, vrolijk en genotzuchtig; voorts het mooie mannetjesdier Jokke, een bruut die doet denken aan de hoofdpersonen uit *De Duivel vaart in ons* en *Het Begeren*, en verder nog de op de achtergrond gehouden 'magere man' (pp. 40–41), een soort volksfilosoof zoals men die bij Van Aken vaker aantreft. Sommige scènes tonen de invloed van Buysse en de Amerikaanse naturalisten: in deze jungle, waarin het recht van de sterkste overwint, is geweld aan de orde. Van Aken is een meester in het uitbeelden van losgeslagen instincten en hij geeft de lelijkheid weer met een overtuigingskracht waaraan men hem onmiddellijk kan herkennen. In *Klinkaart* wordt het effect van de naturalistische dierlijkheid nog versterkt door de zedelijke schoonheid en de zwakheid van het kind. Op het terrein van het lichamelijke ondervindt het geweld geen enkele tegenslag en daar, maar ook alleen daar kan het alles vernietigen wat het op zijn weg tegenkomt. Wat tenslotte de woordkeus betreft: deze is steeds sober en nauwkeurig. Voor het kind vindt de auteur ingetogen en fijnzinnige bewoordingen, terwijl bijvoorbeeld het portret van Jokke als met de naald gegraveerd lijkt; hier is alles hard en liefdeloos:

'Ze keek op en zag de man die haar stond aan te kijken. Hij stond in de andere loods en hij was zo lang dat hij tot over de derde dwarsbalk reikte. Hij was mager, breed in de schouders en heel knap. Ze had nog nooit een man gezien die zo knap was, met zijn bruine huid en zijn pikzwart haar dat in korte, diepe golven achteruit gekamd lag. Hij bleef haar zwijgend aanstaren, zonder uitdrukking in zijn ogen, langzaam kauwend op een pruim.' (p. 34)

Van Aken vermijdt nu de eenkleurigheid en de wazige effecten van De Pillecyn, maar versmaadt eveneens het goedkope verisme dat arbeiders en boeren plat doet spreken. Al zijn romanfiguren spreken correct. Daarnaast heeft zijn evolutie naar het realisme de trefzekerheid en de helderheid van zijn stijl doen toenemen. Van Aken is een Walschap zonder diens gekunsteldheden, want ook hij geeft de voorkeur aan de stoere, directe en met spreekwoorden en beelden doorspekte taal van het volk.

Het blijkt dus dat poëzie en naturalisme, het impliciet en expliciet gestelde elkaar in evenwicht houden, en het is dan ook de knappe verbinding van deze tegenstellingen waaraan het werk zijn spanning en zijn verscheidenheid dankt.

Door zijn gegeven is *Klinkaart* verwant met de zogenaamde inwijdingsverhalen,[14] waarvan ons de Bijbel het beroemdste voorbeeld heeft gegeven. Van Aken beschrijft de overgang van een kind van de staat van onschuld naar de kennis van goed en kwaad. Ondanks de zedelijke kracht van de hoofdpersoon betekent deze overgang niets minder dan een val, een nederlaag, daar het kwaad de overhand krijgt op het goede. De inwijding neemt de vorm aan van een totale breuk met het verleden, dat wil zeggen met het geluk: zij loopt uit op een – overigens tamelijk vage – bewustwording van de slavernij van de mens. Evenals in de zogenaamde primitieve gemeenschappen gaat de toegang tot de kennis (lees: de volwassenheid) gepaard met barbaarse riten, met beproevingen van sexuele aard als het 'keizer maken' en de verkrachting; op weg naar de steenfabriek brengt Nel haar zusje zelfs bij een soort tovenaar die door haar geluk te wensen het noodlot moet bezweren (p. 25).

Een dergelijk schema is er op gebaseerd dat de ceremonie door niets kan worden onderbroken en het drama komt dan ook voort uit het feit dat Van Aken aan de arbeidsomstandigheden het onafwendbare karakter toekent dat de theogonie bezit bij de Papoea's. De gebeurtenissen waarover hij vertelt vinden plaats tegen het einde van de 19de eeuw, zij het dat hij in dit opzicht elke nauwkeurigheid vermijdt [15]; de tijd van de handeling geeft hij indirect weer: vóór de periode van de in *Het Begeren* beschreven infiltratie van het socialisme. Men wordt geschokt door de machteloosheid van de arbeiders tegenover de onbeperkte heerschappij van het kapitaal. Zij zijn letterlijk de 'verworpenen der aarde', futloze werkdieren, automaten die zonder zich te beklagen het hoofd buigen, volledig verstoken zijn van politiek bewustzijn en in hun lot berusten (pp. 40–41). De onderdanigheid van het meisje symboliseert die van een klasse, en Van Aken voert de passiviteit en de weerloosheid van het slachtoffer zo ver door dat hij als het ware een kreet van protest in de lezer opwekt. De onmacht van het kind tegenover het lot of, beter gezegd, van het proletariaat tegenover de maatschappelijke orde roept om wraak. Het is dus het rechtvaardigheidsgevoel dat Van Aken in de lezer wil prikkelen, maar wij wijzen er nogmaals op dat hij deze reactie indirect verwekt en er zich voor hoedt ons de les te lezen. Wij komen juist in opstand omdat de auteur de vrijheid van de mens volledig ontkent. Dit lot, zo zou men hem kunnen verwijten, heeft niets van een fysieke noodzakelijkheid. Door het gelijk te stellen met de tijd heeft Van Aken zich schuldig gemaakt aan een sofisme dat uiteindelijk slechts diende om de onrechtvaardigheid van dit fatum duidelijk te doen uitkomen, onze aandacht te vestigen op de ware aard ervan en het ons te doen zien als de wil van een groep en niet als het lot van de gehele mensheid. Dit fatum bestaat slechts voor zover wij het als zodanig wensen te beschouwen: armoede, zedeloosheid, alcoholisme, afmattende arbeid, kindersterfte, bijgeloof, werkloosheid, het zijn stuk voor stuk gevolgen van een situatie die door een minderheid aan een meerderheid wordt opgelegd en die dus kan worden veranderd mits de massa zich deze situatie bewust wordt en doorgrondt. Deze kentering heeft de auteur behandeld in *Het Begeren*: zonder ook maar een moment de mogelijkheid van de vrijheid in politieke of sociale zin te ontkennen, laat Van Aken haar voortkomen uit de kennis, waarvan de verspreiding volgens hem bij het socialisme berust. *Het Begeren* toont hoe dank zij het socialisme het proletariaat in staat is de inertie te overwinnen die het in *Klinkaart* kenmerkt. In de novelle daarentegen wordt de rechtmatigheid van de gevestigde orde geen moment in twijfel getrokken: de werkgever fungeert als werktuig van het noodlot en zijn straf wordt verschoven naar het hiernamaals (p. 25). Van Aken neemt dit standpunt niet in om het te verdedigen, maar om zich hiermee op een lijn te stellen met de arbeidersklasse en ons er op indirecte wijze van te overtuigen dat een verandering onvermijdelijk is. Hiermee maakt hij de komst van het socialisme even wenselijk als de tirannie van het kapitaal op dat moment noodzakelijk lijkt te zijn. Het verleden wordt niet langer geromantiseerd als in *Het Hart en de Klok*, maar beschreven in het perspectief van het historisch materialisme. Desondanks overheerst in het marxisme van Van Aken niet de leer, maar het gevoel: zijn sociale ideeën zijn met hartstocht en geloof geladen.[16] Deze schrijver heeft zich steeds vijandig getoond jegens het intellect dat zich heeft losgemaakt van de levensdrang, het instinct en het lichamelijke (*Het Hart en de Klok*, *De Duivel vaart in ons*) en hij heeft ook niet geaarzeld om de superioriteit te verkondigen van het gevoel ten opzichte van het denken (*Het Begeren*). De mens is volgens hem nimmer een pion die in het schaakspel van de Geschiedenis kan worden opgeofferd. Algemene begrippen, zoals bijvoorbeeld de klassenstrijd, projecteert hij steeds in de concrete en bijzondere gevallen van de psychologische roman.[17] Aldus sluit hij aan bij de westerse socialistische traditie die niet bereid is tot een volledig ondergeschikt maken van het individu aan de groep, of van het onvolmaakte doch tastbare heden aan een betere, maar illusoire toekomst. Van Aken is een reformist die sterker wordt geïnspireerd door de emotie en door ethische en humanitaire overwegingen dan door de marxistische dialectiek.

In feite berust het werk op een aantal stellingen van morele en affectieve aard die men moeilijk onder woorden kan brengen zonder ze op een grove manier te vereenvoudigen. Aan dit gevaar is de schrijver overigens haast steeds ontsnapt. In de eerste plaats gelooft hij dat het kind en de verdrukte goed zijn; de zedeloosheid van de arbeiders, zo zegt hij,[18] dient als compensatie voor hun slavernij: zij zijn er niet verantwoordelijk voor. Aan de andere kant verheerlijkt hij hun energie, hun werklust en hun nog machteloze solidariteit. Aan dit laatste gevoel schenkt hij bijzondere aandacht omdat naar zijn mening het probleem van het individu niets anders is dan het probleem hoe zich van zijn eenzaamheid te bevrijden om op te kunnen gaan in de gemeenschap. Van Aken geeft aan de verkrachting van de hoofdpersoon zelfs het karakter van een zoenoffer waarmee het meisje het bestaan van haar gezin veilig stelt (p. 55). Het socialisme, zo luidt een van de grondgedachten, of liever geloofspunten van zijn oeuvre, heeft de arbeiders er van overtuigd 'dat men in het lijden nooit alleen staat'.[19] De vrijwillige zelfverloochening en zelfopoffering waartoe het solidariteitsgevoel leidt, moeten de mens in staat stellen aan zijn isolement te ontkomen. In zedelijk opzicht is er voor het individu slechts behoud te vinden in het dienen van de ander (*Alleen de Doden ontkomen, Het Begeren*),[20] wat overigens niet wil zeggen dat Van Aken het socialisme als alleenzaligmakend beschouwt. Zijn ethische zienswijzen zullen zich nog duidelijker aftekenen in *De wilde Jaren*, het *Schuld en Boete* van het Vlaanderen van de juke-boxen en de nozems. Hieraan zij toegevoegd dat Van Aken geneigd lijkt het geweten in verband te brengen met milieu en opvoeding.[21] Terwijl de proletariërs te verontschuldigen zijn, daar zij door het kapitaal zijn verdorven, speelt de werkgever in *Klinkaart* de traditionele rol die hem eertijds in de Sowjetfilms werd toebedeeld: die van de verrader in rokkostuum. En hierin ligt misschien de enige zwakheid van dit boek.

Marnix Gijsen
Joachim van Babylon (1948)

In de eerste werken van Marnix Gijsen (1899) was er niets dat
er op wees dat deze auteur ooit een romanschrijver zou worden.
Aanvankelijk neemt hij actief deel aan de expressionistische
beweging. Als medewerker van *Ruimte* (1920–1921) schrijft hij
op twintigjarige leeftijd een *Lof-litanie van den H. Franciscus van
Assisië*, een grootsprakige hymne waarin een militant geloof en
een voorkeur voor humanitaire gemeenplaatsen tot uiting komen en waarvan de grillige beeldspraak een contrast vormt met
de soberheid van zijn latere werken en inzonderheid met die
van *Het Huis* (1925). Na deze bundel anekdotische verzen, die
stuk voor stuk een zedeles illustreren, wijdt Gijsen zich uitsluitend aan de kritiek en aan de geschiedenis. Zijn kronieken in
De Standaard hebben hem, wat de poëzie betreft, tot een van
onze invloedrijkste en geduchtste beoordelaars gemaakt. In
1925 promoveert hij aan de Universiteit van Leuven op een dissertatie getiteld *Etude sur les colonies marchandes méridionales à An-
vers de 1488 à 1567* en in 1940 verschijnt *De Literatuur in Zuid-Ne-
derland sedert 1830*. Hij zet zijn studies voort in Zwitserland, Parijs en Londen, bezoekt Griekenland en maakt enige reizen naar
de Verenigde Staten, waar hij zich in 1939 blijvend vestigt. Aan
de vooravond van de oorlog leek het er op dat de hoogleraar,
diplomaat en essayist aan de kunstenaar voorgoed het zwijgen
hadden opgelegd. Niets was echter minder waar. In maart 1947
publiceerde Marnix Gijsen in het *Nieuw Vlaams Tijdschrift* zijn
eerste roman: *Het Boek van Joachim van Babylon*, die een jaar later
bij Stols werd uitgegeven.[1] Sedertdien heeft hij er meer dan tien
geschreven.

Hoe paradoxaal het ook moge klinken, zijn oeuvre vertoont geen hiaten. Gijsen mag dan in het buitenland zijn geweest, zijn geloof hebben verloren, van de poëzie zijn overgegaan op de roman, maar dit alles heeft geen afbreuk gedaan aan zijn verlangen om de sleutel te zoeken tot zijn bestaan en er een moraal, een les uit af te leiden.[2] Of zijn kunst nu lyrisch is of verhalend, zij is steeds sterker afhankelijk van zijn ervaring dan van zijn fantasie. De onuitputtelijke vindingrijkheid waarmee een Walschap personages tot leven wekt en situaties weet te scheppen zoekt men bij hem tevergeefs. Zijn romans, zo verzekert men ons,[3] zijn slechts transposities van de doorleefde werkelijkheid. Hun autobiografische inslag verklaart bepaalde eigenaardigheden en in het bijzonder het retrospectieve karakter van deze werken. *Joachim van Babylon* begint met de begrafenis van Suzanna, de 'castissima Susanna' uit de Bijbel (*Vulgaat*: Daniël xiii), d.w.z. met het einde, want de roman verhaalt de geschiedenis van haar huwelijk met Joachim. Alles is volbracht; de gebeurtenissen worden achteraf beschreven. Bij een auteur als Gijsen valt de ervaring niet, zoals dat bij een zuivere verbeeldingsmens het geval is, samen met de schepping, maar gaat zij er aan vooraf. Evenals in zijn poëzie staat ook in deze roman de persoonlijkheid van de schrijver in het middelpunt. Het is echter een vroegere persoonlijkheid dan die welke het werk redigeert, en het verhaal is dan ook een terugblik, een opheldering van het verleden: tegelijkertijd een gewetensonderzoek en een bevrijding. Dit plotseling weer opleven van de inspiratie, dat met *Joachim van Babylon* is ingezet en daarna met de publicatie van een roman per jaar is bevestigd, laat zich inderdaad verklaren uit de bevrijdende werking van de bekentenis: door zijn verleden te openbaren verlost Gijsen zichzelf voorgoed van de remmingen die uit zijn christelijke opvoeding zijn voortgekomen. Het autobiografische karakter wordt in dit geval nog geaccentueerd door het gebruik maken van de ik-vorm. In het voorwoord van zijn tweede roman, *Telemachus in het Dorp* (1948), bekent Gijsen, die dan nog een beginnend romanschrijver is, zijn onvermogen om een ander procédé toe te passen en citeert hij ter illustratie hiervan de versregels van Christopher Morley:

This is all we ever say:
Ego, mei, mihi, me.[4]

Joachim wil bij het vertellen van zijn leven te werk gaan als een historicus en legt daarom de nadruk op de waarachtigheid van zijn verklaringen (p. 9, p. 175). Maar dat wat men in de roman waarheid noemt is ten opzichte van de werkelijkheid nooit meer dan verdichtsel. Hoewel de eerste persoon enkelvoud aan het verhaal de echtheid van een biecht lijkt te geven, wijst de bijbelse inslag van de intrige op Gijsens behoefte om van de zuivere autobiografie af te wijken. Nu biedt deze inkleding ook talrijke voordelen. In de eerste plaats verleent zij de auteur de nodige speelruimte om ten opzichte van zijn onderwerp meer of minder afstand te nemen: hoewel de bijbelse held en de mens van de twintigste eeuw verschillende wezens zijn, kunnen zij ook een en dezelfde worden, en Gijsen put nu eens uit de verbeelding en dan weer uit de doorleefde werkelijkheid. De combinatie van fabel en ik-verhaal maakt het de auteur mogelijk zich van zichzelf te distantiëren: zij garandeert als het ware het objectieve karakter van de introspectie. Het stuit Gijsen tegen de borst zijn ervaringen in een onbewerkte vorm weer te geven en daarom plaatst hij ze in het kader van het verleden en van de legende, waardoor hij ze kan stileren en op een hoger plan brengen. Men herkent hierin de houding van de criticus en essayist, van een auteur die liever over de feiten redeneert dan dat hij ze beschrijft. Wij zullen op dit punt nog terug moeten komen, maar laten wij eerst eens zien om welke redenen zijn keus nu juist op de geschiedenis van Suzanna is gevallen. Het betreft hier een onderwerp dat in de schilderkunst en in de literatuur herhaaldelijk voorkomt en de ontwikkelde lezer derhalve bekend is. De gebeurtenissen zijn van bijkomstig belang en het is voldoende er op te zinspelen. Evenals in de klassieke tragedies weet men alles van te voren: de badscène, de oude mannen, de tussenkomst van Daniël, enzovoort. Hiervan vormen de eerste vier bladzijden trouwens een soort samenvatting. Gijsen kan er dus van afzien de anekdote verder uit te werken. Bovendien legt hij ten opzichte van de bijbeltekst een volstrekte vrijmoedigheid aan den dag. Hij bewerkt hem naar eigen inzicht, verrijkt hem met anachronismen en literaire zinspelingen (Gide, Pascal, Cyriel Verschaeve, Van de Woestijne, Marlowe, Hadewijch e.a.), verwisselt Israël met Vlaanderen en Babylon met Frankrijk of Amerika, en laat de profeet Daniël in de badscène een uiterst dubbelzinnige rol spelen. Op dit punt zijn Joachims beweringen zelfs in flagrante tegenspraak met de Schrift. Dit is precies wat de schrijver beoogt, aangezien het immers past in zijn streven om Daniëls partijdige getuigenis, die de door de Kerk overgeleverde en derhalve officiële en gewijde lezing is, te corrigeren; men zal zich herinneren dat deze passage door de Protestanten als apocrief wordt beschouwd. Joachim toont ons dus de keerzijde van de medaille, te weten een waarheid die tegen de Waarheid indruist. Gijsen stelt zich er niet mee tevreden de Bijbel aan te passen aan de eisen van de roman, maar onderwerpt hem ook aan kritiek en profanatie. Hij heeft daarmee wellicht, zoals Van Duinkerken suggereert,[5] te verstaan willen geven dat hij het geloof van zijn kinderjaren verloochende. Wat hier ook van zij, *Joachim van Babylon* is geen bijbelse roman in de trant van die van Th. Mann, maar een doorzichtige [6] – een gewild doorzichtige – transpositie van het moderne leven. Gijsen geeft niets om archeologie en besteedt aan de couleur locale ternauwernood aandacht. Het gebruik van bijbelse termen zal men hier eerder moeten toeschrijven aan de fantasie van de highbrow dan aan de nauwgezetheid van de oudheidkundige: het spel met de geschiedenis en met de taal is voor de intellectueel een aardig tijdverdrijf. De ellenlange titel van de roman – 'Het Boek van Joachim van Babylon hetwelk bevat het oprecht verhaal van zijn leven en dat van zijn beroemde huisvrouw Suzanna kort geleden ontdekt in de opgravingen van Nat-Tah-Nam [7] en voor het eerst zorvuldig vertaald en uitgegeven door een liefhebber der Oudheid' – is een pastiche in de oude stijl. Evenals Montesquieu, Swift en Voltaire en als Raymond Brulez in *Sheherazade* vermaakt Gijsen zich er mee op twee klavieren tegelijk te spelen. Aan de vermenging van bijbelse fabel en hedendaagse realiteit ontleent hij satirische effecten zoals ternauwernood verhulde aanvallen op de 'rabbijnen', op 'Israël', enz. Deze vermommingen kunnen niemand misleiden, en goed beschouwd vervullen Gijsens rabbijnen dezelfde functie als de derwisj in de *Lettres persanes* of de Lilliputters in *Gullivers Reizen.* Zij zijn louter mikpunt van spot. Doordat het exotisme de wereld waarin de auteur leeft tot een maskerade maakt, plaatst het hem op de afstand die de ironie nodig heeft. Kortom: de verwijzing naar het Oude Testament maakt het de schrijver mogelijk zich van zijn autobiografisch gegeven te distantiëren; zij ontslaat hem van de verplichting over de feiten uit te weiden en staat hem toe zich in de betekenis ervan te verdiepen; tenslotte verraadt zij indirect maar ondubbelzinnig de kritische geest waarin de roman is geconcipieerd.

Joachim van Babylon zou men een essay in romanvorm kunnen noemen. De conflicten vinden primair hun oorsprong in morele en intellectuele houdingen en secundair in de feiten en gevoelens. Toch zijn Joachim en Suzanna geen symbolen, wat wel geldt voor de rabbijnen en de rechters, die meer redeneren dan dat zij leven. Als individu maakt Joachim zelfs een sterke indruk, maar zijn inducerende denkwijze leidt hem voortdurend van de gevolgen naar de oorzaken, van de hartstochten naar de drijfveren, van de levensproblemen naar de waarden die er aan ten grondslag liggen. Joachim beweegt zich niet uitsluitend op het niveau van de verschijnselen: zijn meest wezenlijke activiteit is de bespiegeling, waarbij zijn intellect als werktuig fungeert. Terwijl Gilliams via de zintuigen en de verbeelding tot de kennis tracht te komen, verlaat Gijsen zich volledig op de methoden van het verstand: de analyse en de vergelijking, die de voornaamste wapenen zijn van de criticus. Zijn roman behoort grotendeels tot het betogende genre. De argumentatie heeft de voorrang boven de taferelen, de aforismen zijn niet van de lucht en de beschrijvingen blijven beperkt tot enige algemene trekken. De dialogen, die in een doorwrochte stijl zijn geschreven, hebben niets realistisch, en Gijsen vervangt ze vaak door de indirecte rede. De anekdoten spelen een louter illustratieve rol of dienen slechts als aanleiding tot uiteenzettingen. Bovendien is de zintuiglijke waarneming op enkele uitzonderingen na ontdaan van haar rechtstreeks, toevallig en fysiek karakter:

Gijsen vermijdt elk impressionisme en kiest bij voorkeur de algemene en abstracte term. Desondanks is *Joachim van Babylon* geen filosofische parabel doch, onder meer, de geschiedenis van een ongelukkige liefde, van een mislukt huwelijk. Maar ook al houdt de analyse rekening met de hartstochten, toch wordt het psychologische element slechts dienstbaar gemaakt aan een beschouwing over de zeden: die van de ik-figuur, zoals in *Elias* het geval is, en vooral die van de universele mens, '(...) het eenige dat mij belang inboezemde', zegt Joachim, 'den mensch, zijn gedragingen en de verontschuldigingen en verklaringen die hij voor die gedragingen kan aanbrengen.' (p. 87) Aan dit feit dankt het werk een draagwijdte die in de psychologische roman niet wordt bereikt. Het doet denken aan de 18de-eeuwse 'conte moral' en aan de *Thésée* van Gide. Gijsen is een moralist die het leven niet nabootst, maar er een mening over geeft. Overigens blijkt dat de spanning minder het gevolg is van een werkelijke botsing van gevoelens en ideeën dan van verborgen tegenstrijdigheden in de wijze van voelen, denken en handelen. Tot een oorlogsverklaring komt het niet altijd, maar het voorgevoel dat de hoofdpersoon er van heeft is daarom niet minder smartelijk. Joachim staat alleen tegenover alles: de openbare mening, de Kerk, de moraal. Deze koude oorlog, die door crises wordt onderbroken en waarvan hij de felheid van de aanvang af aan het licht brengt, bepaalt het tempo van de intrige. Het is een snel tempo, want al toont de uitwerking van het gegeven een bespiegelend karakter, dit heeft Gijsen er niet van weerhouden de theorieën van Walschap over de roman tot de zijne te maken[4]. In de voor *Adelaïde* gebruikte formule vervangt hij de daad door de gedachte. De bondige stijl, de pregnante zinnen waarmee aan het begin en einde van elk hoofdstuk de spanning wordt gaande gehouden, de epigrammatische beknoptheid van de commentaren, de levendige redeneertrant die recht op het wezenlijke afgaat, de knappe afwisseling van anekdote en betoog, dit alles wijst er op dat bij Gijsen het intellect iets van het ritme van de levensdrang heeft weten te behouden. Opmerkelijk is verder dat de auteur af en toe zijn ingetogenheid prijsgeeft en zich van meer in het oog lopende middelen bedient: op de beslissende momenten wordt zijn proza, dat gewoonlijk zo terughoudend is, verrijkt met zintuiglijke indrukken die de anders verdrongen emotie tot uiting brengen.

Uit dit alles komt het beeld van een klassiek temperament naar voren, een temperament dat afgestemd is op de analyse, belang stelt in alles wat de mens betreft, zich bekommert om harmonie en betamelijkheid, de werkelijkheid stileert – Joachim houdt meer van tuinen dan van de ongerepte natuur (p. 92) – en zelfs volgens het oude voorschrift er naar streeft zich nuttig te maken. Want dit boek heeft Joachim geschreven 'niet uit na-ijver, noch uit bitterheid. Stellig niet uit kortswijl en ook niet voor uw vermaak; wel een weinig tot uw stichting.' (p. 175); de romanschrijver, zo verklaart Gijsen al in 1936, is een 'moralist qui s'ignore'.[8] Niettemin herinneren de kritische en libertijnse geest en het ironisch scepticisme waarmee de roman is door-drenkt, eerder aan de vertellingen van Voltaire en Swift dan aan de literatuur uit de eeuw van Lodewijk XIV. Wij moeten deze vergelijking echter niet te ver doorvoeren: Gijsen mag dan de traditie van de 'conte moral' voortzetten, hij maakt hier-van gebruik om er de moderne gevoeligheid mee uit te drukken.

Zoals wij hebben gezien ontwikkelt de intrige zich snel: in ongeveer 175 bladzijden vat Gijsen de autobiografie van de hoofdpersoon samen vanaf diens jeugdjaren tot aan de drempel van de dood. Het is voor alles een proces van onthechting, een reeks ontgoochelingen die hij beschrijft. Om beurten verliest Joachim zijn illusies en ervaart hij de nutteloosheid van het ge-loof, de filosofie en de schoonheid. Tegen het einde van zijn le-ven rest hem niets anders dan de zekerheid dat hij een absurde wereld gaat verlaten. De enige vorm van onsterfelijkheid die voor de mens bereikbaar is – voort te leven in zijn kinderen – is hem onthouden: Suzanna is onvruchtbaar. Maar zoals in alle bitterheden van het leven berust hij ook hierin. Joachim aan-vaardt zijn lot met een volstrekt stoïcijns geduld en spoort an-deren aan tot waardigheid, zelfbeheersing, medelijden en vooral tot moed, 'het kostbaarste kruid dat groeit op deze aarde' (p. 175). Dank zij een aangeboren gevoel voor discipline (pp. 140–141) leidt het verlies van de hoop niet tot wanhoop. Hij verzet zich tegen de angst en getuigt daarbij van zijn geloof in de wils-kracht, en om de geest voor onvruchtbaarheid te behoeden laat hij aan de instincten de vrije loop. Verstand en gevoel brengt hij met elkaar in evenwicht zodra een van deze elementen zijn innerlijke harmonie dreigt te vernietigen. Hij geeft hiermee blijk van twee klassieke hoedanigheden: het zichzelf meester zijn en het gevoel voor maat. Deze laatste eigenschap stemt ge-heel overeen met zijn opvatting van de mens. Volgens Joachim is de menselijke natuur schoon en goed; daar hij deze natuur als maatstaf van alle dingen beschouwt, wil hij er geen enkel bestanddeel van opofferen: noch het lichaam, noch de ziel, noch de zinnen, noch de geest. Opdat dit geheel van krachten zich harmonisch kan ontwikkelen is het nodig dat elke kracht de grens respecteert die haar van de andere scheidt. Dit ideaal van gematigdheid komt met name tot uiting in het verwerpen van alles wat het aldus bereikte evenwicht zou kunnen bederven, zoals kuisheid, dogmatisme en in het algemeen elk streven naar het absolute. Het is immers duidelijk dat een dergelijke behoefte aan harmonie noodzakelijkerwijs gepaard gaat met een royale dosis relativisme. Als agnosticus wantrouwt Joachim alles wat zich verheft boven het menselijke, dat hier gelijk wordt gesteld met het onvolmaakte en onvolledige. De tot het uiterste door-gevoerde deugd wordt een misdaad, en daarom is het raadzaam haar met tact te beoefenen (p. 133) en daarbij het gezond ver-stand te laten meespreken, het gezond verstand dat Molière zo dierbaar was en waarvan Suzanna volledig verstoken lijkt te zijn. Hetzelfde geldt voor elke volmaaktheid, daar het absolute zowel de geest als het hart op dwaalsporen leidt. Het is door schade en schande dat Joachim, die zich eerder heeft blindge-staard op de Schoonheid dan dat hij een vrouw heeft liefgehad, tot dit inzicht is gekomen: 'Ja, ik heb mij vergist. Ik heb het schoone nagejaagd zonder voldoende te denken aan haar die de schoonheid ronddroeg als een toorts door de bruine duister-nis van ons dagelijksch bestaan.' (p. 169) Joachim erkent dus dat hij voor de mislukking van zijn huwelijk evenzeer verant-woordelijk is als Suzanna: doordat zijn blik gericht was op het Schone en de hare op het Goede hebben zij elkaar nooit gezien zoals zij waren. Want, zo zegt een van de rechters tegen hem, er mag dan iets goddelijks in de mens zijn, maar dat maakt hem nog niet tot een god (p. 147).

Dit zijn in grote lijnen de conclusies van dit rijke boek waarin de psychologie van het huwelijk samengaat met filosofische overwegingen, beschouwingen over de zeden en kritiek op de kuddemoraal. *Joachim van Babylon* toont zowel de trekken van *Adolphe* als van het essay en de 'conte moral'. Het is zonder twijfel Gijsens beste en veelzijdigste roman [9] en men kan er de meeste thema's van de schrijver in aantreffen.

Het klassieke karakter ervan komt ook tot uiting in de symmetrie en de strenge indeling van de intrige. De expositie omvat drie hoofdstukken die de geestelijke ontwikkeling van de hoofdpersoon schetsen tot diens huwelijk met Suzanna. Aan de orde komen zijn opvoeding, zijn afkeer van de onderwijsmethoden der 'rabbijnen', zijn reizen naar het buitenland die hem bevrijden van een bekrompen nationalistisch en godsdienstig milieu en tenslotte zijn zoeken naar het gelijk, dat de filosofie hem evenmin kan geven als het geloof. Alleen de liefde, zo besluit hij, zal hem misschien in staat stellen een zin aan het leven te geven en te ontsnappen aan de angst die hem bij de aanblik van de ijdelheid van het bestaan naar de keel grijpt (p. 42). Anton van Duinkerken heeft op scherpzinnige wijze aangetoond dat bij Gijsen de ontwikkeling van de personages plaats vindt in drie stadia: confrontatie, initiatie en frustratie.[10] Door Israël te verlaten maakt Joachim zich los van de vooroordelen van de stam; ingewijd in andere wijzen van denken en handelen verwerft hij zich een onafhankelijkheid van geest, een luciditeit en een scepticisme die hem van de massa van zijn landgenoten isoleren. Misschien is het overdreven om van frustratie te spreken. Tot dit begrip behoort immers ook heimwee naar wat men heeft verlangd, doch heeft moeten missen, terwijl Joachim geen moment het gemis betreurt van de vertroostingen des geloofs.

Maar er zijn andere teleurstellingen waarover hij zich voortdurend het hoofd breekt: 'Wat heb ik met dit hart gedaan? Heb ik het met verstand gebruikt? Ik geloof het niet. Ik heb het steeds aangewend voor dingen die niet waren te bereiken: ik vroeg zekerheid in het leven, ik vroeg een kind, ik zocht later recht en ook vriendschap. Daaraan heb ik mijn hart gehangen.' (p. 173) Wij zijn hier bij de kern van de roman gekomen: zal op het punt waarop godsdienst en wijsgerige bespiegeling faalden, de liefde slagen? Neen. Het huwelijk tussen Joachim en Suzanna loopt uit op een nieuwe nederlaag. Suzanna bezit een zo volmaakte schoonheid dat Joachim, die immers een tegenstander van alle uitersten is geworden, niet kan nalaten van zijn ongerustheid blijk te geven. Suzanna is zo mooi dat zij hem aan een beeld doet denken (p. 46); haar volmaaktheid grenst aan het tegen-natuurlijke, het monsterachtige. Het absolute verbergt een ge-brek: Suzanna speelt niet eerlijk, want haar volmaaktheid is niets anders dan een valse belofte waardoor Joachim zich laat misleiden. Niet voor lange tijd echter. Weldra slaagt hij er in de koelheid, de kleingeestigheid, het conformisme en de wanhopig makende kwezelachtigheid aan het licht te brengen die achter haar charmes schuilgaan. In haar onvermogen om zich te geven pronkt Suzanna met 'la froide majesté de la femme stérile': zij mist het gebrek dat haar menselijk zou maken. Zowel door haar schoonheid als door haar deugd is zij de verpersoonlijking van alles wat Joachim is gaan haten. Suzanna is te mooi om kinde-ren voort te brengen en daarom draagt zij haar moederinstinct over op haar echtgenoot: zij begeert hem niet en is hem niet ter wille, maar vertroetelt en beschermt hem. Nooit zal Joachim haar minnaar zijn: zij liefkoost hem als een zoon. Het abnor-male, haast incestueuze karakter van hun verhouding weer-spiegelt zich overigens in de Bijbel in die zin dat de man er vol-ledig in schuilgaat achter de vrouw aan wie alle eer ten deel valt. Goed beschouwd is het dan ook een aanvullende informatie die Joachim ons verstrekt in de zes hoofdstukken waarin hij spreekt over zijn liefde en vervolgens zijn haat ten opzichte van Suzanna, zijn pogingen om zijn evenwicht terug te vinden in de arbeid en zijn verblijf te Babylon, waar het gezelschap van de oude man-nen hem kalmte en vrede geeft tot het moment waarop Suzanna zich bij hem voegt en door haar preutsheid en gestrengheid het ons bekende drama uitlokt (hoofdstuk VIII). Door de welwillen-de tussenkomst van Daniël wordt Suzanna in haar eer hersteld

214

(hoofdstuk IX), waardoor zij voor altijd het symbool is geworden van de zegevierende kuisheid. Wat Joachim betreft: deze voelt zich eenzamer dan ooit in een wereld die door vooroordelen is verstard. Dit is de prijs die hij voor zijn helder inzicht en vrijheid van denken moet betalen. Maar is per slot van rekening niet ieder mens een kluizenaar? De eenzaamheid is voor ons even natuurlijk als eten en drinken, en de ware wijsheid komt neer op moed en verzaking: wij dienen van een duurzaam geluk af te zien, weerstand te bieden aan de tijd, onze vijand – 'Het geluk is in het oogenblik; het ongeluk is in den tijd' (p. 68) – ons te onttrekken aan de verleiding van het absolute en er in te berusten dat elke waarheid voor een gedeelte uit leugen bestaat.

De drie hoofdstukken van de epiloog zijn tevens het meest discursief van karakter. De roman eindigt met een verhandeling over leven en dood (hoofdstuk X) en de laatste bladzijde kan men zelfs als een geestelijk testament beschouwen.

Joachim van Babylon blijkt dus een boek vol bitterheden te zijn, maar deze bitterheid wordt getemperd door de ironie, door de stoïcijnse wil om het lot standvastig te ondergaan en door het aan liefde grenzende medelijden met de naaste. Joachim sluit zich niet op in zijn lijden en zijn ellende maakt hem niet blind voor die van de ander: de gematigdheid, de zin voor het relatieve en het verlangen om het menselijke in al zijn verschijningsvormen te aanvaarden krijgen ook nu weer de overhand. Aan de Grieks-Romeinse Stoa herinnert Gijsen in zijn belangstelling voor het ethische, in zijn verheerlijking van het gezond verstand, de vrijheid en de wilskracht, in de uitverkoren rol die hij de mens in de natuur toebedeelt en in zijn kosmopolitische allure.[11] Joachim is de volmaakte honnête homme, wars van elke bekeringszucht, ieder vrij latende om door middel van de ervaring de weg te vinden die hem past. In tegenstelling tot de voorstanders van het romantisch solipsisme maakt hij slechts aanspraak op een bescheiden plaats in de maatschappij: niet als gids – waarheen zou hij zijn kudde moeten leiden? (p. 100) – maar als getuige en criticus, wiens enigszins hooghartig isolement aan het gemeenschapsgevoel geen afbreuk doet.

Louis Paul Boon

De bende van Jan de Lichte (1957)

Indien de belangrijkheid van een onderwerp kan worden afgemeten aan de frequentie waarmee het in het oeuvre van een schrijver opduikt, dan is dit er een van de eerste orde. Om te beginnen herinnert het thema van *De Bende van Jan de Lichte* aan dat van twee andere romans van Boon (1912), te weten *Vergeten Straat* (1946) en de diptiek die gevormd wordt door *De Kapellekensbaan* (1953) en *Zomer te Ter-Muren* (1956). Bovendien zijn er van het werk niet minder dan twee versies: de eerste verscheen in 1951–1952 als feuilleton [1] en de tweede, die van de eerste aanzienlijk verschilt, zag in 1957 het licht.[2] Vermelding verdienen tenslotte enige in *Zomer te Ter-Muren* ingelaste schetsen,[3] die het mogelijk maken de wordingsgeschiedenis van het werk te reconstrueren, wat tevens geldt voor het eerste ontwerp van de expositie, dat reeds in 1950 in het *Nieuw Vlaams Tijdschrift* is verschenen.[4] Al meer dan zeven jaar wordt Boon geobsedeerd door de geschiedenis van Jan de Lichte, de beroemde rover die tijdens de Oostenrijkse successieoorlog te Aalst werd veroordeeld en terechtgesteld, samen met een honderdtal trawanten. Onvermoeibaar verzamelt Boon alles wat hij over het onderwerp kan vinden, en onder invloed van zijn fantasie maakt het beeld van de bandiet plaats voor dat van een held: 'zijn' Jan de Lichte trotseert de soldaten van Maurits van Saksen en brengt de paria's en verdrukten uit Vlaanderen bijeen onder de vlag van de revolutie. Hij is er echter getuige van hoe zijn idealen van vrijheid en rechtvaardigheid het moeten afleggen tegen de verdorvenheid van de menselijke natuur. Deze wordt o.a. verpersoonlijkt door de machiavellistische Baru, een soort voorafschaduwing van Fouché.[5]

Het in het *Nieuw Vlaams Tijdschrift* verschenen fragment, waarvan de titel luidt 'Eerste Preuve voor een Volksboek met ondergrondse Bedoelingen', omschrijft het literaire genre dat hier aan de orde is. Boon wil weer aanknopen bij de oude traditie van de volksboeken, een traditie die zich in Vlaanderen tot aan het begin van deze eeuw heeft gehandhaafd; men zal zich herinneren dat de schrijver, die van proletarische afkomst is, in 1943 (*De Voorstad groeit*) debuteerde in het teken van een met Lode Zielens en Matthijs verwant 'populisme'. In *Zomer te Ter-Muren* verklaart hij een volksroman te willen schrijven en noemt hij in dit verband de feuilletons van Eugène Sue en de levensbeschrijvingen van struikrovers als Cartouche en Baekelant.[6] *De Bende van Jan de Lichte* toont in menig opzicht overeenkomst met de kunst voor de massa – de stuiversroman, het schelmenverhaal – of met hun moderne pendant: de avonturenfilm. Karakteristiek voor dit genre zijn titels waarin de voornaamste feiten van de hoofdstukken worden samengevat, een snelle, gebeurtenisrijke handeling, bravourstukken als de aanval op de diligence, de belegering van het kasteel en de ontvluchting van de gevangenen, achtervolgingen, vermommingen en onverwachte wendingen, een psychologie van de allereenvoudigste soort die helden tegenover verraders stelt, passages waarin de auteur zich tot de lezer richt en op de gebeurtenissen vooruitloopt,[7] een onopgesmukt taalgebruik dat doorspekt is met uitroepen en 'platte' beelden, enz. Dit alles doet denken aan de roman van V. Huys over Baekelant [8] en aan de werken van J. F. Vincx en E. Ternest over Jan de Lichte,[9] waardoor Boon zich wellicht heeft laten inspireren. En nu de kwestie van de bronnen ter sprake is gebracht, dient onmiddellijk het werk te worden genoemd dat het aanzijn heeft gegeven aan de voornaamste personages van deze historische roman: deze wonderlijke verzameling van *Vonnissen*, die in 1748 werden uitgesproken tegen 'Moordenaeren, Dieven, Vagebonden ende andere Quaetdoeners'.[10] Sommige van Boons verhalen en met name *Menuet* (1955) zijn doorspekt met gemengde berichten, en naar

217

alle waarschijnlijkheid zal het hier genoemde oude dossier een even sterke aantrekkingskracht op hem hebben uitgeoefend als de daden van geweld waarmee in onze tijd de kranten vol staan. Maar al geeft Boon, door naar de *Vonnissen* te verwijzen en het werk van J. de Damhouder over de folteringen [11] te raadplegen, er blijk van dat hij zich zorgvuldig documenteert, toch heeft hij niets van een archivaris. De figuur van Baru-Fouché is volledig het produkt van zijn fantasie, hij vervroegt de historische sterf-datum van Jan de Lichte met drie maanden en hij vormt een luguber dodenregister om tot een heldendicht. In feite heeft de auteur slechts de persoonsbeschrijvingen van zijn romanfiguren aan de *Vonnissen* ontleend. De anachronismen en simplificaties zijn van weinig belang, en evenals de aan de schelmenroman ontleende wijze van inkleden dient de geschiedenis slechts als een façade voor de werkelijke bedoelingen.

In navolging van de schrijvers van de volksboeken wil Boon het publiek beïnvloeden, zij het niet op de manier van Huys, Vincx en Ternest, bij wie de bandieten zich, als zij gestraft wor-den, bekeren. De dood van de held is bij hem allerminst een 'Verklärung', wat overigens niet wegneemt dat ook het einde van deze opstandeling, die het gezag tot op het folterrad tart, voorbeeldig is. Hetzelfde zou men trouwens van zijn hele leven kunnen zeggen. Door tegelijk als verteller en als commentator op te treden speelt Boon dubbel spel. Hij is inderdaad slechts zelden bereid zich achter zijn personages te verbergen en van-daar dan ook dat hij bij voorkeur gebruik maakt van de derde persoon, die het hem mogelijk maakt tevens beschrijvingen en toelichtingen te geven, in en uit de handeling te treden al naar het hem goeddunkt en de lezer er afwisselend van af te leiden en weer in terug te werpen. In *De Bende van Jan de Lichte* gaat het verhaal vergezeld van een verklaring (pp. 59, 60) die de vorm lijkt aan te willen nemen van een discussie met de lezer (p. 22) of van een vermaning, hetgeen tot uiting komt in het veelvuldig gebruik van de gebiedende wijs. Boon bekommert zich minder om de intrige dan om de uitwerking ervan op het publiek. Hij staat naast ons en is bereid ons te leiden, waarbij hij hardop denkt (p. 17), vragen – zij het retorische vragen – stelt, zijn boek soms onder onze ogen vorm geeft (pp. 54, 120, 186), de les trekt uit de gebeurtenissen en afwisselend goedkeurt en veroordeelt. Deze werkwijze had hij al eerder toegepast in *De Kapellekensbaan* en in *Zomer te Ter-Muren*, waarin de commentaar zozeer is uitgedijd dat deze de vertelling in belangrijkheid haast overtreft. Daarvan is in het onderhavige werk geen sprake: de vorm van het volksboek fungeert met succes als tegenwicht ten opzichte van de uitweidingen waartoe de auteur maar al te zeer geneigd is; in plaats van uiteen te zetten – een genre dat hem niet goed afgaat daar hij gemakkelijk in gemeenplaatsen vervalt – toont hij aan en geeft hij de idee weer in epische taferelen waarvan hij slechts af en toe de betekenis verduidelijkt. Het is dank zij deze harmonische vermenging van redenering en verbeelding dat *De Bende van Jan de Lichte* in Boons overvloedige oeuvre een bijzondere plaats inneemt.

Door zich in het verhaal te mengen geeft Boon onder meer te kennen dat de tijd van de handeling nauw aan de onze is verbonden.[12] Dit was reeds het geval in *De Kapellekensbaan* en *Wapenbroeders* (1955), waarin respectievelijk de opkomst van het socialisme in Vlaanderen en de vete tussen Reinaert en Isengrijn worden behandeld.[13] Ditmaal echter wijst Boon niet langer expliciet op het verband tussen heden en verleden. Om dit duidelijk te maken zullen wij in 't kort het standpunt van de verteller ontleden. *De Bende van Jan de Lichte* is een roman in de eerste persoon meervoud, waarbij onder 'wij' schrijver en lezer tesamen worden verstaan, die als getuigen bij de gebeurtenissen aanwezig zijn. Waar Boon echter een onderscheid maakt tussen 'wij' en 'zij', tussen 1950 en 1750, is zijn gebruik van de voornaamwoorden soms verwarrend. Zo spreekt hij reeds op de eerste bladzijde van 'onze' steden die door de Spanjaarden zijn uitgemoord en van 'ons' land dat door de soldaten van Lodewijk xv is bezet. Maar verder heet het dat 'wij' er evenmin als 'zij' van houden dat de schildwacht naar onze papieren vraagt (p. 9), en elders (p. 197) wordt gezegd dat een van 'ons' kennis zal maken met de gevangenis van de koning. Niet alleen voert Boon de lezer mee naar het verleden, maar hij identificeert hem – en tegelijkertijd zichzelf – tevens met zijn personages. Kortom, de geschiedenis van Jan de Lichte is ook de zijne en de onze, het is de geschiedenis van de kleine luiden uit alle tijden. Als gevolg hiervan voelen wij ons met de auteur en dank zij hem bij de handeling betrokken en tevens er buiten gesloten (p. 122); wij staan met een voet in de zaal en met de andere op het toneel, een spreidstand over twee eeuwen. Soms is de schrijver zo zeker van de reacties van zijn helden dat het is alsof hij ze naar zijn beeld had geschapen, en dan weer ziet hij ze als een buiten- staander, waardoor hij hun drijfveren slechts kan vermoeden. Zo laat Boon ons afstand nemen van onszelf en zijn wij getuige van onze eigen voorstelling. Dit herinnert aan Bertolt Brecht, zij het dat de passages waarin de auteur ons met de romanfigu- ren in de pas laat lopen, de identificatie herstellen welke door de vervreemdingseffecten ongedaan was gemaakt. Terwijl Brecht deze effecten de overhand laat behouden, komen zij bij Boon in botsing met het tegenovergestelde streven. Afgezien hiervan weerhoudt ons niets *De Bende van Jan de Lichte* in ver- band te brengen met een aantal van Brechts werken, als *Mutter Courage*, *Die Dreigroschenoper* en vooral de *Dreigroschenroman.* Ook hier gedraagt de schrijver zich als een poppenspeler, als iemand die het spel aan de gang brengt, waarbij hij zijn eigen tijd objectiveert, de fabel naar een vroegere periode verplaatst en ten gerieve van de lezer interpreteert. Als gemeenschappe- lijke eigenschappen kunnen voorts nog worden genoemd het gebruik van samenvattende titels, het epische karakter van de intrige, de afwijzing van realisme en psychologische motivering, en bepaalde in linkse kringen vaak gekoesterde opvattingen over kunst en maatschappij.

In tegenstelling tot Van Aken, die weer bij de naturalistische traditie aanknoopt, zoekt Boon aansluiting bij het expressio- nisme. Hij geeft de dingen schematisch, in grote lijnen en zonder schakering weer; bovendien verbreekt hij het evenwicht der details door het ene te overdrijven ten koste van het andere; tenslotte neemt hij er geen genoegen mee de verschijnselen al- leen maar te beschrijven, daar ze voor hem altijd iets betekenen en onmiddellijk in symbolen veranderen. Zo wordt hij, wat Baru betreft, getroffen door diens korte benen en vooral door diens geweldige snor waarvan de punten, al naar gelang zij hangen of zijn opgedraaid, droefheid (p. 10) of trots (p. 15) uitdrukken. Een bepaalde figuur wordt vergeleken met een roofdier, want 'Alleen macht en heerszucht bezielen deze man. En ook moed misschien, ontembare moed' (p. 17); een ander brengt hij in verband met het beeld van het bloed (p. 71), een derde draagt een 'judasnaam' (p. 19) en de kroegen waar de vogelvrijen bij elkaar komen, heten 'Het Verloren Hol' (p. 11) of 'De Honger' (p. 48). De feiten zijn dus steeds ondergeschikt aan de ideeën die zij moeten overbrengen. Op dezelfde manier gaat Boon te werk met de door hem geraadpleegde documenten die hij niet gebruikt ter wille van een onpartijdige reconstructie van de Geschiedenis, maar om er een bedoeling mee uit te drukken. Hij generaliseert, vereenvoudigt, laat alle schakeringen weg die zijn boodschap zouden kunnen verzwakken en gaat recht op zijn doel af. Zo maakt hij veelvuldig gebruik van gedachtepunten, waardoor hij in staat is de bonte en onverwachte kanten van het leven op te roepen zonder daarbij in details te treden. Overigens is hij er zich volledig van bewust dat deze zienswijze tot overdreven resultaten kan leiden. Als hij beschrijft hoe Baru het geld van een gevangene opeist, voegt hij er aan toe: 'En haast zouden we zeggen dat zijn roofvogelklauw zich uitstrekt, grijperig', wat onmiddellijk wordt gecorrigeerd met 'Doch dat zou weer overdreven zijn geweest. Zij is weliswaar ietwat klein en dor, deze hand, maar aan de klauw van een vogel herinnert zij niet zo bijster veel. Neen, het is een gewone hand, een mensenhand.' (p. 49)

Wie de zintuiglijke wereld aanpast aan de idee, verandert de feiten in symbolen, maar klimt tevens op van de geschiedenis tot de filosofie van de geschiedenis, van het bijzondere geval tot het archetype en van de psychologische waarneming tot bespiegelingen over de condition humaine. Zoals wij reeds zagen is dit een typisch expressionistische wijze van doen: 'mij interesseert alleen het hoe en waarom der dingen'.[14] Laten wij Boon daarom de grofheid van zijn portretten niet verwijten: zijn Jan de Lichte, deze al te intelligente, edele en sluwe nakomeling van Tijl Uilenspiegel – of Robin Hood – en Reinaert, zijn overdreven schurkachtige en wrede Baru, zijn brave struikrovers en karikaturen van verraders en kapitalisten. Al deze personages zijn typen, en het is voldoende *De Bende van Jan de Lichte* te vergelijken met Van Akens *Het Begeren*, dat eveneens aan de opstand van de verdrukten tegen de gevestigde orde is gewijd, om zich rekenschap te kunnen geven van alles wat de parabel scheidt van de psychologische roman. Van bezinning of aarzelingen is bij de personages van Boon geen sprake: zij leven zich uit in de daad en laten de gedachte over aan de auteur. Bovendien heeft het onderhavige probleem niet zozeer betrekking op het lot van Jan de Lichte en zijn kornuiten als wel op dat van de mensheid in de loop der geschiedenis. Boon wil namelijk aantonen hoe elke opstand, of het nu die van de hongerlijders in 1750, die van de socialisten in 1890 of die van hem zelf betreft, gedoemd is door de menselijke natuur te worden verijdeld en verraden.[15] De roman stijgt dus uit boven de nuchtere feiten en stelt ons bovendien in staat dit proces op de voet te volgen: uitgaand van sociale gegevens [16] – de ellende van de massa die door de bezetter wordt geëxploiteerd (p. 14) –, gaat hij geleidelijk over in een allegorie van het revolutionair idealisme, in een wrange moraliteit over het menselijk tekort. In feite geeft *De Bende van Jan de Lichte* in het kort de evolutie van de schrijver weer en laat het werk ons in zijn 250 bladzijden de weg volgen die Boon zelf sedert zijn debuut heeft afgelegd.

Het eerste hoofdstuk, dat in een geserreerde vorm de rampen van de oorlog, de sociale onrechtvaardigheid en de honger van het volk beschrijft, sluit aan bij het romantisch 'miserabilisme' van *De Voorstad groeit* (1943), waarin de jonge Boon, die dan nog in de overwinning van het socialisme gelooft, het proletariaat en de nieuwe stadswijken heeft uitgebeeld. De vraag rijst of men de belangstelling voor de bronnen van het collectivisme bij Boon en Van Aken wellicht moet zien als een teken van de crisis die deze beweging thans doormaakt, als een reactie ook op haar onvermijdelijke verburgerlijking. Een feit is dat *De Voorstad groeit*, waarin het thema van *De Kapellekensbaan* zich reeds aankondigt, bitter van toon is en ook te verstaan geeft dat onze angst en eenzaamheid eerder gebonden zijn aan het bestaan dan aan economische factoren.[17] Van de aanvang af stelt Boon het probleem van de mens tegelijkertijd in existentiële en sociale zin en weigert hij het geluk en de vrijheid uitsluitend op een politieke omwenteling te baseren. Evenals W. H. Auden in de jaren dertig is hij van mening dat, indien er aan de absurditeit van het leven iets moet worden veranderd, men beter met het individu dan met de instellingen kan beginnen. Deze volkomen antimarxistische gedachte wordt verder uitgewerkt in *Vergeten Straat* (1946), waarin het socialisme omslaat in anarchisme: het universeel egoïsme wordt er op dezelfde manier in ontmaskerd als het machtsmisbruik van het kapitaal. Het werk is een utopie en verhaalt de geschiedenis van een Brusselse straat die door een betonnen muur van de buitenwereld is afgesneden. Boon verheerlijkt hier een nieuwe orde die niet ineenstort door toedoen van de menselijke verdorvenheid, zoals dat het geval zal zijn in *De Bende van Jan de Lichte*, maar eindigt op het moment waarop de maatschappij hen die er in waren geslaagd zich aan haar tirannie te onttrekken, komt 'bevrijden'. Het is duidelijk dat het moreel pessimisme hier het sociaal optimisme al in de schaduw stelt: de vrijheid zal nooit meer dan een hersenschim zijn. Boon geeft overigens toe dat hij na *De Voorstad groeit* niet meer heeft geschreven om de wereld te verbeteren, maar 'slechts om alleen te zijn en die onrust onder (zijn) hart te vergeten'.[18] Dit is tegelijk waar en onwaar, want Boon blijft een verstokt idealist. In *Mijn kleine Oorlog* (1946) komt zijn teleurstelling over het verval der ethische waarden nog tot uiting in een tamelijk doortastende bekeringsijver: 'Schop de menschen', zo roept hij uit, 'tot zij een geweten krijgen'.[19] Maar de tijd is niet ver dat hij, de jungle van een zogenaamde beschaving ontvluchtend, zich in zijn 'reservaat' zal gaan terugtrekken. Geleidelijk aan neemt de analyse van de condition humaine de overhand op de anti-kapitalistische tendensen, en tegelijkertijd begint voor de romanschrijver, die tot dan toe Walschap en Zielens had nagevolgd, de experimentele periode. Op bittere en soms ironische toon schrijft Boon in een duizendtal bladzijden (*De Kapellekensbaan*, 1953; *Zomer te Ter-Muren*, 1956) het epos van het socialisme: dat van zijn opkomst en vooral dat van zijn verval. Het nihilisme triomfeert: *De Kapellekensbaan* is 'het boek (. . .) der Negatie van de bestaande dingen' [20] – Boon wijst de godsdienst, de wetenschap, de moraal en de politieke stelsels af – maar deze nihilist is toch ook weer constructief, en wel door de wijze waarop hij met de hartstocht van de vertwijfelde op zoek gaat naar waarden die de val van het socialisme zouden kunnen afremmen.[21] Hij constateert dat de maatschappij wordt aangevreten door een kankergezwel en dat wij in een barbaarse wereld leven.[22] Hij stelt dan ook voor buiten de partijen om 'een wereldvereniging der Eerlijken' te stichten [23] en het is juist om 'de republiek te doen uitroepen der vrijen, der eerlijken, der aan Niets gelovenden' [24] dat hij zich in zijn 'reservaat' terugtrekt. Zijn bitterheid komt in *Zomer te Ter-Muren* nog scherper uit. Het denkbeeld van een persoonlijk toevluchtsoord vanwaar de idealen van geluk en rechtvaardigheid zouden uitstralen en steeds meer mensen zouden overtuigen was slechts een utopie als zoveel andere.[25] Tenslotte blijft er niets meer over dan de vrijwillige afzondering van de enkeling tegenover een schouwspel dat hem tegenstaat: het verzet wordt beperkt tot scheppende activiteit – de literatuur is Boons laatste bolwerk. Met het schrijven van *De Bende van Jan de Lichte* hoopt hij het heden te kunnen ontvluchten en bij de opstandelingen van 1750 de ideale wijkplaats, de strategische positie te vinden die hij in onze tijd tevergeefs heeft gezocht. Hij moet echter erkennen dat de geschiedenis onomkeerbaar is en dat er per slot van rekening heel weinig verschil bestaat tussen de mensen uit de 18de eeuw en die van nu.[26] *De Kapellekensbaan* en *Zomer te Ter-Muren* behoren tot de stoutmoedigste pogingen die in Vlaanderen ooit zijn ondernomen om de vorm van de roman te vernieuwen. De hoofdhandeling speelt zich af tussen 1890 en 1940 en verhaalt tegelijkertijd de geschiedenis van Ondine, de hoofdpersoon, en die van het socialisme. Maar het verleden wordt voortdurend vermengd met het heden, want Boon onderbreekt het verhaal steeds opnieuw om ons zijn mening – of die van andere in onze tijd levende personen – te geven over wat hij vertelt en over talloze actuele problemen. Daarenboven voegt hij tussen deze commentaren en verhalende gedeelten satirische variaties op de legende van

Reinaert en beschouwingen over Jan de Lichte (verder uitgewerkt en achteraf afzonderlijk gepubliceerd in *Wapenbroeders*,
1955 en *De Bende van Jan de Lichte*), waardoor hij met zijn intrige
de Middeleeuwen, de eeuw van de Franse revolutie, de periode
van Marx en zijn eigen tijd omvat. Het geheel is chaotisch – zij
het dat er in deze wanorde een architectonisch systeem te vinden is –, uitermate wijdlopig, maar fascinerend: dit afwijzen
van klassieke structuren doet denken aan James Joyce en Hans
Henny Jahnn. Boons bekering tot het modernisme beantwoordt
aan zijn groeiende behoefte tot de kern van de condition humaine door te dringen en verder te gaan dan sociale en psychologische kwesties: gedurende enige jaren heeft hij deel uitgemaakt van de avant-gardegroep van het tijdschrift *Tijd en
Mens* (1949–1955). De experimentele tendensen doen zich het
eerst voor in *Mijn kleine Oorlog*, waarna zij tot ontplooiing komen in *De Kapellekensbaan*, *Zomer te Ter-Muren* en *Wapenbroeders*,
voorts in *Menuet* (1955), waarin de sociale problemen volledig
plaats maken voor het thema van de 'aliënatie', en tenslotte in
het gedicht *de kleine eva uit de kromme bijlstraat* (1956). Deze tendensen zijn met uitsluiting van de overige bepalend voor de
laatste werken, waarin Boon tenslotte afrekent met het realisme
en het subjectieve element op de spits drijft. In zijn fabels en
grotesken (*Grimmige Sprookjes*, 1957; *Vaarwel krokodil*, 1959), die
vol zijn van galgehumor, verbale capriolen en surrealistische
ongerijmdheden, herschept hij de wereld haast met behulp van
de taal en keert hij, evenals Hugo Claus in *Natuurgetrouw*, terug
tot het lievelingsgenre van Van Ostaijen. In *De Paradijsvogel*
(1958) zal hij zijn toevlucht nemen tot de mythe en de techniek
van het leidmotief om, ditmaal in de vorm van een parabel, op
de malaise van onze beschaving te wijzen.

In deze keten, waarvan de schakels elkaar in een razend tempo opvolgen, vormt *De Bende van Jan de Lichte* de verbinding tussen *Zomer te Ter-Muren* en *De Paradijsvogel*. Er zijn in dit volksboek nog enige sporen van sociaal realisme overgebleven, maar
elke psychologische waarschijnlijkheid is bewust vermeden;
tevens speelt de intrige er slechts een aanduidende, allegorische
rol in, daar Boon ons geleidelijk aan van de concrete feiten naar

hun algemene betekenis en van de economische en sociale geschiedenis naar de metafysica voert.

Een dergelijke ontwikkeling lijkt onvermijdelijk voor hem die zich in Boons kunstopvattingen en in zijn schrijversaard verdiept.

Boon schrijft uit behoefte,[27] uit plichtsgevoel en uit liefde voor de mens.[28] Nog meer dan voor Claus bestaat voor hem de roeping van de kunstenaar in de eerste plaats in een protesteren tegen ons verval: schrijven wil zeggen de wereld tegenhouden in zijn gang naar de afgrond.[29] Daarom beschrijft hij slechts om te verklaren: hij stelt zich op dit punt steeds hoger eisen, en hoewel hij zich aanvankelijk nog beperkt tot economische factoren en de marxistische leer van de klassenstrijd, zal hij weldra zijn horizon verbreden en de dingen in een ethisch en existentieel perspectief gaan beschouwen. Aan de andere kant is het ter fundering van een oordeel natuurlijk nodig zoveel mogelijk feiten te verzamelen. Daarom moet de roman alle aspecten van het leven omvatten [30]: in hun gebrek aan samenhang, in hun gemeenplaatsen en slordigheid getuigen De Kapellekensbaan en Zomer te Ter-Muren van deze weigering de ervaring te ziften en te stileren. Vandaar ook de noodzaak het gezichtspunt te verwijderen van de dingen om aldus een maximum aan feiten te omvatten. Het verlangen de werkelijkheid in haar veelvuldigheid en haar wanorde weer te geven [31] rechtvaardigt de voorkeur van de schrijver voor de 'epische' vorm die de gebeurtenissen naast elkaar plaatst zonder dat zij uit elkaar voortvloeien en waarmee de logische opeenvolging wordt vermeden die de intriges van Roelants kenmerkt. Men zou de volgorde van enkel episoden gemakkelijk kunnen verwisselen of een van de personages kunnen elimineren vòòr een ander zonder dat dit aan de betekenis van het werk veel zou veranderen. Alle eigenschappen van de schelmenroman zijn hier aanwezig: de lineaire ontwikkeling, de gebeurtenissen die elkaar opvolgen zonder noodzakelijkerwijze in elkaar te grijpen, de aandacht voor de ruimte en de onverschilligheid voor de diepte. Boon is de schilder van de volksmassa's, de krioelende menigten uit de voorsteden: hij interesseert zich zelden voor een enkele hoofdpersoon en vertelt in dit werk twee geschiedenissen tegelijk: die van Jan de Lichte en die van Baru. Vandaar hun confrontatie, de parallellie (pp. 133, 143) en de simultaneïteit (pp. 53, 158) van bepaalde episoden, en de terugblikken (pp. 48, 110, 142) waardoor de chronologische volgorde van de feiten wordt onderbroken. Opmerkelijk zijn ook het snelle ritme, de bondige zinsbouw en het overheersen van werkwoorden die een handeling uitdrukken. Boon is soms zo gehaast dat hij in het verloop van de gebeurtenissen een schakel overslaat die hij dan verderop moet inlassen. Bij wijze van voorbeeld volgt hier een gedeelte uit *De Aanslag op de Postkoets*.

'"We zijn nog maar pas het kasteeltje van baron de Creyl voorbij", zegt de Brusselaar.

En de schone vrouw keert haar ontblote schouders naar het raam. Maar haar omsluierde ogen kunnen de duisternis van de ingevallen nacht niet goed meer doorboren, en zij moet haar toevlucht nemen tot het kanten zakdoekje, waarmee zij het bedampte glas beroert. De jonker en de Brusselaar, en ook notaris Woese, bukken zich allen naar de grond als het kanten zakdoekje aan hare hand ontvalt.

Is het een teken? Wij weten het niet, maar op dat juist eendere ogenblik is er in de postkoets plots een oorverdovende knal, een vlam, een licht. Wie neerzat springt recht, en wie rechtgesprongen is slaat dadelijk de grond in. En plus daarbij beginnen allen dadelijk verward doorelkaar te roepen en te vragen wat dat was.

Alles staat in rep en roer, en rond de uitgang is het een kluwen van belang geworden. Notaris Woese ligt gelijk een slappe vaatdoek in de grond, gelijk hij door de losbarsting van streek is gebracht. Hij zou wel willen braken. De jonker daarentegen is rechtgesprongen, maar botst tegen de Brusselaar aan. En de Brusselaar, om zich heen naar steun grijpend, heeft zijn kleine handjes om de boezem van de schone vrouw geslagen. Zij zelf, de vrouw, heeft de panische angst der anderen ten top gevoerd, met een welberekend luid gegil.' (p. 91)

Boon beperkt zich echter niet tot een stuk voor stuk verfilmen van de taferelen. Zijn bedoelingen komen tot uiting in de montage van het verhaal en wel in de vorm van een leidend principe.

De haast van zijn personages is niet zonder doel: in feite gaan zij recht op het schavot af. Van het begin af wordt de terechtstelling voorgesteld als de onvermijdelijke afloop van de geschiedenis (pp. 58, 64, 71). In tegenstelling tot *De Voorstad groeit*, dat een open einde heeft, besluit *De Bende van Jan de Lichte* met een ontknoping die wel niet tot in de kleinste details, maar toch in grote lijnen de bouw van de intrige heeft bepaald. Nadat in de eerste negen hoofdstukken de opkomst van de held is uitgebeeld, volgt in het tiende een keerpunt, waarop wij van het elfde tot het veertiende hoofdstuk achtereenvolgens getuige zijn van de overwinning van de onmenselijkheid op het gemeenschapsideaal, het uiteenvallen van de bende en de dood van de leider. De 'dramatische' vorm wordt aldus gekoppeld aan die van de schelmenroman: de avonturen zouden zich niet tot in het oneindige kunnen voortzetten, er is tot op zekere hoogte een wisselwerking tussen de hoofdpersoon en de handeling, en de conclusie komt ten dele voort uit het voorafgaande. Kort samengevat zou men kunnen zeggen dat de structuur de neiging vertoont 'episch' of 'dramatisch' te worden al naar gelang Boon zijn greep op de personages vermindert of verstevigt en hij de stijl van de volksroman, dan wel die van de parabel gebruikt.

Het uitbeelden van het volledige leven is voor Boon niet een om zich heen zien maar een in zichzelf schouwen. Het bankroet van het realisme en de objectieve psychologie aankondigend, verklaart hij de anderen slechts via zijn eigen – bewuste of onbewuste – Ik te kunnen terugvinden.[32] Hoe meer hij schrijft, hoe meer hij zich ook in zichzelf opsluit om er zijn Chinees schimmenspel te monteren. Hij laat zich meeslepen door zijn schrijfwoede, waarbij hij soms alle zelfkritiek laat varen, gemeenplaatsen op elkaar stapelt, open deuren intrapt, veroordeelt, prijst en gewichtig doet op de manier van een autodidact. Ook neemt hij wel de houding aan van de onbegrepen profeet en beklaagt zich dan over zijn lot. Het is de prijs van een subjectivisme dat tot een artistiek credo is verheven, maar dat ons tevens enige van de hartstochtelijkste en aangrijpendste bladzijden van de Vlaamse literatuur heeft opgeleverd. Boon is de vlees geworden opstand: hij is nog radicaler en ongegeneerder dan Walschap, kwetsbaarder en angstiger dan Richard Minne en Willem Elsschot. De kunstenaars die hij het meest waardeert zijn evenals hij geëxalteerde gevoelsmensen of malcontenten in de ruimste zin van het woord zoals Céline, Genet, Dostojefski, Henry Miller, Malaparte, Kafka, Beckett, Joyce en ook Van Gogh, wiens biografie hij heeft herschreven in *Abel Gholaerts* (1944).[33] Hij spreekt op een toon die de lezer pakt en waarin niet alleen de stem van het gekwetste geweten doorklinkt, maar ook de uitdaging van de idealist die in zijn schuilplaats wordt belaagd door de algemene onrechtvaardigheid en absurditeit. Want aan het dossier van de menselijke verdorvenheid voegt Boon een vurig en vertwijfeld pleidooi toe ten gunste van het goede en van de vrijheid.

In *De Bende van Jan de Lichte* gaat zijn sympathie uit naar de struikrovers, van wie hij helden maakt die met recht in het Belgische pantheon een plaats zouden innemen naast de zeshonderd Franchimontezen en Frans Anneessens. Het is met deze uitgestotenen en niet met het volk dat hij zich het meest verwant voelt: de boeren en burgers blijven voor hun opstand onverschillig (p. 139) of maken zelfs gemene zaak met de overheid. Boon koestert omtrent de volksmassa's geen hoge verwachtingen meer (p. 244) en wijst op de bekrompenheid en het gebrek aan moed die de sociale geschiedenis van Vlaanderen kenmerken (pp. 60–62, 169) [34]; men ziet hier het beeld van de extremist die alleen staat in een menigte van slappelingen en lafaards. In feite beschouwt hij de rebellie van Jan de Lichte voor alles als een edelmoedig gebaar; zijn enthousiasme doet hem, althans in het begin, de misdaden die met deze opstand gepaard gaan, vergeten: 'De diefstal wordt georganiseerd. De laagste klassen der samenleving van Vlaanderen en het land van Aelst stromen op enkele dagen tijds samen, en hijsen de zwarte kapersvlag ... de vlag van de opstand, de vlag met het doodshoofd en de beide gekruiste beenderen. De vlag van het nihil, van moord en brand en het einde van elke wet.' (p. 123) De kern van de zaak is dus dat Jan de Lichte de oorlog durft te verklaren aan de Orde, en hoewel Boon tracht te suggereren dat er in dit nihilisme een constructief element is, laat hij vooral de negatieve kant van zijn opstand tot uiting komen. Hij mag dan verklaren dat het niet alleen gaat om bloed en wraak, maar ook om 'lieve dingen, mooi als een sprookje, zoet en liefelijk als een lentewindje' (p. 123), maar veel verder komen wij daarmee niet. Door de vernietiging van de orde, zo voegt hij er aan toe, worden de rechten en plichten niet opgeheven, maar door andere vervangen (p. 134). Tegenover het op haat en angst berustende kapitalisme (p. 103) stelt de hoofdpersoon een organisatie die gebaseerd is op rechtvaardigheid, altruïsme en solidariteit, een gemeenschappelijk beheer van de bestaansmiddelen en een redelijke verdeling van de inkomsten volgens het oude vakverenigingsdevies 'Een voor allen, allen voor een' (p. 43–45, 81). Wij zien hier hoe Boon, in afwijking van de marxistische principes, de maatschappij wil hervormen door middel van een morele revolutie. Het is echter juist dit aspect dat het minst overtuigend wordt weergegeven: zoals men weet eindigt de roman met een vernietigende overwinning van de onmenselijkheid. De reden hiervan is ongetwijfeld dat Boon nog maar half in zijn idealen gelooft. Weliswaar spreken zij nog tot zijn hart, maar het lukt hem niet het contrast tussen de werkelijkheid en zijn dromen te negeren. De zwakheid van het boek in dit opzicht moet worden verklaard uit het zwakke geloof van de auteur: hoe kan men van een betere wereld dromen als de ervaring er de zinloosheid van aantoont?

Jan de Lichte, die de apostel van een menselijker moraal is, wil het actueel welzijn van het individu niet opofferen aan het vermeende belang van de toekomstige collectiviteit. Hij is een spiritualist en een anarchist, maar geen communist. De tirannie van de politieke partijen wordt overigens door hem aangevallen. Evenals alle revolutionairen moet de hoofdpersoon het probleem van het doel en de middelen oplossen: kan men een plan verwezenlijken met middelen die er mee in tegenspraak zijn, naar het goede streven met gebruikmaking van geweld, of moet men daarentegen steeds overeenkomstig het ideaal handelen, maar er in dat geval van afzien het te bereiken? (p. 184). Hoe dan ook, de mislukking staat vast. Boon maakt van de nederlaag een onvermijdelijkheid. Bovendien gelden de op de 18de eeuw toegepaste waarden voor alle tijden. De hoofdpersoon gaat te gronde omdat hij in botsing komt met de fatale loop van de Geschiedenis (pp. 192, 206, 212, 236) en met de menselijke natuur. Jan de Lichte kon eenvoudig niet slagen. De bende breidt zich zo uit dat zij hem uit de hand loopt, en om zijn gezag te herstellen zou hij de oppositie uit de weg moeten ruimen en als een dictator regeren. Het lijkt wel alsof de auteur van mening is dat elke democratische organisatie naar totalitaire vormen moet evolueren op straffe van haar doelmatigheid te verliezen (pp. 181, 185). Tenslotte verloochent Jan de Lichte zijn principes en kiest hij datgene wat hij zelf heeft bestreden: het geweld beantwoordt hij met geweld (p. 213).

De historische onvermijdelijkheid is slechts een aspect van het lot waaronder het individu gebukt gaat; in feite hangen Boons politieke ideeën ten nauwste samen met zijn opvatting van de condition humaine. Boon ontdekt in ons een soort gebrek dat te vergelijken is met de erfzonde en er de oorzaak van is dat wij vroeg of laat alles waarmee wij in aanraking komen bederven. Hij duidt dit aan met woorden als geweld, wreedheid en onmenselijkheid. Hieruit komen alle sociale misstanden voort, alle vormen van ontaarding als uitbuiting van de zwakken door de sterken, misdaad, bedrog en verraad, maar ook de menselijke ellende in het algemeen. Er bestaan dan ook geen onschuldige slachtoffers, geen goede of slechte mensen, er bestaan slechts zieken, gevangenen van de anderen en vooral van zichzelf. De ziekte is inherent aan het bestaan, en als Jan de Lichte de naastenliefde predikt, verloochent hij daarmee in feite zijn eigen natuur. Boon gelooft niet dat wij onszelf kunnen overwinnen en dat de beschavende waarden, die louter het produkt van de geest zijn, het kunnen winnen van het dier.[35] Goed beschouwd verraadt de hoofdpersoon deze waarden reeds in het begin, al zegt de schrijver dit niet. Jan de Lichte is geen Ghandi, maar een rover. Steeds heeft hij het geweld in zich meegedragen dat tenslotte het ideaal zal verdringen en zijn enige gedragsregel zal worden. Hetzelfde geldt in zekere zin voor de schrijver,[36] wiens strijd tegen de onmenselijkheid tevens en in de eerste plaats een strijd tegen zichzelf is. Zijn innerlijke gespletenheid komt enerzijds tot uiting in het wat onsamenhangende karakter van zijn hoofdpersoon en diens opstand en anderzijds in de toon van de roman. Boon wordt gehypnotiseerd door de schrikwekkende schoonheid van de begeerte, het sadisme en de haat; hij heeft een zwak voor woeste en erotische taferelen en is kwistig met pornografische details. Maar deze obsessie, die louter een verscherpte vorm van inzicht en van oprechtheid is en die zich af en toe ook in poëtische opwellingen openbaart, gaat gepaard met een ontroerende tederheid (p. 56): door al het gruwelijke en wrede heen bespeurt men de symptomen van medelijden, zachtheid en een volkse ironie. Boon loopt niet in het voetspoor van zijn held, of beter gezegd, hij volgt hem niet tot in de verzaking. Hij is een bitter, teleurgesteld en gekweld man (p. 239), maar hij is geen verrader. De val van Jan de Lichte vervult hem met droefheid (pp. 213, 232), hij betreurt het noodlot dat de mens naar het geweld doet grijpen (p. 175) en hij bespaart ons, alsof hij er zelf van walgt, de uitbeelding van misdaden en folteringen (pp. 210, 243). Hij ziet wel in dat het ideaal een hersenschim is, maar toch sluit hij zich niet bij de barbaren aan; hij kan niet nalaten de mens lief te hebben. In de strijd tussen gevoel en ervaring lijdt de laatste de nederlaag. Boon, de onverbeterlijke opstandige, de uitgeputte voorvechter van goedheid en vrijheid, spoort ons ondanks alles aan ons bij hem te voegen, daar hij niets liever zou willen dan zijn schuilplaats verlaten om de broederschap van weleer terug te vinden.[37]

Hugo Claus
De zwarte Keizer (1958)

Het oeuvre van Hugo Claus heeft met de Vlaamse letterkundige traditie in wezen geen andere band dan de taal waarin het is geschreven. Contacten met avantgardistische bewegingen als Cobra (1948–1951) en de Ecole de Paris, de lectuur van Franse en Angelsaksische schrijvers en langdurige verblijven in Frankrijk en Italië hebben aan de vorming van deze self-made man een internationaal karakter gegeven. Het terras van de Deux Magots, de Via Appia of het Vieux Carré in New Orleans, het zijn stuk voor stuk plaatsen waar men deze zwerver en kosmopoliet kan ontmoeten. Geen wonder dat onze plaatselijke problemen – het eeuwige geharrewar tussen rechts en links en de aanvallen van nationalistische koorts die zo vaak de blik van onze politici vertroebelen – hem even nietig voorkomen als Lilliput in de ogen van Gulliver. Claus heeft voor dit alles dan ook steeds een superieure onverschilligheid aan den dag gelegd. Deze in 1929 geboren schrijver is tegen het bestaan waartoe hij door zijn katholieke opvoeding, het burgerlijke milieu, het gezin en de school leek voorbestemd, in opstand gekomen om op avontuur uit te gaan. Hij heeft zijn bestaan zelf gekozen, bedacht en gemaakt, en zijn esthetiek biedt in dit opzicht een getrouw beeld van zijn leven. Als veertienjarige jongen loopt hij al van huis weg, maar de vrijheid is van korte duur; overigens heeft Claus niets van een emigrant, want al zijn escapades eindigen met een terugkeer naar zijn geboorteland. Afwisselend zien wij hem als huisschilder in Gent, als seizoenarbeider in Noord-Frankrijk, als 'drukker' in Oostende en als kunstenaar in Parijs, waar hij bevriend is met jonge Nederlandse schilders en dichters als Corneille, Karel Appel, Simon Vinkenoog en Hans Andreus. Deze leerjaren, waarin hij het leven van een bohémien leidt, steeds op zoek is naar het nieuwe, schildert, schrijft, veel leest en nog meer leeft, staan in het drievoudige teken van de opstand, de vlucht en de onstandvastigheid. Het dynamische is trouwens nog altijd kenmerkend voor zijn levensopvatting: hij weet hierin alle contradicties te verenigen en gaat daarbij zelfs zo ver dat hij de onzekerheid tot de grondslag van zijn wereldbeschouwing maakt.

Claus denkt niet logisch maar in beelden: de grillige paden van de intuïtie, het instinct en de irrationele associatie zijn hem vertrouwder dan die van de rede. Hij is afkerig van alle systemen en abstracties, en zijn kunst komt voort uit de diepte van zijn innerlijk. Voor de jonge Claus leidt de weg tot de kennis in de eerste plaats via het lichaam: het zien, de tastzin en het woord dat door adem wordt gevormd. Weinig schrijvers zijn zich zo helder bewust geworden van het concrete, fysieke en dierlijke aspect van het bestaan, en de vrijmoedigheid van zijn erotische beelden doet in niets onder voor die van D. H. Lawrence of Henry Miller. Claus sublimeert of stileert zijn gewaarwordingen niet, maar geeft ze in al hun hevigheid of al hun verfijning weer zoals ze zich aan zijn lichaam voordoen. Zijn afwijzing van het intellect herinnert in bepaalde opzichten aan het vitalisme van Walschap, met wie hij ook het geloof in de levensdrang en de vijandige houding tegenover de beschaving gemeen heeft,[1] wat niet wegneemt dat vooral zijn eerste werken doortrokken zijn van het existentialistische klimaat van de naoorlogse jaren.

Dit is reeds het geval in zijn debuut, de dichtbundel *Kleine Reeks* (1947), waarin men een aantal van de grote Sartriaanse thema's aantreft – de opstand tegen de burgerlijkheid, de noodzaak van de keuze en van de bevrijdende daad, het zoeken naar een authentiek bestaan, etc. – die hier echter nog met een jongensachtige romantiek zijn vermengd. De volgende bundel (*Registreren*, 1948) verraadt de breuk met de traditionele poëzie: hiertoe aangedreven door existentialisme en modernisme tracht Claus voortaan zichzelf te ontdekken door middel van het Woord, wat wil zeggen dat hij zijn innerlijkst wezen wil onderzoeken en blootleggen door het hanteren van de taal. De poëzie is hier een middel tot kennis: het onbekende wordt dank zij het taalexperiment zichtbaar gemaakt en de bewustwording valt samen met de literaire schepping. Schrijven is benoemen en benoemen wil zeggen ontdekken, bouwen. In etymologische zin is de dichter een troubadour, een 'uitvinder'. Dit is in grote lijnen de esthetiek die aan de bundels *tancredo infrasonic* (1952) en *Een Huis dat tussen Nacht en Morgen staat* (1953) ten grondslag ligt en die men tevens, zij het in mindere mate, aantreft in *De Oostakkerse Gedichten* (1955) en *Een geverfde Ruiter* (1961). Hoewel zijn oeuvre meer dan eens verwantschap vertoont met Van Ostaijen, de Franse surrealisten (Artaud, Char, Michaux), Ezra Pound, T. S. Eliot en Dylan Thomas, heeft Claus toch altijd zijn oorspronkelijkheid weten te bewaren. Deze invloeden stimuleren hem eerder dan dat zij tot navolging leiden, en in wezen helpen zij hem slechts zich van de rijkdom van zijn talent rekenschap te geven.

De schilder-dichter Claus houdt zich sedert 1953 ook intensief bezig met het toneel, en de vijf grote stukken die hij tot nu toe heeft gepubliceerd (*Een Bruid in de Morgen*, 1955; *Het Lied van de Moordenaar*, 1957; *Suiker*, 1958; *Mama, kijk, zonder handen*, 1959 en *De Dans van de Reiger*, 1962) hebben het nogal beperkte repertoire van de Vlaamse en Nederlandse toneelgezelschappen aanzienlijk verruimd. Tussentijds ziet de even vruchtbare als veelzijdige auteur nog kans Büchner en Dylan Thomas te vertalen en schrijft hij drie filmscenario's, een verzameling schetsen (*Natuurgetrouw*, 1954), vijf romans (*De Metsiers*, 1950; *De Hondsdagen*, 1952; *De koele Minnaar*, 1956; *De Verwondering*, 1962 en *Omtrent Deedee*, 1963) en een verhalenbundel (*De zwarte Keizer*, 1958).

Hoewel hij zich niet tot theorieën voelt aangetrokken, heeft Claus alle literaire problemen overdacht. Zijn oeuvre is minder het resultaat van op goed geluk ondernomen empirische proefnemingen dan van een helder besef van het doel dat hij wil verwezenlijken. Zo maakt hij in de roman de uitbeelding van de karakters ondergeschikt aan die van hun onderlinge verhoudingen, of beter gezegd, van hun 'situatie'. Aan de analyse kent hij slechts een bijkomstige rol toe en in zover kan men zeggen dat Claus geen psychologische romans schrijft. Zijn verhalen zijn existentieel in die zin dat hij, in navolging van Kafka, Camus en Beckett, het individu toont in diens zijn-in-de-wereld, in diens worsteling met een geheel van concrete en bijzondere omstandigheden. Het netwerk van menselijke betrekkingen dient slechts om vorm te geven aan het drama van het bestaan,[2] deze tragedie die volgens Claus bestaat in het ondergaan van de werking van de tijd. 'De concentratie van de romanschrijver', schrijft hij,[3] 'richt zich minder naar de psychologie, de activiteit, de verbloemde realiteit van zijn personages, maar laat deze attributen hun bestaansrecht pas verwerven op het tweede plan, wanneer de hoofdvereiste, de slopende of opbouwende gang van de tijd, vervuld is'. Sommige van zijn hoofdpersonen, zoals die van het 'pantomime-gedicht' *Zonder Vorm van Proces* (1950) en van de fabels uit *Natuurgetrouw*, zijn van alle individualiteit verstoken. Evenals de K van Kafka en de marionetten van Van Ostaijen en de expressionisten spreken en handelen deze naamloze figuren uitsluitend om hun verhouding tot het bestaan te concretiseren. Met deze extreme gevallen beoogt de auteur niet de uitbeelding van het oppervlakkige, zintuiglijk waarneembare aspect van de werkelijkheid, maar de schematische weergave van een situatie en, in wijder verband, van de condition humaine. De romans en de novellen gaan niet zo ver. In *De Metsiers*, dat in technisch opzicht kennelijk is geïnspireerd door Faulkners *As I Lay Dying*, neemt de psychologie nog een vrij belangrijke plaats in, maar in *De Hondsdagen* heeft de schrijver haar zonder aarzelen opgeofferd aan de tijd. Wij hebben hier te doen met een buitensporig werk waarin Claus jongleert met de chronologie, gebruik maakt van poëtische en zelfs filmische procédés (o.a. simultaneïteit en close-up), en zich op de manier van Raymond Queneau moeite geeft de magie van het alledaagse aan te tonen.[3] Ook in *Omtrent Deedee* en *De Verwondering* – Claus' meesterwerk – worden de regels van de traditionele vertelkunst overboord gezet; het zijn in wezen 'situatieromans' waarin de auteur het Geworfen-Sein van het individu onderzoekt in het kader van de familie en van het bestaan in het algemeen. Claus heeft alle genres – streekroman, familiekroniek, detectiveverhaal – en alle stijlvormen met elkaar vermengd. Hij behoort als romanschrijver tot de avantgardistische richting, die zich uitstrekt van Proust, Joyce en Faulkner tot Claude Simon en Robbe-Grillet.

Dit experimentele karakter neemt in *De koele Minnaar* en in de novellen sterk af. *De Hondsdagen* behoort overigens zeker niet tot Claus' beste prozawerken, en het is duidelijk dat deze schrijver aanvankelijk voor de short story een grotere begaafdheid aan de dag legde dan voor de roman. Bepaalde tekortkomingen van zijn eerste romans als de schraalheid van de intrige en de zwakheid van de betogende passages zijn binnen het beknopte kader van de novelle zeker niet storend en kunnen dit genre zelfs ten goede komen. In zijn lange verhalen zag Claus zich vroeger gedwongen een doorgaans zeer eenvoudig gegeven aan te vullen met elementen die de intrige verruimden en verdiepten, maar die er aan de andere kant de samenhang van verstoorden en het tempo vertraagden. Daarentegen wordt in het korte verhaal de eenvoud tot een deugd: de auteur kan zich hier tot zijn onderwerp, hoe onbeduidend het ook mag zijn, beperken en hoeft het niet te overladen of aan te lengen. Het spreekt vanzelf dat het er hier niet langer om gaat de tijd van minuut tot minuut of via de oneindige gecompliceerdheid van de opeenvolgende bewustzijnstoestanden weer te geven: bij de overgang van de roman naar de novelle verlegt de auteur het accent van het doorlopende proces naar de afzonderlijke stadia ervan, van de geleidelijke ontwikkeling naar een sprongsgewijze voortgaan of naar de momentopname, en tevens van de doolhof van situaties naar hun meest kenmerkende trekken. Deze soberheid is overigens relatief en sluit terugblikkende passages niet uit.

Daarbij komt dat de short story een bij uitstek impliciet genre is. Er kan worden volstaan met de aanduiding en de zinspeling, hetgeen nu juist de werkwijze is waartoe de dichter zich het meest voelt aangetrokken.

Van de zestien novellen die *De zwarte Keizer* bevat zijn er vijf in de eerste persoon geschreven. Zo heeft in *Suiker* en *In de*

237

Rue Monsieur le Prince het voornaamwoord 'ik' betrekking op de auteur. Het zijn autobiografische verhalen waarvan het eerste handelt over Claus' verblijf in de omgeving van Compiègne, waar hij in 1947 als arbeider in een suikerfabriek heeft gewerkt, en het tweede zich afspeelt in het artistenmilieu dat hij in Parijs heeft gefrequenteerd. Zelfs in de verhalen in de derde persoon blijft Claus steeds vlak bij zijn personages staan, of beter gezegd, bij zijn hoofdpersoon, want op enkele uitzonderingen na spelen al deze novellen zich af rond een enkele protagonist. Men kan dus zeggen dat de auteur ofwel met behoud van zijn eigen visie in de huid van zijn hoofdpersoon kruipt waardoor hij deze zowel van buiten af als van binnen uit kan beschrijven, ofwel zich volledig met hem vereenzelvigt. Dank zij de nauwe banden tussen subject en object voltrekt zich deze gedaanteverwisseling zonder moeite.

In veel gevallen [4] is de met de auteur zozeer verwante hoofdpersoon een kind. Zijn volwassenen treden steeds weer in hun eigen voetsporen en herhalen onafgebroken de eerste stappen uit hun leven (pp. 41, 56, 81, 127) [5]: de jonge geliefden uit *Na de Film* spelen als twee kinderen de film na die zij zojuist hebben gezien, waarbij zij er niet voor terugschrikken in hun kamer de meest rauwe episoden te imiteren. In navolging van Wordsworth en de psychoanalytici verklaart Claus het lot van het individu uit diens eerste levenservaringen: het kind schetst het patroon waarlangs het gedrag van de volwassene zal worden geknipt. Het verleden – erfelijkheid en opvoeding – bepaalt de toekomst. Als dertigjarige teert Claus nog altijd op zijn jeugd: het is voor de gerijpte man niet mogelijk deze beslissende periode te vergeten. Het conflict van het kind en het gezin behoort tot de onderwerpen die hem voortdurend bezighouden [6] en zijn oeuvre lijkt ten dele te worden bepaald door een uit zijn voortijdige inwijding in het leven der volwassenen voortgekomen trauma. Deze ruwe botsing tussen de wereld van de onschuld en die van de ervaring zal men terugvinden in een van de mythische schema's die aan zijn vertellingen ten grondslag liggen. In wezen is deze binding met het verleden misschien niets anders dan een vorm van retrospectief narcisme en gaat zijn liefde

niet uit naar het kind in het algemeen (zijn vrouwelijke hoofdpersonen trachten zich er gewoonlijk van te ontdoen), maar
naar het kind dat hij zelf is geweest.

Dit geobsedeerd worden door de leeftijd der ontdekkingen,
deze terugkeer naar de bronnen van het bestaan die hij tot de
spil van zijn oeuvre heeft gemaakt, heeft hem er vanzelfsprekend
toe gebracht een beroep te doen op de mythe. Zoals het gedrag
van de volwassene op hetzelfde patroon is gebaseerd als dat
van het kind, zo blijken ook de daden van de mythische held
als voorbeeld te fungeren dat het in de tijd bestaande individu
telkens weer navolgt. In beide gevallen is de toekomst reeds in
het begin vastgelegd, en men zou kunnen zeggen dat bij Claus
de volwassene op dezelfde wijze ten opzichte van het kind staat
als in het mythische denken de mens tegenover zijn archetype.
Wie met de verzen van Claus vertrouwd is, zal zich over deze
overeenkomsten niet verbazen. Claus' beeldrijke en onthullende poëzie schept orde in onze chaotische wereld; zij laadt deze
met betekenis op een manier die aan de oude gewijde teksten
herinnert, waardoor het lezen ervan gelijkenis gaat vertonen
met een deelnemen aan het mysterie, een doordringen op maag-
delijk gebied, een plotseling helder waarnemen van het nooit
geziene. Opmerkelijk is dat Claus in tegenstelling tot Kafka of
Walschap geen mythes bedenkt, maar steeds teruggrijpt naar
bekende geschiedenissen, te weten die van Oedipus en die van
de zondeval. Het zijn grote problemen waarop deze verhalen
betrekking hebben, daar zij respectievelijk handelen over het
gezin en over de kennis.

De Oedipuslegende is een van de sluitstenen van Claus'
oeuvre: er wordt vaak op gezinspeeld,[7] met name op de vader-
moord.[8] In *De Metsiers*, in *Omtrent Deedee* en in enige novellen
(*Het Huis in de Struiken*, *De zwarte Keizer*, *Het Mes*, *Lieve Liz*) is de
vader dood of afwezig, hetgeen door de psychoanalyse zou kunnen worden uitgelegd als een gevolg van de wens de vader te
doen verdwijnen. Het begin van *Het Lied van de Molenaar*[9] laat
op dit punt geen enkele twijfel bestaan: de opstand van de dichter tegen het vaderlijk gezag en tegen God, de vaderfiguur bij
uitstek, had niet treffender kunnen worden weergegeven. El-

ders daarentegen is het slechts bij wijze van uitzondering dat in de houding van de zoon tegenover de vader de haat domineert. De kleine Thomas uit *Het Mes* ervaart de dood van zijn vader als een onherstelbaar verlies. Het hoofd van het gezin mag dan soms de rol van de tiran aannemen (pp. 204, 206), maar daar staat toch tenminste een verhaal tegenover waarin hij in een gunstig licht komt te staan (*Wandelen*). Kortom, eerbied, bewondering en zelfs medelijden wisselen af met vijandigheid. Precies even ambivalent zijn de gevoelens die de moeder in het kind opwekt. Als het alleen met haar is, verlangt het tederheid en bescherming, maar het gebeurt ook dat het kind door haar wangedrag wreed wordt teleurgesteld. Groenals, de gymnasiast uit *De 'Patisserie'*, ontmoet zijn moeder in gezelschap van een Duitser – het verhaal speelt zich af in de bezettingstijd – en hoewel hij van haar houdt, of beter gezegd, juist omdat hij van haar houdt, begint hij haar plotseling te haten:

'"Goedendag, meneer Karl", zei Groenals en hij werd rood. Zijn moeder bestelde ijs voor hem en hij zag dat de patisserie vol vreemden en Duitsers zat. Van Lerberghe zei dat men Koentjes in brand zou steken binnenkort. "Met mijn moeder er in", dacht Groenals en wild keek hij haar aan. Ik zal lachen als je brandt, als je om mij schreeuwt en mij om hulp vraagt, omwalmd, knetterend, sudderend. Heel traag werden zijn ogen heet en zij prikten.' (pp. 226–227)

Elders verschijnt de moeder als een kokette vrouw op haar retour (p. 88) of lijkt zij op een 'mooi en verraderlijk dier' (p. 99). De liefde van de zoon voor de moeder gaat dus soms gepaard met een gevoel van teleurstelling, afkeuring en zelfs haat.[10] Deze ambivalentie verhindert ons de houding van het kind tegenover de moeder tot een klassiek Oedipuscomplex terug te brengen, wat niet wegneemt dat de mythe, al stemt zij dan niet tot in elk detail overeen met de omstandigheden waarin de personages verkeren, toch in veel gevallen een licht werpt op de aard van hun betrekkingen. Men hoeft de tekst geen geweld aan te doen om in *Het Huis van zijn Vriend* alle elementen van Freuds complex terug te vinden: aanhankelijkheid van de zoon ten opzichte van de moeder, vijandigheid en – soms dubbelzinnige – genegenheid ten opzichte van de vader, en zelfs het onbewuste schuldgevoel dat voortkomt uit agressieve gevoelens (p. 214). In het algemeen zijn het echter slechts fragmenten van de Oedipuslegende die men bij Claus aantreft, al valt het niet moeilijk om ook deze verspreide brokstukken te identificeren. Zo is het thema van de incest, van de ongeoorloofde liefde tussen broer en zuster, dat in *De Metsiers* en in *Een Bruid in de Morgen* is toegepast, rechtstreeks verwant met de Thebaanse sage en met de psychologische situatie die er in besloten ligt.[11] Hetzelfde geldt voor het motief van de Vatersuche dat bij Sophocles wordt gesymboliseerd door het onderzoek dat Oedipus naar de moord van zijn vader Laïus laat instellen.

Evenals de held in de Griekse legende wordt ook de mens bij Claus verpletterd onder het gewicht van een vervloeking. Claus' personages boeten voor een schuld die sterk lijkt op de zondeval van Adam en Eva. Deze schuld, waarmee ieder individu tegen wil en dank bij zijn geboorte wordt belast, is onherstelbaar, want Claus wijst elke gedachte aan genade of verlossing van de hand. Talrijk zijn in zijn gedichten de kernachtige formules die deze tragische opvatting van het bestaan samenvatten en waarin men het existentialistische klimaat van Heidegger, Sartre en Kafka herkent: 'profeet of geen, Wij worden steeds verraden',[12] 'Ik ben verloren geboren',[13] 'niets wordt ons vergeven',[14] etc. De mens is een onvoorwaardelijk veroordeelde, een slachtoffer dat louter door het feit van zijn bestaan gedoemd is ongelukkig te zijn, te lijden en te worden bedreigd door een absurd en onontkoombaar gevaar. De helden van Claus zijn bijna allen overwonnenen: zij staan machteloos tegenover het lot dat hen dwingt toe te geven of onder te gaan en dat hen voortdurend in zijn greep gevangen houdt. Alle hoop is hen ontnomen: God, die dood is (p. 227); de liefde, die een illusie is (*De mooiste Kleren*); de hulp van de naaste (p. 224); de geslachtsdaad, die verdriet en walging veroorzaakt (p. 162); en zelfs de jeugd en de schoonheid (p. 130), want de werking van het lot maakt zich in de eerste plaats kenbaar in de lichamelijke aftakeling, de ontbinding van de weefsels, de tocht naar het Niets die reeds bij de geboorte aanvangt. De mens wordt bij Claus verraden door de natuur, door de maatschappij, door de tijd en door zijn eigen lichaam. Dit verklaart de sfeer van angst, eenzaamheid en wanhoop die *De zwarte Keizer* kenmerkt en die men zou kunnen toelichten met twee beslissende tonelen uit de mythes waarop deze verhalen betrekking hebben: de blinde Oedipus die in ballingschap gaat en Adam die uit de hof van Eden wordt verdreven. Toch ziet Claus de mens niet als een passief ding: hij laat hem vrij om te kiezen, al komt dat tenslotte neer op het kiezen van zijn nederlaag. Naar gelang van zijn stemming drukken zijn gedichten berusting uit, de wil om te leven of zelfs opstandigheid. Soms klampt hij zich instinctief aan het leven vast en keert hij zich vol woede tegen dat wat hem verstikt: de burgerlijke orde – een aversie die zeker niet politiek, maar bijna dierlijk en biologisch is – of het goddelijk gezag dat hij, evenals Freud, in verband brengt met het gezag van de vader. In de novellen wil het kind zich tegen het lot verzetten. Als compensatie van zijn eenzaamheid en zijn zwakte zoekt het een beschermer. In *Het Mes* stort Thomas zijn hart uit tegen het portret van zijn gestorven vader, en Wanamaker, de hoofdfiguur uit *De zwarte Keizer*, vervangt de zijne door de neger die hij in het park ontmoet en die hij in zijn verbeelding de kracht, de schoonheid en het aanzien van zijn afwezige vader geeft (p. 20). In dit laatste verhaal, waarop de auteur bijzondere aandacht vestigt door er zijn bundel naar te noemen, hebben wij te doen met een ware overdracht van de behoefte aan tederheid en veiligheid: teleurgesteld door de realiteit gaat het kind op zoek naar een denkbeeldige vader. Dit is een van Claus' grote thema's: hier is het een vader die wordt gezocht. Op dit punt is Claus in tegenspraak met het bijbelwoord: zijn helden zoeken, maar vinden niet. Even onvruchtbaar is hun opstand: het zijn geen leiders, maar luitenants, tweederangs figuren die niet in staat zijn voor zichzelf een echt bestaan te scheppen:

‘Daarna werd Plukje op een namiddag de klas uitgewezen door de Inktvis. Hij leunde tegen de w.c.'s aan, dacht aan het verdwenen opperhoofd, dat nu ergens op de goederentreinen van het westen zwierf, kolen stal en verkocht, inbrak bij oude vrouwen, die hem huilend van angst herkenden, en verder het rotsland invluchtte, ditmaal niet op een gechromeerde fiets maar op het witte paard Bliksem, met zijn hoofd voorover, dicht bij de vlottende manen, zijn natte, schuine mond open- en dichtbewegend.

"Ik heb zijn foto in mijn nachttafeltje liggen", dacht hij, terwijl de Inktvis zei: "Het paard, de leeuw", en de schrille stemmen herhaalden: "The horse, the lion.'" (p. 145)

De tweede mythe waarover wij hebben gesproken, die van de zondeval, is in Claus' oeuvre nog belangrijker dan de Oedipuslegende daar zij immers betrekking heeft op het bestaan in de wijdste zin. Verscheidene korte verhalen van Claus behoren tot een genre waarop in verband met Piet van Aken reeds is gewezen, te weten het inwijdingsverhaal. *In de Rue Monsieur le Prince* bijvoorbeeld toont de mens na de zondeval, juist zoals dit in de romans gebeurt voor zover het de volwassenen betreft. Maar de auteur geeft zich ook moeite het inwijdingsproces zelf te beschrijven. *Het Huis van zijn Vriend* vertelt hoe een van de personages zich bewust wordt van de gezinsverhoudingen van zijn vriend; in *Het Mes* worden twee kinderen geconfronteerd met het probleem van de sexualiteit, en *Lieve Liz* laat zien hoe een jong meisje met een genot dat vermengd is met angst haar macht over de mannen ontdekt: "'Ik word een vrouw", dacht zij' (p. 191). In de meeste gevallen levert de opgedane ervaring geen voordeel op en leidt zij tot vernedering en bezoedeling. Het kleine meisje uit *Het Mes* raakt, als de eerste tekenen van de puberteit zich voordoen, in paniek, terwijl Thomas bij de ontdekking van het met de sexualiteit verbonden gevaar (het bloed) in de armen van zijn moeder vlucht (pp. 120–122). De inwijding leidt nimmer tot geluk (p. 69): de kennis is louter kennis van het kwaad. Bestaan is veranderen, dat wil zeggen: vervallen, vergaan; elke wasdom gaat onvermijdelijk gepaard met smart. Moet dit besef worden toegeschreven aan de wellicht onbewuste herinnering aan het hierboven vermelde jeugdtrauma? Het lijkt zeer waarschijnlijk.

De inwijding is dus onafscheidelijk aan de tijd verbonden, hetzij aan het ogenblik van de onthulling, hetzij in het algemeen aan het feit dat wij bestaan en zien hoe wij elke dag meer verward raken in de valstrikken van het lot. Het onderworpen zijn aan de tijd is op zichzelf al een verval, want elk moment dat voorbij gaat, verwijdert de mens verder van het kind. Vandaar de belangrijkheid van het hic et nunc, van de concrete omstandigheden waaronder de inwijding plaats vindt en waarvan het individu gebruik zou kunnen maken om zijn toekomst te kiezen. Uit het voorafgaande komt een dominerende gedachte naar voren: de superioriteit van het verleden ten opzichte van het heden, van het kind tegenover de volwassene. Het kind vertegenwoordigt de onschuld en dus het goede: Claus doet denken aan Rousseau en de romantiek in zijn verheerlijking van de primitieve deugd en in zijn geloof in de onverenigbaarheid van ideaal en werkelijkheid. Volkomen ten onrechte heeft men hem voor pornograaf [15] uitgemaakt: in wezen is Claus een idealist die de herinnering aan de zuiverheid heeft bewaard en die niets liever wil dan het verloren paradijs terugvinden. Zijn morbiditeit betekent niet dat hij zich als een zieke overgeeft aan de vernietigingskrachten, maar veeleer dat hij de tragische aspecten van het leven als het geweld, de ondergang en de dood met een scherpe blik analyseert. Hetzelfde geldt voor het obscene karakter van bepaalde situaties. In de twee autobiografische verhalen (*Suiker* en *In de Rue Monsieur le Prince*) neemt hij allerminst deel aan de wellustige stemming van zijn metgezellen en krijgt de lezer een glimp te zien van het gevoelige en kwetsbare gemoed dat de schrijver gewoonlijk achter een stalen pantser verbergt. Hij voelt zich daardoor uitgesloten van de geforceerde vrolijkheid waarmee men op de parties de leegheid van het bestaan tracht te vergeten.

'"Varkens zijn jullie (. . .)", schreeuwde Tervaal, en met een paars gezicht, met zwaaiende armen liep hij naar de deur en klopte, riep: "Doe open", een paar ogenblikken trappelde hij met beide voeten voor de deur als een onrustige hengst en viel het kamertje binnen. Rudi met zijn geruite plaid over de schouders liep vlug op de toppen van zijn tenen met hem mee.

Het meisje schreeuwde. Ik ging opnieuw bij het raam staan. Ik ben er niet, zei ik tegen de ruit die bedoomde.' (p. 161)

En verder:

'Ik vroeg mij af wat ik nog langer in dit hok deed. Wat was er anders te doen? Vluchten. Lopen. Naar een ander lief, naar een ander land.[16] Na een paar minuten werd het ondraaglijk.

Daarna zou het beter gaan. Ik was met het gevoel zo vertrouwd, dat ik er elke buiging, elke toets van kende. Ik wist dat het zou overgaan na tien minuten, in de verstikkende lucht, met de vrienden, die spraken, de sigaretten, de cognac, de flauwe kul.' (p. 163)

De smet kan niet worden uitgewist en de inwijding (de tijd) niet ongedaan gemaakt. Het gevallen kind blijft dwalen over de aarde en is voor altijd uit de hof van Eden verbannen. Er is geen terugkeer en de wereld van Claus kent geen verlosser en geen heiligen. Zonder hoop op redding lijdt de mens onder de last van een beproeving die hem verzwakt, verteert en verlaagt tot hij zijn plaats in de 'beschaafde' wereld kan innemen.[17] Om de gouden jaren van zijn jeugd opnieuw te kunnen beleven zou hij alle morele taboes van de maatschappij moeten doorbreken: zo wil het nu eenmaal de absurditeit van de condition humaine. In deze paradoxale situatie verkeren de broer en zuster uit *De Metsiers*, die door incest het 'innocent paradis' trachten te bereiken, terwijl men iets dergelijks vindt in de liefde die Philip, de hoofdpersoon uit *De Hondsdagen*, voor het schoolmeisje Bea koestert. Dit heimwee naar de kinderjaren, dat bij veel hedendaagse schrijvers voorkomt, verklaart onder meer Claus' belangstelling voor auteurs als Valéry Larbaud (*Enfantines*), René Crevel (*Babylone*), Raymond Queneau (*Un rude hiver*) en vooral zijn verwantschap met Truman Capote (*Other Voices, Other Rooms*; *A Tree of Night and Other Stories*).

Het is duidelijk dat Claus niet moedwillig sombere romans schrijft of dat hij zich daartoe door de mode laat verleiden. Men kan zeggen dat hij, zonder er het voorkomen van te hebben, optreedt als een moralist. Zijn verhalen bieden een weliswaar onvolledig, maar uiterst suggestief beeld van de zeden van onze tijd; zij geven vaste vorm aan de situatie waarin wij leven en dwingen ons daardoor deze bewust te worden. Door aan het onuitgesprokene en ongevormde een wereld van lelijkheid en wanhoop te ontrukken, waarschuwt hij ons voor het gevaar dat ons bedreigt. Zijn poëzie neemt daarbij graag het karakter van de fabel aan en geeft zelfs herhaaldelijk blijk van zijn sociaal gevoel. Toch kan deze moralist slechts constateren, analyseren en een diagnose stellen: als vrijdenker en als vijand van het abstracte zou hij ook niet in staat zijn een universeel geneesmiddel voor te schrijven voor situaties die trouwens met geen enkele remedie gebaat zouden zijn. Zijn volstrekt ondogmatische wijsheid verzet zich tegen de kuddemoraal door met nadruk te wijzen op de onzekerheid van het mens-zijn, het betrekkelijke en vluchtige karakter van de waarheid en de noodzaak van een bewuste en persoonlijke keuze.

Daarenboven openbaart het oeuvre van Claus een verlangen naar orde en zuiverheid dat veel dieper gaat dan de behoefte om te getuigen, wat vooral tot uiting komt in de rol die aan de taal is toebedeeld.

De visie van de schrijver schommelt tussen het meest rauwe naturalisme en de dichterlijke herschepping van de werkelijkheid. *De zwarte Keizer* bevat 'fysiologische' details die Sartre, Caldwell en Faulkner, deze moderne erfgenamen van de groep van Médan, waardig zouden zijn (*Suiker, Een Ontmoeting, Na de Film*). Vergeleken met de gedichten, waarin de subjectieve vervorming een tegenwicht vormt ten opzichte van de realistische mimesis, biedt Claus' proza betrekkelijk weinig elementen die niet met het gangbare werkelijkheidsbesef overeenstemmen. De wijze waarop hij de dingen hier beschrijft heeft niets verbijsterends, en laat men het persoonlijke stempel dat elk kunstwerk vertoont buiten beschouwing, dan kan men zeggen dat Claus de wereld bijna op dezelfde wijze weergeeft als wij haar zien. Het in *Natuurgetrouw* alomtegenwoordige surrealisme heeft in de novellen nauwelijks sporen achtergelaten. De soms onbeduidende afstand tussen de zienswijze van Claus en die van de gewone man biedt aan de magische kracht van het woord [18] echter voldoende ruimte om zich te kunnen ontplooien. Claus herschept de realiteit door de taal: hij steekt haar in een dichterlijk gewaad [3] en vervormt haar beurtelings in de richting van het schone en van het lelijke. Vanuit de sombere kerker waarin wij op de dood wachten voert het woord ons mee naar een wereld van licht, kracht en schoonheid. Het woord beschermt ons door van het bestaan een sprookjesachtig avontuur te maken, waardoor het draaglijk en zelfs opwindend wordt. Zo veranderen de prozaïsche bieten bij het aanbreken van de dag in 'zovele ertsen uit een berglandschap van God weet waar' (p. 29) en rijzen de elektriciteitstorens als reusachtige bloemen omhoog in het winterse landschap (p. 34). De transpositie dient echter niet uitsluitend om de dingen mooier te maken. Zij versterkt ook de lelijkheid en de angst: Claus vergelijkt de feestvierende arbeiders met 'grauwe kevers in een winterslaap' (p. 36), de stilte van een vlakte met 'een watten dier met zuignappen en vingers' (pp. 40–41). In beide gevallen, of zij het alledaagse nu idealiseert of er de tragische kant van overdrijft, laat de taal ons dit alledaagse opnieuw ontdekken. Claus is een geboren dichter omdat hij de dingen ziet en laat zien met nieuwe ogen: daar waar wij voorbijgaan zonder het hoofd om te wenden, ontwaart hij een wonder. Zijn beelden verraden de helderheid van zijn inzicht, zijn scherp besef van de dreiging van het lot en zijn weergaloos vermogen deze dreiging onder woorden te brengen, zo niet te bezweren. Op deze wijze kent hij aan de taal een constructieve taak toe: het benoemen stelt hem in staat te onthullen, te kennen en te doen kennen, en tegelijkertijd verzet hij zich tegen het lot. Is de bewustwording niet de eerste stap naar de vrijheid? Bovendien maakt het woord het hem mogelijk de eens verloren onschuld weer op te roepen en deze in zijn kunst zelfs te heroveren:

'terwijl ik kuise woorden zeg als:
regen en wind appel en brood
dik en donker bloed der vrouwen.' [19]

In de navrante wereld van Claus fungeert de poëzie als een optimistisch element: zij geeft uiting aan de reactie van de levensdrang op de met het bestaan onafscheidelijk verbonden vervloeking, aan het verlangen om tot elke prijs in leven te blijven door aan het absurde een menselijke betekenis te geven. Goed beschouwd doet het woord zich voor als het laatste toevluchtsoord van de schrijver. De zucht tot zelfbehoud neemt bij Claus de esthetische vorm aan van de poëzie.

Dit is de reden waarom hij de poëzie opneemt in de roman. Zoals bepaalde moderne schilderijen ontstaan uit het manipuleren met lijnen en kleuren, zo hangt in de roman alles af van de manier waarop de grondstoffen – en dat zijn volgens Claus de woorden – bewerkt worden. Het wezen van de roman is 'de materie, de drukkende zwaarte van de woorden die beeld en en aaneenschakelingen van beelden vormen, de trage of snelle, bewuste of onbewuste opwelling en wisselwerking van beelden (...). De langzame verwording van papieren woorden tot de gebaren, de uitdrukkingen van de mens.'[3] Zo is met Claus de dichterlijke roman in staat de tijd uit te dagen door hem te beschrijven.

BIBLIOGRAFIE

ALGEMENE WERKEN

MIRIAM ALLOTT: *Novelists on the Novel*, London, 1960.

ERICH AUERBACH: *Mimesis. Dargestellte Wirklichkeit in der abendländischen Literatur*, Bern, 1946.

CLEANTH BROOKS JR. en ROBERT PENN WARREN: *Understanding Fiction*, New York, 1943.

NELLY CORMEAU: *Physiologie du roman*, Bruxelles, 1947.

E. M. FORSTER: *Aspects of the Novel*, London, 1944.

KÄTE HAMBURGER: *Die Logik der Dichtung*, Stuttgart, 1957.

R. KOSKIMIES: *Theorie des Romans. (Annales Academiae Scientiarum Fennicae B XXXV, 1)*, Helsinki, 1935.

EBERHARD LÄMMERT: *Bauformen des Erzählens*, Stuttgart, 1955.

ROBERT LIDDELL: *A Treatise on the Novel*, London, 1949.

R. F. LISSENS: *De Vlaamse Letterkunde van 1780 tot heden*, Brussel, 1959[3].

PERCY LUBBOCK: *The Craft of Fiction*, London, 1954.

A. A. MENDILOW: *Time and the Novel*, London, 1952.

EDWIN MUIR: *The Structure of the Novel*, London, 1938.

JEAN POUILLON: *Temps et roman. (La jeune philosophie)*, Paris, 1946.

HARRY SHAW en DOUGLAS BEMENT: *Reading the Short Story*, New York-London, 1941.

IRÈNE SIMON: *Formes du roman anglais de Dickens à Joyce, (Bibliothèque de la Faculté de Philosophie et Lettres de l'Université de Liège, Fascicule CXVIII)*, Liège, 1949.

RENÉ WELLEK en AUSTIN WARREN: *Theory of Literature. (Harvest Books 22)*, New York, 1956.

MAURICE ROELANTS

FR. CLOSSET: *Maurice Roelants*, Brussel, 1946.

ANTON VAN DUINKERKEN, MARNIX GIJSEN, RAYMOND HERREMAN, KAREL LEROUX, R. F. LISSENS, H. A. LUNSHOF, RICHARD MINNE, ALBERT WESTERLINCK: *Van en over Maurice Roelants*, Brussel, 1956.

249

ADRIAAN VAN DER VEEN: *Maurice Roelants.* (*Monografieën over Vlaamse Letterkunde*, 17), Brussel, 1960.

G. H. 's-GRAVESANDE: *Sprekende Schrijvers. Nederlandsche en Vlaamsche Letterkundigen in Gesprek met . . .*, pp. 204–213, Amsterdam, 1935.

PAUL DE VREE: *Hedendaagsche Vlaamsche Romanciers en Novellisten*, pp. 19–24, Mechelen, 1936.

RAYMOND BRULEZ: *Ecrivains flamands d'aujourd'hui*, pp. 34–41, Bruxelles, 1938.

R. F. LISSENS: *Rien que l'homme. Aspects du roman flamand contemporain*, pp. 41–51, Bruxelles, 1944.

DR. R. J. K. VAN DE WERVE: *Maurice Roelants. Een Stijl en een Levenshouding.* (*Boekengids*, jrg. 24, 2, pp. 37–42), 1946.

LOUIS SOURIE: *Mens en Kunstenaar. Vraaggesprekken . . .*, I, pp. 131–149, Turnhout, 1955.

GERARD WALSCHAP

DR. KAREL ELEBAERS: *De Romankunst van Gerard Walschap.* (*Die suverlicke Boexskens*, 6), Diest, 1942.

BERNARD-FRANS VAN VLIERDEN: *Gerard Walschap.* (*Ontmoetingen*, 8), s. l., 1958.

J. C. BRANDT CORSTIUS: *Gerard Walschap.* (*Monografieën over Vlaamse Letterkunde*, 19), Brussel, 1960.

Rondom Roelants, Walschap, Zielens. Korte bijdragen tot beter kennis dezer schrijvers, Mechelen, s. d.

G. H.'s-GRAVESANDE: *Sprekende Schrijvers. Nederlandsche en Vlaamsche Letterkundigen in Gesprek met . . .*, pp. 214–222, Amsterdam, 1935.

URBAIN VAN DE VOORDE: *'k Heb menig Uur bij U . . . Essay's over Boeken & Gedachten*, pp. 81–92, Brussel, s. d.

RAYMOND BRULEZ: *Ecrivains flamands d'aujourd'hui*, pp. 42–53, Bruxelles, 1938.

JORIS EECKHOUT: *Litteraire Profielen*, VIII, pp. 50–77, Antwerpen-Brussel-Gent-Leuven, 1939.

R. F. LISSENS: *Rien que l'homme. Aspects du roman flamand contemporain*, pp. 81–94, Bruxelles, 1944.

ANTON VAN DUINKERKEN: *Mensen en Meningen*, pp. 226–253, 's-Gravenhage, 1951.

ALBERT WESTERLINCK: *Proces van het Vitalisme. Beschouwingen over Moderne Europese Literatuur*, (*Dietsche Warande en Belfort*, 1956, 2, pp. 71–90).

IDEM: *Wandelen al Peinzend. Verzamelde Opstellen*, pp. 238–282, Leuven, s. d.

WILLEM ELSSCHOT

FRANS BUYENS: *Willem Elsschot. Een Inleiding tot zijn werk*, Antwerpen, 1951.

FRANS SMITS: *Willem Elsschot. Zijn leven, zijn werk en zijn betekenis als prozaschrijver en dichter*, Brussel, 1952[2].

GARMT STUIVELING: *Willem Elsschot.* (*Monografieën over Vlaamse Letterkunde*, 16), Brussel, 1960.

BERNARD-FRANS VAN VLIERDEN: *Willem Elsschot.* (*Ontmoetingen*, 2), s. l., 1960².

J. GRESHOFF: *Willem Elsschot.* (Willem Elsschot: *Een Ontgoocheling*, Amsterdam, s. d.).

PAUL DE VREE: *Hedendaagsche Vlaamsche Romanciers en Novellisten*, Mechelen, 1936. *Groot Nederland*, jrg. 35, juli 1937.

JORIS EECKHOUT: *Litteraire Profielen*, VIII, Antwerpen-Brussel-Gent-Leuven, 1939.

ALBERT WESTERLINCK: *Het cynisme bij W. Elsschot.* (*Luister naar die Stem. Studiën en critieken*, pp. 209–238, Brugge, s. d.).

R. F. LISSENS: *Rien que l'homme. Aspects du roman flamand contemporain*, pp. 109–125, Bruxelles, 1944.

S. VESTDIJK: *Muiterij tegen het Etmaal*, I, *Proza*, 's-Gravenhage, 1947.

WILLEM ELSSCHOT: *Autobiografie in Briefvorm*, (*De Gids*, 1957, 1e H. J., pp. 231–233).

FILIP DE PILLECYN

BERT RANKE: *Filip de Pillecyn. Een Proeve van Synthese der Persoonlijkheid.* (*De Seizoenen*, 5), Antwerpen, 1941.

ANTON VAN WILDERODE: *Filip de Pillecyn.* (*Ontmoetingen*, 22), s. l., 1960.

RAYMOND BRULEZ: *Ecrivains flamands d'aujourd'hui*, pp. 58–62, Bruxelles, 1938.

HANS TESKE: *Der Dichter Filip de Pillecyn. Ein Versuch.* (*Dichtung und Volkstum*, 42, 3, pp. 15–31), 1942.

R. F. LISSENS: *Rien que l'homme. Aspects du roman flamand contemporain*, pp. 127–141, Bruxelles, 1944.

LOUIS SOURIE: *Mens en Kunstenaar. Vraaggesprekken met* ..., pp. 57–70, Turnhout, 1955.

BERNARD-FRANS VAN VLIERDEN: *Natuur en Cultuur in het Werk van Filip de Pillecyn.* (*Streven*, jrg. 13, II, 7, pp. 631–636), 1960.

RAYMOND BRULEZ

KAREL JONCKHEERE: *Raymond Brulez.* (*Monografieën over Vlaamse Letterkunde*, 20), Brussel, 1961.

PAUL DE VREE: *Hedendaagsche Vlaamsche Romanciers en Novellisten*, pp. 75–83, Mechelen, 1936.

URBAIN VAN DE VOORDE: '*k Heb menig Uur bij U* ... *Essay's over Boeken & Gedachten*, pp. 93–104, Brussel, s. d.

PIERRE H. DUBOIS: *Raymond Brulez of De Continuïteit van het Autobiografische.* (*Nieuw Vlaams Tijdschrift*, jrg. 5, pp. 646–660), 1951.

JAN SCHEPENS: *Raymond Brulez of De Weg van Blankenberge naar Borgen.* (*De Vlaamse Gids*, jrg. 36, 2, pp. 105–112), 1952.

Bernard-Frans van Vlierden: *Raymond Brulez' Aestheticisme.* (*Streven*, jrg. 8, 1, 4, pp. 344–349), 1955.

Julien Kuypers: *Raymond Brulez, de Gelijkmoedige Toeschouwer.* (*Verslagen en Mededelingen van de Koninklijke Vlaamse Academie voor Taal- en Letterkunde, Nieuwe Reeks*, 7–8–9, pp. 357–388), 1960.

MAURICE GILLIAMS

Paul de Vree: *Maurice Gilliams. Essay.* (*Mens en Muze, Eerste Reeks*, ii), Antwerpen, 1947.

A. Roland Holst, Herman Teirlinck, Roger Avermaete en Victor E. van Vriesland: *Maurice Gilliams 1900–1950*, Antwerpen, 1950.

Paul de Vree: *Romankroniek, Maurice Gilliams' Elias of het Gevecht met de Nachtegalen.* (*Vormen*, jrg. 1, pp. 149–152), 1936–1937.

Idem: *Maurice Gilliams.* (*Vormen*, jrg. 2, pp. 164–172), 1937–1938.

Joris Eeckhout: *Litteraire Profielen*, vii, pp. 97–111, Gent, 1937.

D. A. M. Binnendijk: *Zin en Tegenzin*, pp. 93–107, Amsterdam, 1939.

R. F. Lissens: *Rien que l'homme. Aspects du roman flamand contemporain*, pp. 27–39, Bruxelles, 1944.

Karel van de Woestijne: *Verzameld Werk*, v, pp. 579–585, Brussel, 1949.

Albert Westerlinck: *Vlaams Proza. De nieuwe verschijning van Elias (Winter te Antwerpen).* (*Dietsche Warande en Belfort*, 1953, pp. 614–618).

Maurice Roelants: *Schrijvers, wat is er van de Mens?* i, pp. 57–75, Brussel, 1956.

J. Weisgerber: *Maurice Gilliams' Elias. Een Poging tot Uitleg.* (*Tijdschrift van de Vrije Universiteit van Brussel* jrg. 1, 1, pp. 67–86), 1959.

HERMAN TEIRLINCK

Julien Kuypers: *Herman Teirlinck.* (*Vlamingen van Beteekenis*, vi), Antwerpen-Santpoort, s. d.

Anton van Duinkerken, Karel Jonckheere, Julien Kuypers, P. Minderaa, Maurice Roelants, Herman Teirlinck: *Van en over Herman Teirlinck*, Brussel, 1954.

P. Minderaa: *Herman Teirlinck.* (*Monografieën over Vlaamse Letterkunde*, 13), Brussel, 1959.

André de Ridder: *Onze Schrijvers geschetst in hun Leven en Werken. Tweede Bundel. Vlaamsche Schrijvers*, Baarn, 1909.

Pieter G. Buckinx: *Herman Teirlinck zeventig Jaar. 24 Februari 1948.* (*Critisch Bulletin*, jrg. 16, pp. 49–55), 1949.

Raymond Herreman: *Inleiding.* (Herman Teirlinck: *Mijnheer J. B. Serjanszoon – Johan Doxa*). [*Bibliotheek der Nederlandse Letteren*], Amsterdam-Brussel, 1951.

Jan Schepens: *Herman Teirlinck, Verheerlijker van de Levenskracht.* (*De Vlaamse Gids*, jrg. 37, 2, pp. 65–73), 1953.

G. H. 's-Gravesande: *Al pratende met ... Herman Teirlinck.* (*Het Boek van Nu*, jrg. 8, 6, pp. 108–109), 1955.

Pierre H. Dubois: *Spelen met de eerlijkheid. Herman Teirlinck, Zelfportret of het Galgenmaal.* (*Het Boek van Nu*, jrg. 9, 6, pp. 105–106), 1956.

Albert Westerlinck: *De nieuwste Herman Teirlinck.* (*Dietsche Warande en Belfort*, 1956, 8, pp. 483–494).

Dirk Coster: *Gesprek over Herman Teirlinck.* (*Nieuw Vlaams Tijdschrift*, jrg. 11, 1, pp. 70–81), 1957.

Maurice Roelants: *Schrijvers, wat is er van de Mens?* II, pp. 171–215, Brussel, 1957.

P. Hadermann: *Twee Aspecten van het Vitalisme in de Vlaamse Roman: 'Houtekiet' en 'Het Gevecht met de Engel'.* (*Tijdschrift van de Vrije Universiteit van Brussel*, jrg. 1, 2/3, pp. 142–156).

JOHAN DAISNE

Jan Schepens: *Johan Daisne.* (*Hedendaagsche Dichters*), Antwerpen-Brussel-Gent-Leuven, 1946.

Rik Lanckrock: *Inleiding tot het Magisch-Realisme*, Antwerpen, 1952.

Idem: *Johan Daisne*, Antwerpen, 1956.

André Demedts: *Johan Daisne.* (*Ontmoetingen*, 41), Brugge-Utrecht, 1962.

Jef van Wijnsberghe: *Een Praatje met Johan Daisne.* (*Weekend*, jrg. 5, 238, pp. 3–15 en 17), 24.9.1950.

Albert Westerlinck: *Johan Daisne, de Wonderbare* (*Dietsche Warande en Belfort*, 1958, 9, pp. 557–562).

Jan Schepens: *Uit Daisne's Levensfilm.* (*De Vlaamse Gids*, 1960, 3, pp. 168–182).

HUBERT LAMPO

Rik Langkrock: *Meeningen overde Novelle 'Regen' van Hubert Lampo. (De Vlaamsche Gids*, jrg. 30, 4, pp. 253–25 4), 1946.

Bert Ranke: *Hubert Lampo en Alain-Fournier,* (*Dietsche Warande en Belfort*, 1955, 9, pp. 573–576).

PIET VAN AKEN

Bert Ranke: *Het Werk van Piet van Aken. Hoe eenzaam de mens kan zijn.* (*Dietsche Warande en Belfort*, 1953, 6, pp. 355–368).

MARNIX GIJSEN

RENÉ GORIS en J. GRESHOFF: *Marnix Gijsen*, Antwerpen-'s-Gravenhage, 1955.

MAURICE ROELANTS: *Marnix Gijsen*. (*Monografieën over Vlaamse Letterkunde*, 7), Brussel, 1958.

HERMAN TEIRLINCK, ANTON VAN DUINKERKEN, GERARD WALSCHAP, MAURICE ROELANTS, MARNIX GIJSEN: *Romancomponenten van nu en altijd. Thema's uit het Werk van Marnix Gijsen*, Antwerpen, 1959.

ANTON VAN DUINKERKEN: *Marnix Gijsen*. (*Dietsche Warande en Belfort*, 1956, 6, pp. 323–341).

C. J. E. DINAUX: *Gijsen en Joachim*. (*Nieuw Vlaams Tijdschrift*, jrg. 13, 5, pp. 531–542), 1959–1960.

LOUIS PAUL BOON

H. U. JESSURUN D'OLIVEIRA: *Interview met Louis Paul Boon*. (*Tirade*, 47/48, pp. 334–338), 1960.

HUGO CLAUS

JOHAN DE ROEY: *Hugo Claus*. (*Idolen en Symbolen*, 20), Tielt - Den Haag, 1964.

M. RUTTEN: *Nederlandse Dichtkunst van Kloos tot Claus. Kronieken*, Hasselt, 1957.

X: *Schrijver en luxe-avonturier Hugo Claus*. (*Haagse Post*, jrg. 46, 2319, pp. 24–26), 23.5.1959.

ERIK VAN RUYSBEEK: *Hugo Claus, Ecrivain flamand*. (*Synthèses*, jrg. 14, 160, pp. 41–54), 1959.

J. WEISGERBER: *Hugo Claus tussen avant-garde en traditie*. (*Kroniek van Kunst en Kultuur*, jrg. 22, 1, pp. 53–63), 1962.

TH. GOVAART: *Het geclausuleerde beest*, pp. 129–224, Hilversum-Antwerpen, 1962.

J. WEISGERBER: *De poëzie van Hugo Claus*. (*Tijdschrift van de Vrije Universiteit van Brussel*, jrg. 5, 2, pp. 105–130), 1963.

J. WEVERBERGH: *De Petroleumlamp en de Mot: Ik ontleed 'Omtrent Deedee'*. (*Bok*, jrg. 1, 3), 1963.

JAN DE ROEK: *Het Hermetisme in de Poëzie van Hugo Claus*. (*Ruimten*, jrg. 3, 9/10), 1964.

J. WEISGERBER: *Hugo Claus, de malcontent. Beschouwingen over 'Het Teken van de Hamster'*. (*Socialistische Standpunten*, jrg. 11, 1, pp. 62–75), 1964.

AANTEKENINGEN

INLEIDING

1   Vgl. MAURITS SABBE: *Het Proza in de Vlaamsche Letterkunde*, Bussum, 1909; R. VERDEYEN: *La prose flamande de 1830 à 1930*, Liège, 1932.

2   Vgl. GEORG HERMANOWSKI: *Die Stimme des schwarzen Löwen. Geschichte des flämischen Romans*, Starnberg, 1961.

DE OORSPRONG VAN DE MODERNE ROMAN IN VLAANDEREN EN ZIJN ONTWIKKELING VAN 1837 TOT 1927

1   Vgl. het uitzonderingsgeval van het *Nederduitsch letterkundig Jaarboekje*, jrg. 1, Gent, 1834.

2   Vgl. D. SLEECKX: *Literatuur en Kunst*, II, p. 279, Gent, 1885. Over het aanhouden van het pseudo-classicisme van 1800 tot 1818 bij de Frans-Belgische schrijvers, vgl. GUSTAVE CHARLIER: *Le Mouvement romantique en Belgique (1815–1850)*, I, *La bataille romantique*, p. 20, s. l., s. d. Over de minachting voor het proza, vgl. idem, II, *Vers un Romantisme national*, pp. 253 en 283, Bruxelles, 1959 (Académie Royale de Langue et de Littérature Françaises de Belgique).

3   H. CONSCIENCE: *In 't Wonderjaer (1566). Historische Tafereelen uit de XVIe Eeuw*, p. III, Antwerpen, 1837.

4   Vgl. W. DROP: *Verbeelding en Historie. Verschijningsvormen van de Nederlandse historische roman in de negentiende eeuw*, pp. 51–55, Assen, 1958. (*Neerlandica Traiectina*, VI).

5   JAKOB F. – J. HEREMANS: *Over den Roman*, in *Het Taelverbond*, jrg. 1, I, 1845, pp. 139–149, 217–242, p. 225. Vgl. ook p. 224.

6   Ibidem, p. 224.

7   Vgl. HENDRIK CONSCIENCE: *Geschiedenis mijner Jeugd*, p. 162, Brussel, s. d.

8   Vgl. D. SLEECKX: *Indrukken en Ervaringen*, pp. 141 en 145, Gent, 1903.

9   Vgl. EUG. DE BOCK: *Hendrik Conscience en de Opkomst van de Vlaamse Romantiek*, p. 45, Antwerpen, 1943[2]; V. FRIS: *De Bronnen van de historische Romans van Conscience*, in *Hendrik Conscience. Studiën en Kritieken van Maurits Sabbe e.a.*, pp.

193–260, 205 en 206, Antwerpen, 1913. *In 't Wonderjaer* herinnert eerder aan Moke dan aan Scott door de minachting voor oudheidkundige uitweidingen en omstandige beschrijvingen, de voorkeur voor een snelle handeling, de oppervlakkige psychologie en bepaalde situaties. Dat alles is echter ook gemeengoed in de volksboeken.

10 Vruchtbare lectuur hierover biedt G. Schmook in zijn studie over de invloed die Roger de Beauvoir, een minder belangrijke figuur uit de Franse romantiek, omstreeks 1835 heeft kunnen uitoefenen op De Laet en Conscience. (*Een Parijse 'Beau' onder Antwerpse 'Jolikes'*, vooral p. 48, Koninklijke Vlaamse Academie voor Taal- en Letterkunde, Reeks v, 21, Gent, 1959.)

11 Vgl. H. Conscience: *In 't Wonderjaer*, o. c., pp. i–iii.

12 Vgl. Eug. de Bock: *Hendrik Conscience en de Opkomst van de Vlaamse Romantiek*, o. c., p. 57.

13 Vgl. Karel van de Woestijne: *Conscience herdacht*, in *Verzameld Werk*, v, pp. 367–374 en 368–369, Brussel, 1949.

14 Vgl. D. Sleeckx: *Literatuur en Kunst*, ii, o. c., p. 317.

15 Vgl. D. Sleeckx: *Over het realismus in de letterkunde*, in *Literatuur en Kunst*, i, pp. 261–271 en 270, Gent, 1880. Vgl. ook: M. de Vroede: *De finaliteit van de Vlaamse zedenroman in het midden van de jaren 1850*, in *Spiegel der Letteren*, 1959, jrg. 3, 1, pp. 17–32.

16 Vermeylen schrijft nog in 1903 dat de toekomst van de Vlaamse literatuur onafscheidelijk is van die van het volk. Vgl. *Kroniek. Iets over ons*, in *Vlaanderen*, 1903, jrg. 1, pp. 42–46, pp. 44–45.

17 Vgl. P. F. van Kerckhoven: *Het historische en het hedendaegsche roman*, in *Kunst- en Letter-blad*, 1845, jrg. 6, 25, pp. 97–98 en jrg. 6, 26, pp. 101–102. De eigentijdse zedenroman verschijnt in vrijwel dezelfde periode, omstreeks 1840, in Frans-België. Vgl. Gustave Charlier: *Le Mouvement romantique en Belgique (1815–1850)*, ii. *Vers un Romantisme national*, o.c., p. 271.

18 Vgl. D. Sleeckx: *Indrukken en Ervaringen*, o.c., p. 138.

19 Vgl. Max Rooses: *Derde Schetsenboek*, p. 276, Gent, 1885.

20 Vgl. Dr. A. Jacob: *Briefwisseling van, met en over Hendrik Conscience uit de jaren 1837 tot 1851*, ii, pp. 7–8 (Brief van Conscience aan Snellaert d.d. 9 mei 1838), Gent, 1914.

21 Vgl. P. F. van Kerckhoven: *Het historische en het hedendaegsche roman*, o.c., pp. 97 en 101–102.

22 Vgl. Eugeen Zetternam: *Volledige werken. Met Levensschets van den Schrijver* door F. Jos. van den Branden, pp. 83–84, Antwerpen, 1876.

23 D. Sleeckx: *Literatuur en Kunst*, ii, o.c., p. 332.

24 D. Sleeckx: *Literatuur en Kunst*, i, o.c., p. 261.

25 D. Sleeckx: *Literatuur en Kunst*, ii, o.c., p. 284.

26 Vgl. Dr. August Snieders: *De Roman*, p. 21, Gent, 1891 (Koninklijke Vlaamse Academie).

27 Virginie Loveling: *Het Hoofd van 't Huis en Allerlei Schetsen*, pp. 163–164, Gent, 1883.

256

28 Vgl. W. Drop: *Verbeelding en Historie*, o.c., pp. 334–335.

29 Reimond Stijns: *In de Ton*, p. 7, Rotterdam, 1891.

30 Vgl. R. F. Lissens: *Het Impressionisme in de Vlaamsche Letterkunde*, p. 150, Mechelen-Amsterdam, 1934.

31 E. Zola: *Le roman expérimental*, geciteerd door P. Martino, in *Le Naturalisme, français (1870–1895)*, p. 76, Paris, 1930 (Collection Armand Colin, no. 27).

32 Vgl. R. F. Lissens: *Een vergeten Jubileum: 'Ruwe Liefde'*, in *Dietsche Warande en Belfort*, dec. 1947, nr. 10, pp. 527–537 en 533.

33 Vgl. Stijn Streuvels: *Avelghem*, p. 241, Tielt-Antwerpen, 1946.

34 Vgl. A. Vermast: *Over de Novelle*, in *Nederlandsche Dicht- en Kunsthalle*, 1891–1892, jrg. 14, pp. 452–455, pp. 453–454.

35 Vgl. Karel van de Woestijne: *Verzameld Werk*, vii, pp. xv–xvii, Brussel, 1948.

36 H. Teirlinck: *Paars voor Fernand Toussaint*, in *Nieuw Vlaams Tijdschrift*, jrg. 2, juli 1947, pp. 3–11, p. 10.

37 Vgl. Stijn Streuvels: *Herinneringen uit het Verleden*, pp. 126–127, Amsterdam, s.d.

38 Vgl. Achilles Mussche: *Cyriel Buysse*, pp. 93–94, Gent, 1929.

39 Vgl. Max Rooses: *Derde Schetsenboek*, o.c., p. 27; A. Vermast: *Over de Novelle*, o.c., pp. 452–453.

40 Vgl. D. Sleeckx: *Op 't Eksterlaar*, ii, pp. 69 vv., Gent, 1863; A. Vermast: *Over de Novelle*, o.c.; A. Vermeylen: *Stijn Streuvels' 'Minnehandel'* (1904), in *Verzamelde Opstellen*, ii, pp. 195–196, Bussum, 1905; F. V. Toussaint van Boelaere: *Het Kortverhaal als Kunstvorm*, in *Litterair Scheepsjournaal*, iii, pp. 11–20, Brussel, 1946.

41 A. Vermeylen: *Stijn Streuvels' 'Minnehandel'* (1904), in *Verzamelde Opstellen*, ii, o.c., p. 201.

42 Vgl. F. V. Toussaint van Boelaere: *Het Stadsleven in de nieuwere Vlaamsche Prozakunst* (1913), in *Zurkel en Blauwe Lavendel*, pp. 149–186, Brussel, 1926.

43 Vgl. Stijn Streuvels: *Ingoyghem II 1914–1940*, pp. 160–161, s.l., 1957.

44 Herman Teirlinck: *Verzameld Werk*, iv, p. 180, Brussel, 1955.

45 Geciteerd door Dr. Rob. Roemans: *Fernand-Victor Toussaint van Boelaere. Een Studie*, p. 15, Brussel, 1935.

46 De tegenstelling tussen beide karakters is bijzonder duidelijk in *De leemen Torens*, de roman van Teirlinck en Van de Woestijne. Vgl. Herman Teirlinck: *Karel van de Woestijne 1878–1929*, Brussel, 1956 (*Monografieën over Vlaamse Letterkunde*, nr. 2), p. 18.

47 Vgl. Felix Timmermans: *Uit mijn Rommelkas*, pp. 54 en 60, Amsterdam-Antwerpen, s.d., 3e druk.

48 Vgl. M. Rutten: *Het Proza van Karel van de Woestijne*, p. 666, Paris, 1959 (Bibliothèque de la Faculté de Philosophie et Lettres de l'Université de Liège, Fascicule cliii).

49 J. M.: *Maurice Roelants: Komen en Gaan*, in *Vlaamsche Arbeid*, 1928, jrg. 23, p. 120.

50 Vgl. WALTER H. SOKEL: *The Writer in Extremis. Expressionism in Twentieth-Century German Literature*, p. 87, Stanford, California, 1959.

51 Vgl. ibid., pp. 26 en 30.

52 Vgl. WLADIMIR WEIDLÉ: *Les abeilles d'Aristée. Essai sur le destin actuel des lettres et des arts*, p. 139, Paris, 1954.

PANORAMA VAN DE VLAAMSE ROMAN 1927–1960

1 Vgl. zijn artikel over *Komen en Gaan* in de *Nieuwe Rotterdamsche Courant* van 14 mei 1927, in *Verzameld Werk*, v, pp. 652–659, Brussel, 1949.

2 Vgl. *De Kritiek in Vlaanderen. Een Rondvraag*, in *Dietsche Warande en Belfort*, jrg. 39, 10, okt. 1930, pp. 756–773, p. 760.

3 Vgl. *Forum*, jrg. 1, 1, jan. 1932, p. 2 en idem, jrg. 3, 1, jan. 1934, pp. 1–2.

4 Vgl. het artikel van ROELANTS in *Dietsche Warande en Belfort*, maart 1946, 3, pp. 152–157 (*Over de Armen der Venus van Milo*) en dat van WALSCHAP in *De Vlaamsche Gids*, jrg. 30, 5, april 1946, p. 313 (*Roelants pro domo*).

5 Vgl. MIRIAM ALLOTT: *Novelists on the Novel*, p. 202, London, 1960.

6 Dit is een van de programmapunten van het tijdschrift *Forum*. Vgl. MENNO TER BRAAK: *Het Schrijverspalet*, in *Forum*, jrg. 1, 11, nov. 1932, pp. 671–690.

7 Vgl. H. LAMPO: *Getuigenis 1950: De Roman*, in *De Vlaamse Literatuur sedert Gezelle*. Onder redactie van Dr. R. F. Lissens. V.E.V.-*Berichten*, jrg. 25, aug. 1950, spec. nr., pp. 80–82, pp. 80–81.

8 Ibidem, p. 80. Vgl. ook H. LAMPO: *De Roman en wij*, in *De Faun, Critisch Bulletin*, jrg. 1, 9, 5 mei 1945, pp. 97–98; PIET VAN AKEN en HUBERT LAMPO: *Streuvels en de jongere Romanciers*, in *Nieuw Vlaamsch Tijdschrift*, jrg. 1, okt. 1946, pp. 745–751, p. 746.

9 Vgl. H. LAMPO: *Getuigenis 1950: De Roman*, o.c., p. 81.

10 JOHAN DAISNE: *Losse Beschouwingen voor het Dossier van het Magisch-Realisme*, in *Nieuw Vlaams Tijdschrift*, jrg. 3, aug. 1948, pp. 221–242, p. 225.

11 Vgl. ibidem, p. 221.

12 Vgl. ook de mening van Daisne over de ontbinding van de traditionele structuren in *Lago Maggiore*, in *Johan Daisne: Quo vadis, narratio?*, in *Nieuw Vlaams Tijdschrift*, 1958–1959, jrg. 12, pp. 634–641, p. 636.

13 Vgl. HUBERT LAMPO: *De Werkelijkheid, onontbeerlijke Startbaan*, in *Nieuw Vlaams Tijdschrift*, jrg. 6, juni 1952, pp. 1118–1120.

14 Vgl. BOONTJE: *Geniaal, maar met te korte Beentjes .... Vertrouwen in Van Hoogenbemt*, in *De Vlaamse Gids*, jrg. 37, 12, dec. 1953, pp. 742–750, p. 742 en WARD RUYSLINCK: *Fouten in de Som of de Stuiptrekkingen van de psychologische Roman*, in *Nieuw Vlaams Tijdschrift*, 1958–1959, jrg. 12, pp. 216–218.

15 Vgl. *Gaat de Roman ten onder?* in *Nieuw Vlaams Tijdschrift*, 1958–1959, jrg. 12, pp. 624–661. Vgl. ook PIERRE H. DUBOIS: *Zin en Nut van de Roman*, in *Nieuw Vlaams Tijdschrift*, 1952–1953, jrg. 7, pp. 337–352, p. 337.

16 Vgl. G. H. 's-Gravesande: *Sprekende Schrijvers. Nederlandsche en Vlaamsche Letterkundigen in Gesprek met G. H. 's-Gravesande*, p. 211, Amsterdam, 1935.

17 Vgl. R. F. Lissens: *Rien que l'homme. Aspects du roman flamand contemporain*, p. 89, Bruxelles, 1944.

18 Vgl. J. Walravens: *Proza en Experiment in de jonge Vlaamse Literatuur*, in *De Vlaamse Gids*, jrg. 43, 2, febr. 1959, pp. 79–89, p. 81.

19 Vgl. Hugo Claus: *Bijvoorbeeld*, in *De Vlaamse Gids*, jrg. 35, 1, jan. 1951, pp. 62–63, p. 62.

20 Vgl. J. Walravens: *Nood*, in *De Vlaamse Gids*, jrg. 31, 7, juli 1947, pp. 407–411, p. 409.

MAURICE ROELANTS: KOMEN EN GAAN (1927)

1 Wij verwijzen naar de druk van 1957 (Brussel).

2 Vgl. G. H. 's-Gravesande: *Sprekende Schrijvers*, o.c., p. 211. Vgl. ook R. F. Lissens: *Rien que l'homme*, o.c., pp. 48–50 en M. Roelants: *Over de Armen der Venus van Milo*, in *Dietsche Warande en Belfort*, maart 1946, 3, pp. 152–157, p. 156.

3 Vgl. G. H. 's-Gravesande: *Sprekende Schrijvers*, o.c., p. 212; L. Sourie: *Mens en Kunstenaar. Vraaggesprekken* ..., I. p. 136, Turnhout, 1955; M. Roelants: *Schrijvers, wat is er van de Mens?*, I, p. 219, Brussel, 1956; M. Roelants: *Komen en gaan*, pp. 166–167 (*Nabespiegeling*), Brussel, 1957. *Komen en gaan* verscheen in 1926 in *De Gids* (jrg. 90, 8, 1 aug. 1926, pp. 145–172; 9, 1 sept. 1926, pp. 295–314; 10, 1 okt. 1926, pp. 1–40).

4 R. Brulez: *Maurice Roelants ou l'Intelligence du Coeur*, in *Ecrivains flamands d'aujourd'hui*, pp. 34–41. Bruxelles, 1938.

5 Vgl. M. Roelants: *Open brief aan Marnix Gijsen over Benjamin Constant, Cécile en Agnes*, in *Schrijvers, wat is er van de Mens?*, I, o.c., pp. 212–226; *Over de onsterfelijke Adolphe van Benjamin Constant*, in *Schrijvers, wat is er van de Mens?*, II, pp. 24–42, Brussel, 1957.

6 Vgl. M. Roelants: *Alles komt terecht*, p. 7, Brussel, 1957.

7 Vgl. M. Roelants: *Ernstig, al te ernstig?*, in *Van en over Maurice Roelants*, pp. 7–8, Brussel, 1956.

8 M. Roelants: *Komen en gaan*, o.c., p. 166 (*Nabespiegeling*).

9 M. Roelants: *De Jazzspeler*, in *De Jazzspeler en andere verhalen*, p. 57, Brussel, 1958.

10 Vgl. M. Roelants: *Van de vele Mogelijkheden om Gelukkig te zijn*, p. 43, 's-Gravenhage, 1929.

11 Vgl. ibidem, p. 39.

12 Vgl. G. H. 's-Gravesande: *Sprekende Schrijvers*, o.c., p. 211.

13 Vgl. M. Roelants: *Van de vele Mogelijkheden om Gelukkig te zijn*, o.c., p. 9.

14 Vgl. M. Roelants: *De Weduwe Becker. Reportage over haar Proces*, pp. 3 en 4, Brussel, s.d.

15   Vgl. M. Roelants: *Van de vele Mogelijkheden om Gelukkig te zijn*, o.c., p. 11.
16   Vgl. A. Westerlinck: *Streven naar Wijsheid*, in *Van en over Maurice Roelants*, o.c., pp. 44–45.

GERARD WALSCHAP: HOUTEKIET (1939)

1   G. Walschap: *Een Standpunt?*, in *Rondom Roelants, Walschap, Zielens. Korte bijdragen tot beter kennis dezer schrijvers*, p. 7. Mechelen, s.d. Wij verwijzen naar de uitgave van 1958 (*Houtekiet*, Antwerpen-Rotterdam).
2   De Duitse vertaling is al in 1935 verschenen.
3   G. Walschap: *Voorpostgevechten*, p. 97, Gent, s.d.
4   Vgl. ibidem, pp. 27–28.
5   Vgl. G. Walschap: *Vaarwel dan*, p. 11, Rotterdam, 1940.
6   Vgl. G. Walschap: *Voorpostgevechten*, o.c., pp. 97–98.
7   Vgl. ibidem, pp. 84–86.
8   Het boek telt 31 hoofdstukken en slechts 269 bladzijden.
9   Vgl. ibidem, pp. 87–88.
10   Vgl. ibidem, p. 95.
11   Vgl. G. Walschap: *Weemoed en Kunst*, in *Dietsche Warande en Belfort*, juni 1941, 6, pp. 233–239, p. 237.
12   G. Walschap: *Van Knut Hamsun*, in *Hooger Leven*, jrg. 2, 16, 15 april 1928, pp. 490–491.
13   G. Walschap: *Voorpostgevechten*, o.c., p. 93. Vgl. ook pp. 138–139.
14   Vgl. R. F. Lissens: *Rien que l'homme*, o.c., p. 93.
15   Vgl. G. Walschap: *Brief aan Achilles Mussche* in *De Vlaamsche Gids*, jrg. 30, 7, juni 1946, pp. 405–410, pp. 407–408.
16   Vgl. G. Walschap: *Salut en Merci*, p. 43, Antwerpen, 1955.
17   Vgl. ibidem, p. 96.

WILLEM ELSSCHOT: HET DWAALLICHT (1946)

1   *Het Dwaallicht* verscheen in *Nieuw Vlaams Tijdschrift* in april 1946 (jrg. 1, pp. 14–50) en in hetzelfde jaar te Amsterdam. Wij verwijzen naar het *Verzameld Werk* (Amsterdam, 1957).
2   Vgl. het voorwoord van *Kaas*, *Verzameld Werk*, o.c., pp. 413–417; en *Achter de Schermen*, nawoord van *Tsjip*, ibidem, pp. 539–548. (Vgl. F. Buyens: *Willem Elsschot. Een Inleiding tot zijn Werk*, p. 19, Antwerpen, 1951.)
3   W. Elsschot: *Verzameld Werk*, o.c., p. 413.
4   Menno ter Braak: *Willem Elsschot en de idee*, in *Groot Nederland*, jrg. 35, juli 1937, pp. 15–20, p. 15.
5   Vgl. F. Smits: *Willem Elsschot. Zijn leven, zijn werk en zijn betekenis als prozaschrijver en dichter*, p. 106, Brussel, 1952².

6 Willem Elsschot is het pseudoniem van Alfons de Ridder. Vgl. hierover F. Smits: *Willem Elsschot*, o.c., p. 81.

7 Deze laatste twee romans verschenen aanvankelijk in *Groot Nederland* en werden eerst afzonderlijk uitgegeven in 1921.

8 Vgl. W. Elsschot: *Verzameld Werk*, o.c., p. 538 (*Tjip*).

9 Vgl. ibidem, p. 404 (*Het Been*).

10 Vgl. F. Smits: *Willem Elsschot*, o.c., pp. 7–13.

11 Vgl. W. Elsschot: *Autobiografie in Briefvorm*, in *De Gids*, 1957, 1e H. J., pp. 231–233.

FILIP DE PILLECYN: MONSIEUR HAWARDEN (1935)

1 Vgl. Filip de Pillecyn: *Verzameld Werk*, 3 dl., 1, pp. 33–75, Leuven, 1959. *Monsieur Hawarden* verscheen oorspronkelijk in het tijdschrift *Forum*, jrg. 3, 6, juni 1934, pp. 493–507 en 7, juli 1934, pp. 656–679.

2 Vgl. Henri Pierre Faffin: *Monsieur Hawarden. Roman*, Bruges, 1932.

3 Filip de Pillecyn: *Over mijn Werk*, in *Dietsche Warande en Belfort*, juli-aug. 1958, 6, pp. 353–362, p. 361.

4 Vgl. ibid., p. 358.

5 Vgl. F. de Pillecyn: *Stijn Streuvels en zijn Werk*, pp. 83–84, Tielt, s.d.

6 Vgl. L. Sourie: *Mens en Kunstenaar. Vraaggesprekken . . .*, 1, p. 65, Turnhout, 1955. Vgl. ook F. de Pillecyn: *Stijn Streuvels en zijn Werk*, o.c., p. 170.

7 Vgl. L. Sourie: *Mens en Kunstenaar*, o.c. pp. 68–69.

8 Vgl. Filip de Pillecyn: *Mensen achter den Dijk* (1949), in *Verzameld Werk*, 11, p. 363.

9 Vgl. Bert Ranke: *Filip de Pillecyn. Een Proeve van Synthese der Persoonlijkheid.* (*De Seizoenen*, 5), p. 15, Antwerpen, 1941.

RAYMOND BRULEZ: DE VERSCHIJNING TE KALLISTA (1953)

1 Het boek, waarvan het concept uit 1933 dateert, werd in 1944 begonnen, in 1949 voltooid en in hetzelfde jaar gepubliceerd in het *Nieuw Vlaams Tijdschrift* (1949–1950, jrg. 4, dec. 1949, pp. 585–650). Wij verwijzen naar de uitgave van 1953 (Amsterdam).

2 Vgl. Raymond Brulez: *Het Huis te Borgen*, p. 77 (1e deel van *Mijn Woningen*), Amsterdam 1950; *De Haven*, p. 161 (3e deel van *Mijn Woningen*), Amsterdam 1952.

3 Vgl. Raymond Brulez: *Het Mirakel der Rozen*, p. 242 (4e deel van *Mijn Woningen*), Amsterdam, 1954. Vgl. ook zijn polemiek met Max Lamberty in *Forum*, jrg. 4, jan.-mei 1935.

4 Vgl. Pierre H. Dubois: *Raymond Brulez of De Continuïteit van het Autobiografische*, in *Nieuw Vlaams Tijdschrift*, jrg. 5, febr. 1951, pp. 646–660, p. 656.

5 Vgl. RAYMOND BRULEZ: *Het Huis te Borgen*, o.c., p. 14; *Het Mirakel der Rozen*, o.c., p. 237.

6 Vgl. RAYMOND BRULEZ: *Anachronistische Kritiek*, in *Nieuw Vlaams Tijdschrift*, jrg. 2, jan. 1948, pp. 763–764, p. 763.

7 Vgl. RAYMOND BRULEZ: *De Haven*, o.c., p. 133.

8 Vgl. RAYMOND BRULEZ: *Grenzen der Litteratuur*, in *Dietsche Warande en Belfort*, jrg. 33, 7–8, juli-aug. 1933, pp. 494–516, p. 510.

9 Vgl. RAYMOND BRULEZ: *Het Mirakel der Rozen*, o.c., p. 91.

10 Vgl. RAYMOND BRULEZ: *André Terval of Inleiding tot een Leven van Gelijkmoedigheid*, p. 118, Amsterdam-Mechelen, 1930. Vgl. ook RAYMOND BRULEZ: *De Laatste Verzoeking van Antonius*, p. 36, 's-Gravenhage, 1954 en: *Hoe ik Schrijver werd*. Lezing gehouden op het weekeinde 1957 van *Dietsche Warande en Belfort*, in *Dietsche Warande en Belfort*, juli-aug. 1957, 6, pp. 368–379.

11 Vgl. RAYMOND BRULEZ: *De Laatste Verzoeking van Antonius*, o.c., pp. 30–33.

12 *De Schoone Slaapster* is een pleidooi voor het pacifisme. Vgl. ook het *Mirakel der Rozen*, o.c., pp. 175 en 241.

13 Vgl. ibidem, p. 201.

14 Vgl. RAYMOND BRULEZ: *Een brief van Rolande*, in *Nieuw Vlaams Tijdschrift*, jrg. 3, febr. 1949, pp. 891–897, p. 895.

15 Over dit onderwerp vgl. RAYMOND BRULEZ: *De Haven*, o.c., hoofdstuk v. Het wonder is overigens een van de thema's van *Mijn Woningen*; vgl. *Het Pakt der Triumviren*, p. 151 (2e deel), Amsterdam, s.d. en vooral *Het Mirakel der Rozen*.

16 Vgl. RAYMOND BRULEZ: *De Laatste Verzoeking van Antonius*, o.c., pp. 64–65.

MAURICE GILLIAMS: ELIAS (1936)

1 In de *Nieuwe Rotterdamsche Courant* van 7 nov. 1925. Vgl. K. VAN DE WOESTIJNE: *Verzameld Werk*, v, pp. 579–585, Brussel, 1949.

2 'Die Zaren. Ein Gedichtkreis', II, in *Das Buch der Bilder*. Vgl. J. EECKHOUT: *Litteraire Profielen*, VII, p. 97, Gent, 1937.

3 Vgl. over dit onderwerp ons artikel: *Maurice Gilliams' Elias. Een Poging tot Uitleg*, in *Tijdschrift van de Vrije Universiteit van Brussel*, jrg. 1, 1, pp. 67–86.

4 Vgl. MAURICE GILLIAMS: *De Man voor het Venster. Aanteekeningen*, p. 74, Antwerpen, 1943.

5 Ibidem, p. 181.

6 De oorspronkelijke uitgave verscheen in 1936 te Amsterdam en het eerste hoofdstuk reeds in 1933 in *Dietsche Warande en Belfort* (jrg. 33, 9, sept. 1933, pp. 569–579). Wij verwijzen naar de vierde druk: MAURICE GILLIAMS: *Vita Brevis*, II, Antwerpen, s.d. (1956).

7 Vgl. MAURICE GILLIAMS: *De Man voor het Venster*, o.c., pp. 51–52. Dezelfde techniek is reeds toegepast in *Monsieur Albéric (Oefentocht in het Luchtledige)*, een kort verhaal dat als een voorstudie kan worden beschouwd.

8 Vgl. ibidem, p. 55.

9   Ibidem, p. 35.
10 Vgl. M. GILLIAMS: *Inleiding tot de Idee Henri de Braekeleer*, p. 26, Antwerpen, 1941.
11 Vgl. M. GILLIAMS: *De Man voor het Venster*, o.c., p. 182.
12 M. GILLIAMS: *Elias of het Gevecht met de Nachtegalen*, p. 253, Amsterdam, 1936[1].
13 Vgl. ibidem, p. 7.
14 M. GILLIAMS: *Inleiding tot de Idee Henri de Braekeleer*, o.c., p. 70.
15 Vgl. *Elias*, in *Vita Brevis*, II, o.c., p. 75; *Winter te Antwerpen*, ibidem, p. 127; M. GILLIAMS: *Antwerpen. Ik en mijn stad*, in *Vlaandren, o welig huis. Zooals Vlaamsche schrijvers hun land zien*. Onder redactie van Emmanuel de Bom, pp. 99–121. Amsterdam, 1939.
16 M. GILLIAMS: *De Man voor het Venster*, o.c., p. 62.

HERMAN TEIRLINCK: ZELFPORTRET OF HET GALGEMAAL (1955)

1   Vgl. HERMAN TEIRLINCK: *Verzameld Werk*, III, p. 720 (*De Nieuwe Uilenspiegel*), Brussel, 1957.
2   Vgl. ANDRÉ DE RIDDER: *Onze Schrijvers geschetst in hun Leven en Werken*. Tweede bundel. *Vlaamsche Schrijvers* (Herman Teirlinck – August Vermeylen – Hugo Verriest – Karel van de Woestijne), p. 9 en 24, Baarn 1909; HERMAN TEIRLINCK: *Verzameld Werk*, I, pp. 269 en 277 (*Monoloog bij nacht*); HERMAN TEIRLINCK: *Dramatisch Peripatetikon. Stellingen en Ontmoetingen*, p. 51, Antwerpen, 1959.
3   Vgl. hierover: HERMAN TEIRLINCK: *Alain zegt* (*Système des Beaux-Arts, Vingt leçons sur les Beaux-Arts*), in *Nieuw Vlaams Tijdschrift*, jrg. 2, maart 1948, pp. 943–963; HERMAN TEIRLINCK: *Lyriek en Leven*, in *Nieuw Vlaams Tijdschrift*, jrg. 4, jan. 1950, pp. 825–832, p. 826; HERMAN TEIRLINCK: *Gaat de roman ten onder?*, in *Nieuw Vlaams Tijdschrift*, jrg. 12, 1958–1959, pp. 654–661; HERMAN TEIRLINCK: *Dramatisch Peripatetikon*, o.c., pp. 26–27; ALAIN: *Système des Beaux-Arts*, pp. 313–321. Paris, 1942; G. H. 's-GRAVESANDE: *Al pratende met ... Herman Teirlinck*, in *Het Boek van Nu*, jrg. 8, 6, febr. 1955, pp. 108–109, p. 108.
4   Gepubliceerd in *Nieuw Vlaams Tijdschrift*, 1955, jrg. 9, pp. 449–509, 587–631 en 711–766. Wij verwijzen naar de tekst van *Verzameld Werk* I, o.c., pp. 15–228. In *Ode aan mijn hand* (p. 60, Brussel-Den Haag, 1963) schrijft Teirlinck: 'In geen van mijn romans of toneelstukken heb ik ooit een mens doen leven die hoe dan ook op mij zou gelijken. Ik haat mij. Ik ging de personages benijden die ik schiep, ook de lelijkste, omdat zij anders waren dan ik.'
5   Vgl. HERMAN TEIRLINCK: *Narcose van de Tijd*, in *Nieuw Vlaams Tijdschrift*, jrg. 4, maart 1950, pp. 1021–1023, p. 1022.
6   Vgl. HERMAN TEIRLINCK: *Fragment uit Teirlinck's Aantekeningen voor een Zelfportret*, in *Van en over Herman Teirlinck*, p. 5, Brussel, 1954.
7   Vgl. DIRK COSTER: *Gesprek over Herman Teirlinck*, in *Nieuw Vlaams Tijdschrift*, 1957, jrg. 11, 1, pp. 70–81, p. 78.

8   Vgl. ANDRÉ DE RIDDER: *Onze Schrijvers geschetst in hun Leven en Werken*, o.c., p. 17.

9   Vgl. CLAUDE SAULNIER: *Le dilettantisme. Essai de psychologie, de morale et d'esthétique*, Paris, 1940.

10 Vgl. HERMAN TEIRLINCK: *Verzameld Werk*, III, o.c., pp. 282–283.

11 Vgl. HERMAN TEIRLINCK: *Verzameld Werk*, IV, p. 223, Brussel, 1955.

12 Vgl. de overigens betwistbare stellingen van GUSTAV RENÉ HOCKE: *Die Welt als Labyrinth. Manier und Manie in der europäischen Kunst*, Hamburg, 1957 (*Rowohlts deutsche Enzyklopädie*, Nr. 50/51); en *Manierismus in der Literatur. Sprach-Alchimie und esoterische Kombinationskunst*, Hamburg, 1959 (*Rowohlts deutsche Enzyklopädie*, Nr. 82/83).

13 Vgl. *Herman Teirlinck's Slotconfidentie in zijn Film*, in *Van en over Herman Teirlinck*, o.c., pp. 47–48.

14 HERMAN TEIRLINCK: *Verzameld Werk*, VI, p. 536, Brussel, 1960; vgl. ook pp. 317 en 513 (*Rolande met de Bles*).

15 Vgl. HERMAN TEIRLINCK: *Verzameld Werk*, VII, p. 705 (*Het Gevecht met de Engel*), Brussel, 1958.

16 Vgl. HERMAN TEIRLINCK: *Verzameld Werk*, VI, o.c., p. 134 (*Maria Speermalie*).

17 Vgl. HERMAN TEIRLINCK: *Verzameld Werk*, I, o.c., p. 274 (*Monoloog bij Nacht*).

18 Vgl. ibidem, p. 270.

19 HERMAN TEIRLINCK: *Verzameld Werk*, VI, o.c., p. 710.

20 HERMAN TEIRLINCK: *Verzameld Werk*, I, o.c., p. 272 (*Monoloog bij Nacht*).

21 Vgl. ibidem, pp. 274–275 en *Verzameld Werk*, VII, o.c., p. 271 (*Het Gevecht met de Engel*).

22 Vgl. HERMAN TEIRLINCK: *Verzameld Werk*, VII, o.c., p. 566 (*Het Gevecht met de Engel*).

23 Dit is reeds het geval in *Mijnheer Serjanszoon*. Vgl. HERMAN TEIRLINCK: *Verzameld Werk*, III, o.c., p. 190.

24 Vgl. HERMAN TEIRLINCK: *Verzameld Werk*, VII, o.c., p. 499 (*Het Gevecht met de Engel*).

25 JEAN ROUSSET: *La littérature de l'âge baroque en France. Circé et le Paon*, p. 186: 'la métaphore ainsi conçue (...) en vient à dresser une véritable composition autonome derrière laquelle l'objet se trouve si bien dissimulé qu'il faut le deviner', Paris, 1953.

26 HERMAN TEIRLINCK: *Verzameld Werk*, I, o.c., p. 274.

27 Vgl. ibidem, pp. 269–270.

28 Maurice Roelants heeft onlangs merkwaardige 'variaties' gepubliceerd over het thema van *Zelfportret* (*Afscheid van het Galgemaal*), in *Nieuw Vlaams Tijdschrift*, 1961–1962, jrg. 15, 3, pp. 241–277.

JOHAN DAISNE: DE MAN DIE ZIJN HAAR KORT LIET KNIPPEN
(1947)

1   Vgl. JOHAN DAISNE: 't En is van U hiernederwaard ..., pp. 11–13, Brussel, 1956.

2   Vgl. JOHAN DAISNE: In het Spiegeltje van het Oude en Nieuwe Jaar, in Handel en Ambacht, jrg. 9, 12, dec. 1955, pp. 591–592, p. 591.

3   Vgl. ibidem, p. 592.

4   Vgl. hierover: JOHAN DAISNE: De Trap van Steen en Wolken, pp. 349–354, Brussel-Rotterdam, 1944²; JOHAN DAISNE: Losse Beschouwingen voor het Dossier van het Magisch-Realisme, in Nieuw Vlaams Tijdschrift, jrg. 3, aug. 1948, pp. 221–242; JOHAN DAISNE: Letterkunde en Magie, Antwerpen, 1958; JOHAN DAISNE: Actualiteit van de Romaneske Roman, in Dietsche Warande en Belfort, aug.-sept. 1959, 7, pp. 387–394.

5   Vgl. het bijvoegsel bij Klaverendrie van 1 nov. 1940; JOHAN DAISNE: P.S.: Poëzie uit en voor het Leven, in Klaverendrie, maart 1943, p. 508; JOHAN DAISNE: Het eeuwige Wonder der Poëzie, in Klaverendrie, jrg. 7, 3, jan. 1944, pp. 574–579.

6   Vgl. JOHAN DAISNE: Letterkunde en Magie, o.c., pp. 15–19.

7   Vgl. JEF VAN WIJNSBERGHE: Een Praatje met Johan Daisne, in Weekend, jrg. 5, 238, 24 sept. 1950, pp. 3–5 en 17, p. 17.

8   Wij verwijzen naar de eerste druk (Brussel, 1947).

9   Vgl. JOHAN DAISNE: Roman en Leven, in Dietsche Warande en Belfort, mei 1951, 4, pp. 197–202, p. 199; JOHAN DAISNE: Lantarenmuziek, pp. 10–11, Antwerpen 1957.

10   Vgl. JOHAN DAISNE: Quo vadis, narratio?, in Nieuw Vlaams Tijdschrift, 1958–1959, jrg. 12, pp. 634–641, p. 639.

11   Vgl. pp. 172–173; JOHAN DAISNE: Losse Beschouwingen voor het Dossier van het Magisch-Realisme, o.c., p. 226.

12   Vgl. JOHAN DAISNE: Lago Maggiore, pp. 90–91, Brussel, 1957.

13   Vgl. JOHAN DAISNE: Lago Maggiore, o.c., p. 113.

14   Vgl. JOHAN DAISNE: De Neusvleugel der Muze, p. 55, Leuven, 1959.

15   Vgl. JOHAN DAISNE: Losse Beschouwingen voor het Dossier van het Magisch-Realisme, o.c., p. 227.

16   Vgl. JEF VAN WIJNSBERGHE: Een Praatje met Johan Daisne, o.c., p. 4.

17   Vgl. JOHAN DAISNE: De Trap van Steen en Wolken, o.c., p. 352; De Liefde is een Schepping van Vergoding, p. 218, Brussel, 1945.

18   Vgl. JOHAN DAISNE: De Trap van Steen en Wolken, o.c., p. 235; Zes Domino's voor Vrouwen, p. 48, Brussel, 1943; Het eeuwige Wonder der Poëzie, o.c., p. 576; Lago Maggiore o.c., p. 114; De Neusvleugel der Muze, o.c., p. 86.

19   Vgl. G. COLLE: Les Eternels. Mélanges de Philosophie et de Critique, p. 22, Bruxelles, 1936.

20   Vgl. JOHAN DAISNE: Goedheid, Waarde van de Daad, in Nieuw Vlaams Tijdschrift, jrg. 1, febr. 1947, p. 1221.

21   Vgl. JAN SCHEPENS: Johan Daisne, p. 24 (Hedendaagse Dichters), Antwerpen, 1946.

22 Vgl. G. COLLE: *Les Eternels*, o.c., pp. 29–30.

23 Vgl. GASTON COLLE: *Les sourires de Béatrice. Nouveaux Mélanges de Philosophie et de Critique*, p. 11, Bruxelles, 1943.

24 JOHAN DAISNE: *Letterkunde en Magie*, o.c., p. 8.

25 Vgl. JOHAN DAISNE: *Losse Beschouwingen voor het Dossier van het Magisch-Realisme*, o.c., pp. 225–227.

26 Vgl. ibidem, p. 227.

27 Vgl. JOHAN DAISNE: *De Vrede van Wroclaw of Een Proeve van Spijkerschrift op het IJzeren Gordijn*, p. 144, Brussel, 1949.

28 Vgl. JOHAN DAISNE: *Losse Beschouwingen voor het Dossier van het Magisch-Realisme* o.c., p. 241.

29 Vgl. JOHAN DAISNE: *Lago Maggiore*, o.c., p. 110.

30 Vgl. JOHAN DAISNE: *Poëzie uit en voor het Leven*, o.c.; *Het eeuwige Wonder der Poëzie*, o.c., p. 576; *Hefbomen en Lopers*, in *Nieuw Vlaams Tijdschrift*, jrg. 4, juli 1949, p. 131; JOHAN DAISNE: *Baratzeartea. Een Baskisch avontuur of de roman van een schrijver*, p. 255, Brussel, 1962.

31 Vgl. JOHAN DAISNE: *Roman en Leven*, o.c., pp. 199–200; *Quo vadis, narratio?*, o.c., pp. 638–639.

32 Vgl. JOHAN DAISNE: *Quo vadis, narratio?*, o.c., p. 641.

33 Vgl. JEF VAN WIJNSBERGHE: *Een Praatje met Johan Daisne*, o.c., p. 17.

34 Toespelingen op voorafgaande scènes.

35 JOHAN DAISNE: *Filmatiek of de Film als Levenskunst*, p. XII, Brussel-Amsterdam, 1956.

36 Vgl. JOHAN DAISNE: *De Neusvleugel der Muze*, o.c., p. 358.

37 Vgl. JOHAN DAISNE: *Losse Beschouwingen voor het Dossier van het Magisch-Realisme*, o.c., p. 222.

38 Vgl. JOHAN DAISNE: *Quo vadis, narratio?*, o.c., p. 639.

HUBERT LAMPO: TERUGKEER NAAR ATLANTIS (1953)

1 Vgl. RAYMOND HERREMAN, RICHARD MINNE, HUBERT LAMPO, RIK DE VOS: *Standpunten in de Literatuur*, pp. 65 en 71–74, Gent, 1948; HUBERT LAMPO: *De Mens, Boodschap van de Romancier*, in *De Vlaamsche Gids*, jrg. 31, 8, aug. 1947, pp. 459–466.

2 Vgl. HUBERT LAMPO: *De Jeugd als Inspiratiebron. De Jeugd, haar Wezen en haar Problemen in de jongste Vlaamsche Letteren* (*Basis-Reeks*, 18), pp. 74, 105–106, Brussel, 1943.

3 Vgl. HUBERT LAMPO: *Te behameren Gemeenplaats*, in *Nieuw Vlaams Tijdschrtfi*, jrg. 1, 1, april 1946, p. 136.

4 HUBERT LAMPO: *Het Vlaamse Proza* II, in *Nieuw Vlaams Tijdschrift*, jrg. 3, juni 1949, pp. 1305–1328, p. 1318. Over de betekenis die Lampo nu aan het schrijverschap hecht leze men zijn artikel *De Vrijheid tegenover het eigen woord*, in *Nieuw Vlaams Tijdschrift*, 1961–1962, jrg. 15, 2, pp. 232–237.

5 Vgl. HUBERT LAMPO: *Self-Defense tegen Wierookvaten*, in *Nieuw Vlaams Tijdschrift*, jrg. 2, okt. 1947, pp. 430–433, p. 432.

6 HUBERT LAMPO: *Het einde van de Roman, of Twintig Jaar later*, in *Nieuw Vlaams Tijdschrift*, 1958–1959, jrg. 12, pp. 643–649, p. 648.

7 Vgl. HUBERT LAMPO: *De Werkelijkheid, onontbeerlijke Startbaan*, in *Nieuw Vlaams Tijdschrift*, jrg. 6, juni 1952, pp. 1118–1120; *Octobre, long dimanche*, in *Nieuw Vlaams Tijdschrift*, jrg. 10, 1956, pp. 572–576, p. 576.

8 Wij verwijzen naar de volgende uitgave: HUBERT LAMPO: *Terugkeer naar Atlantis*, 's-Gravenhage, 1953.

9 Deze twee beelden komen reeds voor in de novelle *Regen en Gaslicht* (*Triptiek van de onvervulde Liefde*).

10 Vgl. HUBERT LAMPO: *Bericht aan de Tekstverklaarders*, in *Nieuw Vlaams Tijdschrift*, 1954–1955, jrg. 8, pp. 1029–1032, p. 1031.

11 Vgl. HUBERT LAMPO: *Zelfverdediging tegen Alain-Fournier*, in *Nieuw Vlaams Tijdschrift*, 1955, jrg. 9, pp. 334–336, p. 336.

12 Vgl. HUBERT LAMPO: *De Roman van een Roman. Alain-Fournier en 'Le grand Meaulnes' of Van Jongelingsavontuur tot Letterkundig Meesterwerk*, p. XI, Antwerpen, 1951.

13 Vgl. HUBERT LAMPO: *Hélène Defraye*. (*Nimmer-dralend Reeks*, 37), p. 175, Rotterdam-'s-Gravenhage, 1952; *Triptiek van de onvervulde Liefde*, pp. 119, 137, 181, Brussel, 1947; *De Duivel en de Maagd*, pp. 21–22, 's-Gravenhage-Antwerpen, 1955; *Hermione betrapt*, pp. 123, 126, 's-Gravenhage, 1962.

14 Vgl. HUBERT LAMPO: *Hélène Defraye*, o.c., pp. 63, 82; *Triptiek van de onvervulde Liefde*, o.c., pp. 106, 117, 148; *De Duivel en de Maagd*, o.c., p. 12; *De Roman van een Roman*, o.c., pp. 141–142; *Voor Daisnes magisch-realistisch Dossier*, in *Nieuw Vlaams Tijdschrift*, 1963, jrg. 16, 2, pp. 224–234.

15 Hierover leze men het aardige boekje dat LAMPO heeft gewijd aan Charles-Joseph De Grave, schrijver van de *République des Champs Elysées, ou Monde Ancien* (1806): *Toen Herakles spitte en Kirke spon* (1957).

16 Vgl. HUBERT LAMPO: *Terugkeer in de Mist*, in *Nieuw Vlaams Tijdschrift*, jrg. 2, jan. 1948, pp. 700–723, p. 706; *De Man die onderdook*, ibidem, april 1948, pp. 1017–1031, 1028 en 1031.

PIET VAN AKEN: KLINKAART (1954)

1 Vgl. PIET VAN AKEN: *Overwegingen bij de warme Kachel*, in *Nieuw Vlaams Tijdschrift*, jrg. 6, maart 1952, pp. 758–760, p. 759; PIET VAN AKEN: *De Geboortestreek als Inspiratiebron*, in *Opvoeding*, jrg. 2, 1, okt. 1948, pp. 10–12 en ibidem, 2–3, nov.-dec. 1948, pp. 9–10, p. 10.

2 Vgl. PIET VAN AKEN: *Verdichting en Werkelijkheid*, in *Opvoeding*, jrg. 6, 3, 1953, pp. 9–11, p. 9.

3 Vgl. PIET VAN AKEN: *De Geboortestreek als Inspiratiebron*, in *Opvoeding*, okt. 1948 p. 10.

4 Vgl. Bert Ranke: *Het Werk van Piet van Aken. Hoe eenzaam de mens kan zijn*, in *Dietsche Warande en Belfort*, juli 1953, 6, pp. 355–368, pp. 355–357.

5 Vgl. Piet van Aken: *Gijsen herlezende*, in *Nieuw Vlaams Tijdschrift*, 1957, jrg. 11, pp. 1322–1327, pp. 1324–1325.

6 Vgl. Piet van Aken: *Overwegingen bij de warme Kachel*, o.c.

7 Vgl. Piet van Aken: *Over de litteraire Zelfmoord en andere Dingen*, in *Nieuw Vlaams Tijdschrift*, jrg. 6, sept. 1951, pp. 94–96, p. 95.

8 Vgl. Piet van Aken: *Verdichting en Werkelijkheid*, o.c., p. 9.

9 De novelle verscheen eerst in *Nieuw Vlaams Tijdschrift*, 1954, jrg. 8, 2, pp. 113–148, daarna in boekvorm, *Nieuw Vlaams Tijdschrift Reeks*, Antwerpen, 1954. Wij verwijzen naar laatstgenoemde uitgave.

10 Piet van Aken: *Verdichting en Werkelijkheid*, o.c., p. 9; Piet van Aken: *Gijsen herlezende*, o.c., p. 1325.

11 Vgl. Piet van Aken: *Het Begeren*, in *Nieuw Vlaams Tijdschrift*, jrg. 5, aug. 1951, pp. 1207–1344, p. 1342.

12 Vgl. Piet van Aken: *Zei ik, zei hij, zei ze...*, in *Nieuw Vlaams Tijdschrift*, jrg. 6, april 1952, p. 887.

13 Vgl. H. L.: *Kroniek van het Proza. Uit Klei geschapen – Piet van Aken: 'Klinkaart'*, in *Volksgazet*, 12 aug. 1954, p. 13.

14 Vgl. Ray B. West Jr.: *The Short Story in America*, Chicago-Los Angeles-New York, 1952, pp. 92–93.

15 Alleen in de flaptekst de tijd van handeling: 'voorjaar 1889'.

16 Vgl. Piet van Aken: *Het overwonnen Standpunt*, in *Nieuw Vlaams Tijdschrift*, 1954, jrg. 8, 1, pp. 104–107, p. 107; Piet van Aken: *Het Begeren*, o.c., p. 1335.

17 Vgl. Piet van Aken: *Verdichting en Werkelijkheid*, o.c., p. 11; Piet van Aken: *Het overwonnen Standpunt*, o.c., p. 105.

18 Vgl. Piet van Aken: *De Geboortestreek als Inspiratiebron*, o.c., p. 12.

19 Piet van Aken: *Het overwonnen Standpunt*, o.c., p. 106.

20 Vgl. Bert Ranke: *Het Werk van Piet van Aken. Hoe eenzaam de mens kan zijn*, o.c., pp. 366–368.

21 Vgl. Piet van Aken: *De wilde Jaren*, p. 101, Amsterdam-Antwerpen, 1958.

MARNIX GIJSEN: JOACHIM VAN BABYLON (1948)

1 Wij verwijzen naar de 6de druk (1949).

2 Vgl. Jan-Albert Goris: *Strangers Should Not Whisper*, p. 51, New York, 1945 (Marnix Gijsen is het pseudoniem van Jan-Albert Goris).

3 Vgl. René Goris en J. Greshoff: *Marnix Gijsen*, p. 9 en p. 32, Antwerpen-'s-Gravenhage, 1955.

4 Marnix Gijsen: *Aanvankelijk Onderwijs – Een Dorpsverhaal zonder Wind noch Wolken. Een Woord vooral*, in *Nieuw Vlaams Tijdschrift*, jrg. 2, 8, febr. 1948, p. 779. (*Telemachus in het Dorp* verscheen oorspronkelijk onder deze titel.)

5 Vgl. Anton van Duinkerken: *Marnix Gijsen*, in *Dietsche Warande en Belfort*, juli-aug. 1956, 6, pp. 323–341, 329.

6   Vgl. ibidem, p. 330.
7   Manhattan.
8   Marnix Gijsen: *Peripatetisch Onderricht. Kroniek der Poëzie*, 1, p. 199, S. l., 1940.
9   Het succes van het werk blijkt uit het feit dat er drie 'antwoorden' op volgden: *Antwoord van Suzanna aan Joachim van Babylon* van Esther de Raad (1950), *Brief van Daniël over Joachim van Babylon en zijn Kuise Suzanna* van L. S. Palder (1951) en *Een Vrouw met name Suzanna* van Yvonne de Man (1956).
10 O.c., p. 327.
11 Vgl. Marnix Gijsen: *Het Huis*, pp. 71–73 (*De Stoïcijn spreekt*), 's-Gravenhage, 1948.

LOUIS PAUL BOON: DE BENDE VAN JAN DE LICHTE (1957)

1   Vgl. Louis Boon: *De Bende van Jan de Lichte*, in *Onze wekelijkse Aflevering. Het Laatste Nieuws*, jrg. 57, 219, 24 nov. 1951 – idem, 242, 3 mei 1952.
2   Louis Paul Boon: *De Bende van Jan de Lichte. Een Bandietenroman uit de jaren 1700*, geïllustreerd door W. L. Bouthoorn. Amsterdam, 1957. Wij verwijzen naar deze uitgave.
3   De belangrijkste zijn op enkele varianten na te vinden in *De Vlaamse Gids*. Vgl. L. P. Boon: *Uit het Leven van een Roverskapitein*, in *De Vlaamse Gids*, jrg. 36, 7, juli 1952, pp. 423–435.
4   Vgl. Louis-Paul Boon: *De Bende van Jan de Lichte. Eerste Preuve voor een Volksboek met ondergrondse Bedoelingen*, in *Nieuw Vlaams Tijdschrift*, jrg. 5, 2, okt. 1950, pp. 122–145. Vgl. ook L.-P. Boon: *Ik ben een Bandiet*, in *Tijd en Mens*, 9–10, jan.-april 1951, pp. 350–366.
5   Vgl. Louis Paul Boon: *Zomer te Ter-Muren. Het 2de boek over de kapellekensbaan*, p. 164. Amsterdam, 1956.
6   Vgl. ibidem, pp. 167 en 161. Bijzonderheden over Cartouche bevatten met name het volksboek *Wonderbaeren Levens-Loop van Ludovicus Dominicus Cartouche, Generael, Van een groote Bende Moordenaers en Gauwdieven*, Gend, s. d.; Jan Lievens: *Het wonderbaer Leven van Cartouche*, Antwerpen, 1914; Karel Vandamme: *Cartouche, De Schrik van Parijs. Vrij naar Jules de Grandpré*, Gent, 1950–1951 (wekelijkse aflevering).
7   Vgl. ibidem, p. 168.
8   Uitgegeven in 1860. Victor Huys: *Baekelant of De Rooversbende van 't Vrijbusch. West-Vlaamsche Legenden*, Gent-Brugge, 1890[4].
9   Vgl. J. F. Vincx: *Zoo Kind, zoo Man! Uit het Leven van een berucht Rooverhoofd*, Steenbrugge, 1931; E. Ternest: *Jan de Lichte en zijn Bende naar de echtste bronnen bewerkt*, Gent, 1881[2]. Opvallend is vooral de overeenkomst met het werk van Ternest.
10 Vgl. *Vonnissen, Verleent binnen de Stadt Aelst, ten laste van menigvuldige Moordenaeren, Dieven, Vagebonden ende andere Quaetdoeners, op het vervolg vande Collegien*

*der Casselryen ende Landen van Cortryck, Audenaerde, Aelst ende Dendermonde, be-
gonnen 7. October 1748 ende ge-eyndigt 14. December daer naer*, Ghendt, s.d.; Vgl.
LOUIS PAUL BOON: *Zomer te Ter-Muren*, o.c., pp. 150 en 164.

11 Vgl. JOOST DE DAMHOUDER: *Practycke in criminele saecken...*, Rotterdam, 1628;
Vgl. LOUIS PAUL BOON: *Zomer te Ter-Muren*, o.c., p. 200.

12 Vgl. LOUIS PAUL BOON: *Zomer te Ter-Muren*, o.c., pp. 157, 161 en 220.

13 Vgl. LOUIS PAUL BOON: *Wapenbroeders. Een getrouwe bewerking der aloude boeken
over reinaert en isengrimus*, p. 15, Amsterdam, 1955.

14 L. P. BOON: *Geniaal ... maar met te korte Beentjes. Boeken over Oorlog en Bezetting*,
in *De Vlaamse Gids*, jrg. 32, 2, febr. 1948, pp. 119–124, p. 120.

15 Vgl. LOUIS-PAUL BOON: *De Bende van Jan de Lichte. Eerste Preuve voor een Volksboek met ondergrondse Bedoelingen*, o.c., p. 123.

16 Vgl. LOUIS PAUL BOON: *Zomer te Ter-Muren*, o.c., p. 247.

17 Vgl. LOUIS P. BOON: *De Voorstad groeit*, p. 170, Brussel, s.d.

18 BOONTJE's *Twee Spoken*, p. 8, Amsterdam, 1952.

19 LOUIS-PAUL BOON: *Mijn kleine Oorlog*, p. 115, Brussel, 1946.

20 LOUIS PAUL BOON: *De Kapellekensbaan*, p. 116, Amsterdam, 1953.

21 Vgl. ibidem, p. 5.

22 Vgl. ibidem, p. 107.

23 Vgl. Ibidem, p. 114.

24 Ibidem, p. 394.

25 Vgl. LOUIS PAUL BOON: *Zomer te Ter-Muren*, o.c., p. 125.

26 Vgl. ibidem, pp. 366 en 410.

27 Vgl. LOUIS PAUL BOON: *De Kapellekensbaan*, o.c., p. 123.

28 Vgl. ibidem, p. 146.

29 Vgl. ibidem, pp. 344 en 393.

30 Vgl. ibidem, p. 10; vgl. ook L.-P. BOON: *Geniaal ... maar met te korte Beentjes.
Knap, in hun Genre*, in *De Vlaamse Gids*, jrg. 34, 3, maart 1950, pp. 175–182, p.
176.

31 Vgl. BOONTJE's *Reservaat 3*, p. 10, Amsterdam, 1955.

32 Vgl. BOONTJE: *Geniaal, maar met te korte Beentjes ... Vertrouwen in Van Hoogenbemt*, in *De Vlaamse Gids*, jrg. 37, 12, dec. 1953, pp. 742–750, pp. 742–743 en
746; vgl. ook BOONTJE's *Reservaat 3*, o.c., p. 50.

33 Vgl. over zijn opvatting van de roman: *Over moderne romankunst*, in BOONTJE's
Reservaat 3, o.c., pp. 35–54.

34 Vgl. LOUIS PAUL BOON: *Zomer te Ter-Muren*, o.c., pp. 162, 197 en 311.

35 Vgl. hierover het motto van *De Paradijsvogel. Relaas van een amorele Tijd*, p. 5,
Amsterdam, 1958: 'Want wat de kinderen der mensen wedervaart, dat wedervaart ook de beesten, en enerlei wedervaart hen beiden ... en de uitnemendheid der mensen boven de beesten is gene, want allen zijn zij ijdelheid'. (*Prediker*, 3 : 19).

36 Vgl. BOONTJE's *Reservaat 1*, pp. 8–9, Amsterdam, 1954.

37 Wij wijzen er niettemin op dat Boon in *De Zoon van Jan de Lichte* (1961), het
wat onhandige vervolg op het hier besproken werk, alle politieke utopieën

ontmaskert en tot de slotsom lijkt te komen dat het, om gelukkig te zijn, nodig is: 'cultiver notre jardin'.

HUGO CLAUS: DE ZWARTE KEIZER (1958)

1   Vgl. HUGO CLAUS: *Natuurgetrouw*, p. 21, Amsterdam, 1954.

2   Vgl. HUGO CLAUS: *De Hondsdagen*, p. 149, Amsterdam, 1959[3].

3   HUGO CLAUS: *Hapert er iets aan onze letterkunde*, in *De Post*, jrg. 9, 16, 21 april 1957, p. 615.

4   In zeven van de zestien novellen.

5   Wij verwijzen naar HUGO CLAUS: *De zwarte Keizer*, Amsterdam, 1959[2].

6   Vgl. *De Metsiers, Zonder Vorm van Proces, Omtrent Deedee* en in het bijzonder *Kleine Reeks* (pp. 17–29, Moeskroen, s.d.), *Registreren* (*Nu nog een Gedicht voor de Temmer*, Oostende, 1948) en *Paal en Perk* (6, *Familie*, Den Haag-Antwerpen, 1955).

7   Vgl. HUGO CLAUS: *Registreren*, o.c., 1; *De Hondsdagen*, o.c., p. 149; *Mama, kijk, zonder Handen*, pp. 103–104, Amsterdam, 1959.

8   Vgl. HUGO CLAUS: *De Hondsdagen*, o.c., p. 170; *Paal en Perk*, o.c., 6, *Familie*; *Natuurgetrouw*, o.c., p. 34.

9   Vgl. HUGO CLAUS: *Een Huis dat tussen Nacht en Morgen staat*, p. 59, Antwerpen-'s-Gravenhage, 1953.

10 Vgl. HUGO CLAUS: *Zonder Vorm van Proces*, p. 14, Brussel, 1950.

11 Vgl. J. C. FLÜGEL: *The Family*, in *Social Aspects of Psycho-Analysis*, pp. 110–111, London, 1924.

12 HUGO CLAUS: *Paal en Perk*, o.c., 5, *Profeet of geen*.

13 HUGO CLAUS: *tancredo infrasonic*, p. 8, 's-Gravenhage, 1952.

14 Ibidem, p. 13.

15 Vgl. URBAIN VAN DE VOORDE: *Nederlandse Letteren*, in *De Standaard*, zaterdag, 14 februari 1953, p. 6.

16 Citaat uit een gedicht van Willem Elsschot, *Het Huwelijk*.

17 Vgl. HUGO CLAUS: *Een Huis dat tussen Nacht en Morgen staat*, o.c., p. 67.

18 Vgl. HUGO CLAUS: *Natuurgetrouw*, o.c., p. 27.

19 HUGO CLAUS: *Paal en Perk*, o.c., 9, *Een kwade Man*.

PERSONENREGISTER

273

De Franse tekst van dit boek was persklaar in 1961 en verscheen in 1963. Het volgende jaar kwam een vermeerderde Nederlandse vertaling van de pers, waarin al rekening werd gehouden met de jongste ontwikkeling. In 1968 werd de tweede druk van deze Nederlandse uitgave gepubliceerd. Sindsdien is er op literair gebied heel wat gebeurd, doch het expansieritme van kunst en kritiek mag tegenwoordig nog zo snel zijn, aan een nieuw werk viel in 1972 toch niet te denken, deels om praktische redenen, deels omdat de toegepaste werkwijze – een reeks monografieën over romans – in zekere zin tegen de tijd bestand bleek te zijn. Het komt er dus hier vooral op aan het 'Panorama van de Vlaamse roman 1927–1960' aan te vullen, ofschoon ik grif toegeef dat ik graag *De zwarte Keizer* van Claus door *De Verwondering* (1962) zou hebben vervangen en dat een nieuw hoofdstuk over *Het Boek Alfa* (1963) van Ivo Michiels haast onmisbaar lijkt. (¹)

Van verschillende kanten is mij verweten dat ik niet systematisch genoeg te werk ging. Het bezwaar is volkomen gegrond en heeft mij bijzonder verheugd omdat daaruit bleek dat ik niet in een of ander stelsel verstrikt was geraakt. Dogma's en vaste aprioristische beginselen heb ik altijd als de pest geschuwd. Op kritisch gebied geloof ik dan ook niet in de algemeengeldigheid van een bepaalde methode en geef ik de voorkeur aan de polyfonie boven het eenstemmige lied. Immers, de keus van een werkwijze hangt af van het behandelde onderwerp en van het nagestreefde doel. Ik volhard dus in de boosheid en blijf naar gelang van omstandigheden de literatuurgeschiedenis, de werkimmanente Interpretation, de Geistesgeschichte, het structuralisme en de literaire sociologie beoefenen. Als correctief en aanvulling op mijn opvattingenverwijs ik de lezer naar het belangwekkende werk van B. F. van Vlierden (*Van In 't Wonderjaer tot De Verwondering*, 1969).

Wat de dingen op zichzelf zijn, weet niemand: wij kunnen er hoogstens subjectieve meningen over uitspreken. Wat de roman betreft: in grote trekken tekenen zich thans twee extreme strekkingen af onder de schrijvers en de critici, met name zij die het verhaal van de werkelijkheid losmaken en als een totaal zelfstandige taalschepping beschouwen, en zij die daarin slechts een spiegel van de maatschappij willen zien. Deze *standpunten* zijn wel met elkaar in strijd, maar zij dienen in feite allebei te worden ingenomen, wil men de verscheidenheid en veelsoortigheid van de letterkunde tot haar recht laten komen. Wij zullen straks zien hoe deze eclectische beschouwingswijze met de praktijk overeenkomt.

Zo wil het mij voorkomen dat de literaire sociologie bijvoorbeeld de historicus of criticus – volgens mij dekken die termen elkaar – in staat zou kunnen stellen enige problemen op te lossen die ik in 1964 slechts aan kon stippen in verband met de vernieuwing en de opbloei van de Vlaamse roman omstreeks 1927, te weten het veelvuldig optreden van de antiheld (Elsschots Laarmans, Roelants' jazzspeler enz.), de sociale tendens van vele schrijvers en hun voorliefde voor het jeugdthema en het ik-verhaal. Structureel gesproken, zijn er opvallende punten van overeenkomst tussen die verschijnselen en de patronen die tussen 1920 en 1950 in de Zuidnederlandse maatschappij te bespeuren zijn. (²)

De balans van de jongste jaren doet zich op het eerste gezicht voor in de vorm van een reeks geboorte- en overlijdensakten. A. van Hoogenbemt en M. Matthijs zijn in 1964 gestorven, L. Baekelmans, E. Bosschaerts en J. Walravens in 1965, M. Roelants en U. van de Voorde in 1966, H. Teirlinck in 1967, E. Claes in 1968, R. Gysen en S. Streuvels in 1969, R. Brulez in 1972.

De oude garde laat zich vast en zeker niet onbetuigd. Van

Walschap verschijnen *Alter ego* (1964), *Het Gastmaal* (1966) en *Het Avondmaal* (1968), van Daisne *Als Kantwerk aan de Kim* (1965), *Reveillon/Reveillon* (1966) en *Ontmoeting in de Zonnekeer* (1967), van Lampo *De Heks en de Archeoloog* (1967) en *De Goden moeten hun Getal hebben* (1969), van Van Aken *De Jager, niet de Prooi* (1964), *Slapende Honden* (1965), *Grut* en *De mooie Zomer van 40* (1966), van Gijsen *Harmágedon* (1965), maar het zijn vooral de jongeren – en hiermee bedoel ik de schrijvers van de *Tijd en Mens*-generatie en de talrijke debutanten die ze opvolgden – die de aandacht trekken. *De Verwondering, Omtrent Deedee* (1963), *Schaamte* (1972), *Het Boek Alfa, Verhalen uit Journal Brut* (1966), *Orchis Militaris* (1968) en *Exit* (1971) behoren tot het beste Nederlandse proza van deze tijd en evenals Mulisch, Hermans of Van het Reve zijn Claus en Michiels ongetwijfeld figuren van internationaal formaat. Intussen bevestigen W. Ruyslinck *(Het Dal van Hinnom*, 1961; *Het Reservaat*, 1964; *Golden Ophelia*, 1966; *Het Ledikant van Lady Cant*, 1968; *De Karakoliërs*, 1968), H. Raes *(De vadsige Koningen*, 1961; *Een Faun met kille Horentjes*, 1966; *Bankroet van een Charmeur*, 1967; *De Lotgevallen*, 1968) en J. Vandeloo hun reputatie. Doch van de vitaliteit van de Vlaamse letteren en mede van de onvoldaanheid van de jongeren over de bestaande orde getuigt ook de zuiveringscampagne die door een aantal tijdschriften (Bok, 1963-1964; Komma, 1965–1970 enz.) op touw is gezet benevens het optreden van nieuwe talenten.

Het lijkt wel alsof de Vlaamse beweging thans haar hoofddoel grotendeels heeft bereikt. Aldus zijn de aanzienlijke krachten die zij mobiliseerde beschikbaar geworden voor een democratische actie die precies gericht is tegen de Vlaamse leiders en gezaghebbers. De literaire revolte van weverbergh c.s., die vaak linkse allures aannam, schijnt hiervan een gevolg te zijn geweest en is in dat opzicht te vergelijken met het programma van de studentenbeweging, ook al zijn grieven tegen de academische overheid geen specifiek Vlaams of Belgisch verschijnsel. Scherpe kritiek is altijd welkom voor zover zij tevens verantwoord en opbouwend is, vooral dan in een klein land waar vriendschap en kliekgeest de objectiviteit wel eens in het gedrang brengen. Polemieken mogen dan tot excessen voeren, maar uit de schaar van onze 'boze jonge lui' zijn minstens drie voortreffelijke critici te voorschijn getreden: weverbergh, Hedwig Speliers en vooral Paul de Wispelaere.

De laatste behoort tevens tot de vooraanstaande romanschrijvers *(Mijn levende Schaduw*, 1965), want evenals vele exponenten van de Franse 'nouveau roman' is De Wispelaere én theoreticus *(Het Perzische Tapijt*, 1966; *Met kritisch Oog*, 1967) én practicus. Sinds 1960 zijn een aantal figuren voor het voetlicht gekomen: C. C. Krijgelmans *(Messiah*, 1961; *Homunculi*, 1967), de dichter Gust Gils *(Verbanningen*, 1964; *De Röntgenziekte*, 1966), Jef Geeraerts *(Ik ben maar een Neger*, 1961; *Schroot*, 1963; *Het Verhaal van Matsombo*, 1966; *De Troglodieten*, 1966; *De zeven Doeken der Schepping*, 1967; *Gangreen I-Black Venus*, 1968; *Indian Summer*, 1969), A. M. d'Hondt *(God in Vlaanderen*, 1965), Laurent Veydt *(Het lichamelijk Onderscheid*, 1965; *Beschrijving van een Hemelvaart*, 1967), Marcel van Maele *(Kraamanijs*, 1966; *Koreaanse Vinken*, 1970), Willy Roggeman *(Blues voor glazen Blazers*, 1964; *De Axolotl*, 1967; *Catch As Catch Can*, 1968), René Gysen *(Processie All Stars*, 1964; *Grillige Kathleen*, 1966; *Op Weg naar de literaire Receptie*, 1969), Daniël Robberechts *(Tegen het Personage*, 1968; *Aankomen in Avignon*, 1970), C. Yperman, C. Schouwenaars enz. Het is hier de plaats niet om ze allemaal te vermelden en het is overigens voorbarig de krachtlijnen te willen bepalen die zich in die omvangrijke produktie aftekenen.

Vast staat intussen al dat de hedendaagse Vlaamse roman door twee tegenovergestelde stromingen wordt beheerst die zich in bovengenoemde kunstopvattingen weerspiegelen.

Sedert de jaren vijftig staat het probleem van de communicatie centraal in de kunst. De films van Antonioni en Bergman, de *Philosophische Untersuchungen* van Wittgenstein en de nieuwe linguïstiek tonen aan hoe gebrekkig wij ons verstaanbaar maken, en uiteindelijk wordt zelfs aan de mogelijkheid daarvan getwijfeld. De acteurs wie Bergman het zwijgen oplegt doordat hij ze naar een land verplaatst waarvan zij de taal niet spreken, symboliseren de mens uit 1960; buiten erotiek en kunst is geen intermenselijk contact mogelijk. Dit is in wezen ook het thema dat W. F. Hermans in *De donkere Kamer van Damocles* en H. Claus in zijn dichtbundel *Een geverfde Ruiter* behandelen. Duidelijk is nu dat taal en werkelijkheid elkaar niet helemaal dekken en dat compensaties – communicatiemiddelen – dienen te worden gezocht in het gemeenschappelijk erfgoed van geschiedenis en mythe, zoals blijkt uit Claus' citatenkunst *(De Verwondering)* en de mythische schema's van Hermans. De schrijver is er niet alleen van overtuigd dat de romanwereld een autonoom bestaan leidt, maar ook dat woorden per se – onverschillig of die in de literatuur dan wel in het dagelijks leven worden gebruikt – weinig of niets te maken hebben met de realiteit. Deze zienswijze waarborgt een volstrekte vrijheid, doch dat is ook een vrijheid die duizelig maakt, want zij zondert de schepper radicaal af van zijn publiek en is dus synoniem met aliënatie en onverstaanbaarheid. Vandaar dat het schrijven zo vaak problematisch wordt gemaakt en zichzelf tot onderwerp neemt. Gelukkig wordt deze principieel onbegrensde willekeur in toom gehouden door de aard van het verhalende proza, waarin de taal, zoals reeds gezegd, louter als instrument dienst doet. Opmerkelijk is dat de zelfstandigheid van het woord ten opzichte van de werkelijkheid hier niet dikwijls gelijkstaat met de ontologische soevereiniteit die het soms in de poëzie heeft verworven, wat de dood van de roman als genre tot gevolg zou hebben, en dat de exploitatie van de taalmogelijkheden nog steeds ondergeschikt wordt gemaakt aan de opbouw van specifieke romanvormen als daar zijn de intrige, tijd en ruimte, het gezichtspunt van de verteller enz., grondstoffen die, hoe onvolkomen ook, nog de realiteit terugkaatsen. De mimesis hangt niet samen met de totale structuur die daardoor ontstaat, maar enkel – en dan nog slechts tot op zekere hoogte – met de componenten daarvan. Zelfs de romanschrijvers die doelbewust met de taal manipuleren (Michiels) nemen deze conventies impliciet in acht, ofschoon sommigen er al toe geneigd zijn die totaal te negeren, zoals het geval is in het 'paraproza' van G. Gils en in de dagboekfragmenten van Willy Roggeman – twee vormen van antiroman waarbij het schrijven opgevat wordt als een poging om de chaos te overwinnen en de kosmos te herscheppen. Het is echter overduidelijk dat de roman als taalobject sui generis toch nog overeenkomst vertoont met de werkelijkheid – of wat als zodanig wordt beschouwd – waarin wij ons bewegen, en dat hij daar zelfs invloed op wil uitoefenen.

Dat is nu juist het vreemde en het paradoxale: die wereld in woorden, die 'louter' denkbeeldige wereld van papier en inkt die de maatschappij de rug zou kunnen toekeren, zoekt wel eens toenadering tot het sociale. De roman getuigt inderdaad van de merkbare evolutie die zich gedurende het laatste decennium in de levenswijze en de zeden heeft voltrokken. Het kan niet anders of de jongeren, hoe esthetisch aangelegd zij ook mogen zijn, geven uiting aan de denkvormen en de sensibiliteit van hun generatie. Seksuele taboes zijn zo goed als verdwenen, doch de ontvoogding uit zich zelden in pornografie of luidruchtige betogingen zoals in protestantse landen vaak het geval is, maar alleen in meer openhartigheid en, wat sommige personages betreft, in een bewust aangekweekte viriliteit of nymfomanie. Daar het katholieke rigorisme meestal minder streng is dan het calvinistische, is het niet zozeer hun lichaam dat die mensen ontdekken als wel de vrijheid van erover te spreken. De kritische strekking van de jaren dertig doet zich nog steeds gelden, maar de verklaring daarvan is thans niet langer uitsluitend te zoeken in lokale toestanden zoals de spanning die toen nog heerste tussen de Zuidnederlandse middenstand en de Belgische maatschappij. Er is nu veeleer sprake van een existentieel ressentiment of een ontgoocheling die door het menselijk tekort wordt veroorzaakt: was Laarmans nog een typisch Vlaams produkt, wat de populariteit van Elsschot verklaart, dan veraanschouwelijkt de leraar uit *De Verwondering* eerder een internationaal verschijnsel, met name een aliënatie die haar oorsprong vindt in de moderne techniek, de oorlogspsychose en de ontoereikendheid van onze communicatiemiddelen, en waar men bijgevolg zowel in Stockholm, Rome, Parijs, New York en Amsterdam mee te kampen heeft als in Brussel. Hoe langer hoe meer vervagen de politieke grenzen en komt de vaderlandse letterkunde dichter bij de Weltliteratur te staan waar Goethe van droomde.

In dat opzicht is het programma van Vermeylen verwezenlijkt. Opvallend is zelfs dat de Vlaamse beweging sinds 1945 van het literaire toneel is verdwenen. De hechte band tussen volk en kunst, die in de 19de eeuw haast noodzakelijk werd gemaakt door schreeuwende sociale misstanden, verbrak vanzelf zodra de laatste werden verholpen. Anders gezegd, de roman maakte promotie samen met het publiek. De internationalisering van de kunst mag ons echter niet blind maken voor haar onmiskenbaar nationale kenmerken. Wij moeten niet vergeten dat de taal in tegenstelling tot de klanken van de componist en de kleuren van de schilder steeds een inheemse traditie uitmaakt en dat trouwens elke menselijke daad door plaatselijke omstandigheden wordt beïnvloed. Zo heeft het verlies van de Kongokolonie in 1960 tegen de verwachting in aanleiding gegeven tot de vrij plotselinge bloei van een postkoloniale literatuur, waarvan heimwee, berouw en gehechtheid aan de tropische natuur de grondtoon zijn en die mutatis mutandis te vergelijken is met het werk van Maria Dermoût, Breton de Nijs enz. Ook in België vallen de schellen ons onfeilbaar te laat van de ogen en tussen de zelfgenoegzaamheid van de conformist en de woede van de beeldenstormer valt het ons moeilijk het evenwicht van de lucide en opbouwende vernieuwingswil te vinden. Na Walschap *(Oproer in Kongo,* 1953) en Van Aken *(De Nikkers,* 1959) was Jef Geeraerts de eerste romancier die op de koloniale problematiek zo fel reageerde. Zijn oeuvre illustreert de tweeslachtigheid van de 'zestigers', want hoewel in de eerste plaats op een boodschap afgestemd, neemt het soms een modernistische gedaante aan. Hartstochtelijk verzet tegen het establishment – Kerk, Staat, Maatschappij, Cultuur en Moraal – gaat hier gepaard met vormexperimenten. Kongolese thema's heeft onder meer ook Jan van den Weghe behandeld.

Een laatste opmerking: de culturele integratie tussen Noord en Zuid wordt hoe langer hoe meer een tastbare werkelijkheid en wel in die zin dat vele vooraanstaande Vlamingen hun werk in Amsterdam en Den Haag laten publiceren. Maar alles wel beschouwd, zijn de resultaten van die samenwerking nog verre van bevredigend. Het is inderdaad zeer de vraag of die schrijvers in hun geboorteland even populair zijn als in Nederland. Het grote publiek leest in België niet dezelfde Vlaamse auteurs, want van de literaire bedrijvigheid in het Noorden is het nogal slecht op de hoogte. Wij spreken wel dezelfde taal, maar kennen elkaar nauwelijks. Een betere verspreiding van het Belgische boek in Nederland en van het Nederlandse boek in België zou dit euvel wel kunnen verhelpen.

Brussel, augustus 1972

AANTEKENINGEN

1 Vgl. hierover mijn bijdragen: *Hugo Claus: Devotissimus et doctissimus doctor*, in: *Literair Lustrum*. Een overzicht van vijf jaar Nederlandse literatuur 1961–1966, samengesteld door Kees Fens, H. U. Jessurun d'Oliveira en J. J. Oversteegen, pp. 119–140, Amsterdam, 1967; en in: *Proefvlucht in de Romanruimte*, pp. 31–52 *(De Verwondering)* en 53–75 *(Het Boek Alfa)*, Amsterdam, 1972.

2 In verband hiermee verwijs ik naar mijn artikel: *De sociologie van de hedendaagse Vlaamse roman. Problemen*, in: *Forum der Letteren* (jrg. 9, 1, pp. 4–21), 1968.

BIBLIOGRAFIE

ALGEMENE WERKEN

Paul de Wispelaere: *Het Perzische Tapijt (Literaire Documenten Serie*, 4), Amsterdam-Antwerpen, 1966.

Paul de Wispelaere: *Facettenoog*. Een bundel kritieken gekozen en ingeleid door weverbergh *(Maerlantpocket*, 12), Brussel-Den Haag, 1968.

B. F. van Vlierden: *Van In 't Wonderjaer tot De Verwondering*. Een poëtica van de Vlaamse roman, Antwerpen, 1969.

M. Janssens: *Tachtig jaar na Tachtig*. De evolutie van het personage in de Nederlandse verhaalkunst van Couperus tot Michiels *(Literaire Verkenningen)*, Leiden, 1969.

Fernand Auwera: *Schrijven of Schieten*. Interviews, Antwerpen-Utrecht, 1969.

LOUIS PAUL BOON

Louis-Paul Boon. Samengesteld door de redactie van 'komma' *(Nieuwe Nijgh Boeken*, II), Den Haag, 1965.

H. U. Jessurun d'Oliveira: *Scheppen riep hij gaat van Au*, pp. 70–81, Amsterdam, 1965.

weverbergh: *Louis-Paul Boon; Een Keerpunt?*, in: *Literair Lustrum*, op. cit., pp. 103–118.

HUGO CLAUS

J. Weisgerber: *Hugo Claus. Experiment en traditie (Literaire Verkenningen)*, Leiden, 1970.

Vgl. ook Aantekeningen.

JOHAN DAISNE

Henri Plard: *Sur la 'filmatique' de Johan Daisne*, in: *Etudes Germaniques* (jrg. 19, 3, pp. 363–377), 1964.

JEF GEERAERTS

De Arkprijs 1967, in: *Nieuw Vlaams Tijdschrift* (jrg. 20, 7, pp. 720–725), 1967.

MARNIX GIJSEN

Marnix Gijsen: *Zelfportret, gevleid, natuurlijk (Open kaart)*, Brugge-Utrecht, 1965.

RENÉ GYSEN

Over René Gysen. Samengesteld door de redactie van 'komma' *(Nieuwe Nijgh Boeken*, 29), 's-Gravenhage-Rotterdam, 1970.

A. M. D'HONDT

De Arkprijs 1966, in: *Nieuw Vlaams Tijdschrift* (jrg. 19, 5, pp. 469–475), 1966.

C. C. KRIJGELMANS

Ivo Michiels: *Inleiding tot 'Homunculi'*, in: *Nieuw Vlaams Tijdschrift* (jrg. 20, 2, pp. 159–166), 1967.

HUBERT LAMPO

Paul Hardy: *Hubert Lampo (Monografieën over Vlaamse Letterkunde*, 42), Antwerpen, 1966.

Hubert Lampo: *De Draad van Ariadne (Open kaart)*, Brugge-Utrecht, 1967.

Hubert Lampo: *De Ring van Möbius (Maerlantpocket*, 4), Brussel-Den Haag, 1967.

Michel Dupuis: *Hubert Lampo en het magisch-realisme*, in: *Tijdschrift voor Levende Talen* (jrg. 35, 1, pp. 52–66 en 2, pp. 136–146), 1969.

Hubert Lampo: *Er is méér, Horatio*. Grobbendonkse gesprekken met Robin Hannelore, Antwerpen-Amsterdam, 1970.

PAUL LEBEAU

M.-R. Sel: *Van Het Experiment tot Xanthippe (Katholieke Vlaamse Hogeschooluitbreiding*, jrg. 57, 1, 485), Antwerpen, 1963.

IVO MICHIELS

F. Sarneel: *Het boek Alfa*, in: *Raam* (n° 12, pp. 53–61), 1964.

G. Farner: *Analyse van het boek Alfa van Ivo Michiels*, in: *Raam* (n° 35, pp. 55–65), 1967.

Raam (n° 57), 1969 (aflevering gewijd aan I. Michiels).

W. Martin: *Analyse van een vocabularium met behulp van een computer (Collection d"Etudes linguistiques'*, 5), Brussel, 1970.

S. Govaert: *Het boek Alfa*, in: *Tijdschrift van de Vrije Universiteit Brussel* (jrg. 14, 1–2, pp. 69–109), 1972.

Vgl. ook Aantekeningen.

HUGO RAES

J. J. Oversteegen: *Prolegomena voor een analyse. Over* Hemel en dier *van Hugo Raes*, in: *Merlijn* (II, 6, pp. 68–75), 1964.

Paul de Wispelaere: *Hugo Raes: Jagen en gejaagd worden*, in: *Literair Lustrum*, op. cit., pp. 207–224.

Rein Bloem e.a.: *In Gesprek met Hugo Raes (Literaire Documenten Serie*, 10), Amsterdam, 1969.

DANIËL ROBBERECHTS

Paul van Aken: *Problemen en Personages in het Werk van Daniël Robberechts*, in: *Nieuw Vlaams Tijdschrift* (jrg. 24, 2, pp. 191–206), 1971.

W. RUYSLINCK

De Arkprijs 1960, in: *Nieuw Vlaams Tijdschrift* (jrg. 14, 2, pp. 224–236), 1960.

Tom Schalken: *Ward Ruyslinck (Ontmoetingen*, 69), s. d., 1966.

HERMAN TEIRLINCK

Th. Oegema van der Wal: *Herman Teirlinck*, Brussel-Den Haag-Antwerpen, 1965.

GERARD WALSCHAP

Albert Westerlinck: *Gesprekken met Walschap*, Hasselt, 1969–1970, 2 dln.

Inhoud